U0112097

大展好書　好書大展
品嘗好書　冠群可期

大展好書　好書大展

品嘗好書　冠群可期

體育教材：20

身體運動功能訓練

尹軍、袁守龍　主編

大展出版社有限公司

編委會名單
Editorial board list

張秀麗（華南師範大學體育學院）

張得保（深圳大學體育部）

侯本華（山東曲阜師範大學）

郝　磊（上海體育職業學院）

候帥輝（首都體育學院）

資　薇（河南大學體育學院）

袁守龍（國家體育總局競體司）

崔魯祥（瀋陽體育學院）

崔運坤（山東泰安學院）

霍笑敏（首都體育學院）

辰　錚（首都體育學院）

李丹陽（武漢體育學院）

吳雲飛（阜陽師範學院）

楊中皖（阜陽師範學院）

梁純子（阜陽師範學院）

肖敏敏（清華附中）

施　寧（首都體育學院）

郭麗娟（山西師範大學）

王　曉（北京市陳經綸中學分校）

王　雋（首都體育學院）

胡　飛（安徽師範大學）

汪黎明（北京體育大學）

羅　晨（國家體育總局訓練局）

前　言
Foreword

身體運動功能訓練包含物理治療（Physical Therapy）和運動功能訓練（Functional Training）兩個方面，它不僅在職業體育和競技體育等領域得到了廣泛運用，而且在大眾健身和青少年體育鍛鍊等方面也發揮了很大作用。為了確保本書的科學性和普適性，作者構成分別有來自備戰2012 年倫敦奧運會和 2016 年里約奧運會國家隊身體運動功能訓練團隊的教練員，長期從事專項體能訓練的高校教師，以及從事中小學體育教學訓練的教師。

從身體運動功能訓練的內容體系來看，FMS 測試、SFMA、Y-balance 測試、軟組織喚醒、肌肉——神經系統激活、脊柱力量準備、動作整合、快速伸縮複合練習、專項動作準備、速度與多方向移動、力量與旋轉爆發力、能量系統發展、再生與恢復等，構成了身體運動功能訓練的主體內容。

從方法體系來看，身體運動功能訓練把運動解剖學、運動生物力學、運動生理學、運動醫學和運動技能學等學科融為一體，體現出明顯的多學科交叉特徵。

從訓練結果的監測與評價來看，身體運動功能訓練強調的是「動作訓練而不是訓練肌肉」，即透過訓練提升的是完成專項技術所需要的專門動作品質和運動表現能力，而不是肌肉的力量。

在訓練方法的應用方面，身體運動功能訓練不僅從生理學角度強調神經對肌肉的支配作用，強調動作的穩定性和關節的靈活性，而且從解剖學角度，強調由大肌群率先發力帶動小肌群的用力，即發揮大肌群的發動機作用。同時，從運動力學角度強調軀幹支柱對四肢的支配作用，強調動力鏈的傳遞效能。

本教材由尹軍和袁守龍擔任主編，尹軍審定。教材共 17 章，具體

章節的編寫人員如下：尹軍、袁守龍撰寫第一章，張秀麗、劉昭強撰寫第二章，張得保、資薇撰寫第三章，崔魯祥、王喬治撰寫第四章，孫為民、劉彥、邢新陽撰寫第五章，王雄、侯帥輝撰寫第六章，霍笑敏、李野鵬、王亞麗、王學謙撰寫第七章，侯本華、崔運坤、王結春、郝磊撰寫第八章，李少新、李永超、劉麗婷撰寫第九章，劉軍、辰錚撰寫第十章，王志強、李丹陽、郝磊撰寫第十一章，吳雲飛、楊中皖、梁純子撰寫第十二章，肖敏敏、施寧撰寫第十三章，彭金洲、資薇撰寫第十四章，郭麗娟、王曉撰寫第十五章，王儁、胡飛、梁純子撰寫第十六章，汪黎明、羅晨撰寫第十七章。

　　本書的亮點在於突出了「教法」和「學法」的指導，透過教學重點、教學難點、易犯錯誤、糾正方法、訓練方法、注意事項等內容，引導教師和學生更加有效地進行教學組織和學習。為了方便學習，本書還盡量做到語言簡潔，並由本章導語引導讀者儘快地掌握這本書。

　　儘管對於大部分讀者來說只是閱讀自己感興趣的章節內容，但是我們希望本書內容能引導讀者繼續關注相關新的知識或感興趣的領域，至少能進一步理解不同身體運動功能訓練方法對身體的影響，以適應不同運動項目的需要而提升運動功能。本書提供的內容對學生、體育教師和體育科研工作者，以及那些追求活力、健康生活的體育愛好者均具有實用性。

　　在教材出版之際，真誠地感謝首都體育學院研究生侯帥輝、王亞麗、張龍鳳、楊魁、楊忠武等同學的辛勤努力，他們為本教材的動作示範、照片拍攝和編輯等工做作出了巨大貢獻。同時也期待著廣大師生和讀者多提出寶貴意見。

目　錄
Contents

PART

01 身體運動功能訓練概述

本章導語

　　青少年身體運動功能訓練是為適應學校體育課程改革創建的一種新型教學理論與方法體系，它與傳統的以身體素質練習為主的體能練習存在著本質差異。本章共分 4 節，分別從身體運動功能訓練起源與發展、身體運動功能訓練理念與原則、身體運動功能訓練內容和方法體系共 4 個方面，系統地闡釋身體運動功能訓練的理論與方法的發展脈絡，以期使讀者更好地掌握中小學生身體運動功能教學內容、教學方法、教學重點與難點，更好地開展和組織身體運動功能教學課。

第一節　身體運動功能訓練起源與發展概況

　　高水準運動員的身體運動功能訓練是為了適應職業體育日益激烈的競爭而創立的理論體系和方法體系，它包括物理治療（Physical Therapy）和功能訓練（Functional Training）兩個方面。

　　其中，物理治療主要是用於訓練之前的運動功能障礙診斷，並根據診斷結果進行針對性的運動功能障礙矯正，目的是由系統的矯正訓練來消除運動功能障礙，消除動作代償，為下一步實施運動功能訓練奠定物質基礎。而功能性訓練則是針對無運動障礙的練習者進行運動能力的提升，它也是身體運動功能訓練體系中的主體內容。

一　身體運動功能訓練的起源

　　最早為職業運動員提供身體運動功能訓練服務的是美國 Athletes

Performance Institute（簡稱 AP）的創始人 Mark 先生，現任美國 EXOS 公司的首席董事。他將最新的體育科學知識和技術應用到職業體育中去，並利用最先進的儀器和設施培養出許多世界頂尖運動員。從 Mark 先生創建身體運動功能專業服務機構的歷程來看，他在獲得愛達荷大學體育科學碩士學位之前，曾在其母校華盛頓州立大學開始執教生涯，後來在成為喬治亞理工大學運動者訓練助理指導。在此期間，他將其創新性的和成功的訓練計劃應用於足球隊、男子籃球隊和高爾夫球運動。

　　1995 年他以極富有冒險的精神來到佛羅里達布雷登頓，開創了國際性質的訓練學院，該學院在 Mark 的帶領下日益被世人所熟知。由於 Mark 對品質持續不斷的追求和其完全為了能夠更加便利幫助運動者獲得成功的理念，AP 公司於 1999 年在亞利桑那坦佩成立了新的身體運動功能訓練中心。2003 年在加利福尼亞州卡森市成立了第二個身體運動功能訓練中心，2006 年 AP 公司與安德魯斯學院合作，於佛羅里達微風灣成立了第三個身體運動功能訓練中心。2009 年第四個身體運動功能訓練中心於德克薩斯州弗里斯科成立。2009 年的夏天，第一個身體運動功能訓練中心由亞利桑那州坦佩遷至新地點──鳳凰城菲尼克斯。為了更好地普及身體運動功能訓練理念與方法，2004 年 Mark 先生出版了《核心能力》（《Core Performance》羅岱爾出版社），在此書發行後六週之內，其銷量排行亞馬遜網前 23 名。後來又陸續出版了 4 本書：《核心能力基本要素》（《Core Performance Essentials》2006）、《核心耐力能力》（《Core Performance Endurance》2007）、《核心能力──高爾夫》（《Core Performance Golf》2008）和《核心能力──女性》。

　　自 1999 年成立，2001 年正式開始營業以來，AP 公司以其先進的訓練理念贏得了好評，一些國際知名運動者紛紛到身體運動功能訓練基地進行訓練，並稱身體運動功能訓練基地為「非賽季之家（Off-season Home）」；2001 年，AP 公司與美國橄欖球協會合作進行年度選秀前訓練，在 5 年的時間內共有 25 名運動者經過 AP 公司的訓練透過了首輪選秀，其中 2005 年和 2006 年每年都有 8 名；2003 年 AP 公司幫助過多支奧運會金牌隊伍、美國足球聯盟冠軍和其他項目的全明星隊員進行訓練；2006 年，AP 公司幫助德國足球國家隊贏得世界盃第三名；2014 年幫助德

國足球國家隊獲得了世界盃冠軍。

從 AP 公司的人員構成和訓練體系來看，世界範圍內的資源整合是 AP 公司服務的核心。例如，2007 年 AP 公司與世界知名骨科專家 James Andrews 合作，在佛羅里達成立了第三個訓練基地。在訓練內容設計方面，身體運動功能訓練涵蓋了 FMS 測試、軟組織喚醒、肌肉——神經系統激活、脊柱力量準備、動作準備、快速伸縮複合練習、專項動作技能、最大速度與多方向加速、快速伸縮複合訓練、力量與旋轉爆發力、能量系統發展、再生與恢復等。

在訓練要求方面，身體運動功能訓練強調的是動作訓練而不是訓練肌肉，即透過訓練提升的是完成專項技術所需要的專門動作質量和競技表現能力，而不是肌肉的力量。

在科學方法支撐方面，身體運動功能訓練集運動解剖學、運動生物力學、運動生理學、運動醫學和運動技能學等學科於一體，體現出明顯的學科交叉特徵，而且工作人員也是由不同學科背景的專業人員組成，體現出明顯的整合集成特徵。

在動作訓練的規格方面，身體運動功能訓練不僅從生理學角度強調神經對肌肉的支配作用，以及動作的穩定性和關節運動的靈活性，而且從解剖學角度強調由大肌群率先發力帶動小肌群的用力，即發揮大肌群的發動機作用。更為重要的是，它從運動力學角度強調軀幹支柱的作用，強調動力鏈的傳遞速度和功率。

二 身體運動功能訓練發展現狀

》（一）中國身體運動功能訓練發展現狀

中國身體訓練理論與方法源自蘇聯和德國，研究成果也主要集中於專項身體素質訓練原理和訓練方法。

20 世紀 80 年代中國開始引入美國的體能訓練體系，但訓練內容過於重視身體素質訓練而忽視身體的系統訓練，常常把提升肌肉力量尤其是大肌肉群力量訓練和局部力量訓練作為提升專項能力的關鍵，更沒有重視神經對肌肉控制的訓練，從而導致維持平衡穩定的小肌肉群力量和神經——

肌肉協調運動的功能未得到有效發展，這種訓練模式也使得局部肌肉負荷量和強度過高，容易出現動作代償和技術動作效益低，加之缺乏主動的和系統的再生與恢復訓練，使練習者容易出現一些運動損傷。

正是由於缺乏全面系統的訓練，使得有些練習者身體外型看似很強壯，但在場上跑不快、跳不高、停不住、轉不動，比賽所需的專門動做作不出來。分析其原因在於，以往的體能訓練僅重視肌肉訓練，沒有重視比賽所需的動作模式訓練，而肌肉訓練未必能提升動作的質量和動作的表現能力。因此，在汲取傳統體能訓練的基礎上，身體運動功能訓練更加突出強調動作模式訓練，並把完成專項動作所需的肌肉力量更好地募集起來，更好地提升動作的質量和效益。

最早將美國高水準運動員身體運動功能訓練引入中國高水準運動員訓練領域的是國家體育總局競體司副司長劉愛杰博士，早在 2007 年他就與袁守龍博士、陳小平博士等人合作，對身體運動功能訓練的理念、核心概念、內容體系、方法體系等方面進行了探索，並在 2010 年組織國內一批專家和學者翻譯了教練員崗位培訓教材《動作訓練》《快速伸縮複合練習》《跑得更快》《划得更快》《運動生理學》共 14 部，這些譯著為中國學者和教練員深入探索身體運動功能訓練奠定了理論基礎。

自 2011 年 9 月由首都體育學院、國家體育總局訓練局和北京體育大學組成的備戰 2012 年倫敦奧運會國家隊身體運動功能訓練團隊，與美國 AP 職業身體運動功能訓練專家一起，開始為中國乒乓球隊、跳水隊、體操隊、射擊隊、柔道隊、擊劍隊等 13 支國家隊提供身體運動功能訓練服務，為中國運動員在倫敦奧運會上取得境外參賽最佳成績做出了貢獻。透過備戰倫敦奧運會不僅培養了一支中國自己的身體運動功能訓練隊伍，也很好地把不同專項身體運動功能訓練理論與方法引入了中國。

尹軍教授在系統總結國家乒乓球隊備戰 2012 年倫敦奧運會身體運動功能訓練的基礎上，於 2013 年 10 月正式出版了中國第一部專項身體運動功能訓練專著《乒乓球運動員身體運動功能訓練》。在此基礎上，2014 年 2 月國家體育總局競體司再次組建備戰 2016 年里約奧運會國家隊身體運動功能訓練團隊，由尹軍教授擔任專家組組長，為中國乒乓球隊、跳水隊、體操隊、射擊隊、舉重隊、羽毛球隊、柔道隊、擊劍隊、自行車隊等

22 支國家隊提供身體運動功能訓練服務，經過系統整理中外專家在身體運動功能訓練領域的成功經驗和訓練資料，應高等教育出版社邀請，2015年 7 月由尹軍教授主編出版了《身體運動功能訓練》和《身體運動功能診斷與訓練》兩部教材，上述教材為全國各高校開設身體運動功能訓練課程的師生提供了學習資料。

為了進一步普及和推廣身體運動功能訓練理念和方法，尹軍教授於 2014 年和 2015 年連續在《體育教學》期刊上發表了 24 篇關於中小學生身體運動功能訓練方面的文章。與此同時，全國其他一些學者也從不同視角開始撰寫大眾健身和青少年身體運動功能或康復訓練方面的文章幾十篇，一些明星和著名企業家也積極參與大眾健身活動，使得「平板支撐」風靡一時。上述成果標誌著身體運動功能訓練已由服務高水準運動員的競技體育，開始向提升中小學體質健康方向轉變。

自 2015 年以來，身體運動功能訓練不僅在社會上得到了迅速發展，而且全國幾萬家健身俱樂部開始應用身體運動功能訓練方法。清華大學附中上地學校於 2014 年開始在全校推廣身體運動功能練習操，並開設了身體運動功能訓練課；海淀區花園村二小也開展了身體運動功能練習操，很好地豐富了體育課教學內容和方法。中國中央電視台體育頻道《運動大不同》欄目組分別在 2014 年在 2015 年先後製作了 5 集和 12 集大眾身體運動功能練習方法，引領大眾科學健身。2016 年首都體育學院與北京市教委合作，在北京市中小學開展身體運動功能訓練課程的教學實驗和推廣活動。隨著身體運動功能訓練理念和方法的普及，將會有更多的人群學會科學的練習方法，中國青少年體質健康水準在科學理論和方法的指導下，也一定會得到顯著增長並形成良好的健身習慣。

≫（二）中國身體運動功能訓練人才培養現狀

當前身體運動功能訓練已在中國蓬勃發展，自 2009 年至今國家體育總局競體司已先後選派 4 批國家隊教練員和專家赴美國參加身體運動功能訓練專項培訓，經過幾年的積累已培養出一支具有較高專業化水準的隊伍，而且他們已成為國家隊身體運動功能訓練的骨幹。

首都體育學院是開展身體運動功能訓練研究與實踐最好的單位之一，

2012 年先後成立了體能訓練教研室和青少年身體運動功能訓練研究所，本科層次招收了體能訓練專項班，在運動訓練專業和體育教育專業開設了專業必修課程《身體運動功能訓練》，碩士生層次設立了身體運動功能訓練理論與方法研究方向；2013 年開始招收全國第一屆身體運動功能訓練方向博士生，也是第一個「體育學」博士學位授予點；2016 年開始每年招收 5 名博士生。

　　首都體育學院在 2011～2014 年期間共舉辦了 4 期身體運動功能訓練培訓班，來自全國的體育院校、師範大學、綜合性大學、部隊院校、警察學院等 100 多個單位的 200 多名教師參加了培訓，取得了很好的社會效益；尤為重要的是，該校有 8 名教師和 6 名研究生圓滿地完成了備戰 2012 年倫敦奧運會國家隊身體運動功能訓練工作，在 2016 年里約奧運會備戰週期中，作為「備戰 2016 年里約奧運會國家隊身體運動功能訓練執行單位」，又有 8 名教師帶領 12 名研究生參加到國家隊的訓練中，積累了一筆寶貴的人才資源。

　　從全國其他高校在青少年身體運動功能訓練人才培養方面的情況來看，北京體育大學於 2004 年設立了體能訓練教研室，同年在本科層次開設了全國首屆體能訓練專項班，在碩士生層次設置了體能訓練理論與方法研究方向。河北體育學院於 2013 年 9 月在本科層次也開設了體能訓練專項班，每屆招收 30 名學生。武漢體育學院於 2013 年 7 月召開了全國首屆體能訓練高峰論壇，迄今已舉辦 4 期體能訓練高峰論壇。國防科技大學於 2013 年 11 月 3～5 日舉辦了中國人民解放軍首屆軍事體能訓練高峰論壇，此後又陸續舉辦了多期軍事體能訓練高峰論壇。

　　北京警察學院木志友副教授與首都體育學院合作主編出版了《特警體能訓練》；國家體育總局訓練局王雄主編出版了《身體運動功能訓練動作》。隨著國外職業體育訓練的新理念、新理論和新方法的引入，各省市體育局也相繼建立了體能訓練中心，尤其是上海、山東、安徽、福建、廣東等省市體育局建立的體能訓練中心，不僅配置了良好的訓練設施，而且進一步深化了對運動隊的服務，為運動隊在全運會上取得好成績做出了貢獻。

　　綜上所述，身體運動功能訓練理論與方法不僅得到了國家隊教練員和

運動員的認可，而且得到了廣大高校教師、科研人員和學生們的廣泛認可，並開始向作戰部隊、警察、特警等行業延伸。可以預見，它將在未來的幾年迅速在全國的高校、中小學、部隊和大眾健身等領域得到推廣和普及，其產生的社會價值不僅體現在競技體育的「為國爭光」方面，還體現在增強青少年體質，提升大眾健康水準，提升士兵「保家衛國」戰鬥力等方面。

▶▶ （三）國外體能發展現狀

對於體能的理解各國有不同的解釋。其中，蘇聯將體能解釋為以結構性力量訓練為主要特徵的身體素質訓練；中國沿襲了蘇聯的範式並將體能演繹為素質、機能、形態；美國體能協會把體能解釋為力量及其身體素質訓練；德國則將體能解釋為系統運動能力、精確的耐力訓練和精準的技術訓練；而日本則把體能解釋為體質；中國香港把體能解釋為體適能。從訓練實踐來看，美國是世界上體能發展最好的國家，不僅建立了多種類型的協會組織，而且建立了不同層次的體能教練員培訓機構和認證體系，極大地保障了體能教練員培養。

1. 美國體能協會（National Strength & Conditioning Association 簡稱 NSCA）

美國體能協會成立於 1978 年，是一家致力於體能方面的研發、教育和培訓的非營利、非政府組織機構，也是全球體能領域中最具權威的專業組織。「體能協會」是中文一種約定俗成的翻譯，原詞意是「力量和身體狀況適應」協會，亦有一定技能因素。

體能協會現有會員 30000 多名。其頒發的資格證書得到了全球 54 個國家的認可。NSCA 的會員來自於運動、醫療領域的專家，包括醫生、大學教授、科研人員、運動學專家、康復治療師、運動訓練師等。NSCA 的宗旨是研發與運用最有效和適當的訓練方法，不斷完善和提升體能的專業水準，以長期保持在世界體能領域的領先地位。

美國體能協會授予的證書是 CPT：Certified Personal Trainer（私人教練員認證證書）和 CSCS：Certified Strength & Conditioning Specialist（體能教練員認證證書）。

2. 美國運動醫學協會（American College of Sports Medicine 簡稱 ACSM）

ACSM 是一家專業運動醫學行業協會，它成立於 1954 年，是全世界最大、最權威的運動醫學和鍛鍊科學組織。被世界公認為在運動醫學、體適能訓練、運動損傷與康復、特殊人群訓練、健康關愛等領域中的行業權威。ACSM 傳授的是最權威、最專業的運動科學知識，它是健康運動乃至體育產業中運動科學的航向標。

美國運動醫學協會（ACSM）是世界上第一個職業認證健康健身專家的機構，它建立了所有其他健康培訓機構用來做測試等所使用的鍛鍊方針和運動處方依據。

它的職業認證分為以下四級：

第一級：ACSM——CPT　　認證私人教練

第二級：ACSM——HFS　　認證健康健身專家

第三級：ACSM ——CCES　認證診所和康復理療師

第四級：ACSM——RCEP　註冊診所和康復理療師

3. 美國運動訓練師協會（National Athletic Trainer's Association 簡稱 NATA）

美國運動訓練師協會是一所專門為運動者訓練進行資格認證和培訓的老牌機構，成立於 1950 年。目前全球有 35000 會員，世界上許多運動員和教練都選擇來此協會進行進修和培訓。協會會員有很多訊息共享資源。目前全職員工有四十多名。

培訓要求：需要運動相關專業的學士學位和至少參與一個運動員訓練項目才有資格申請相關考試和認證。同時也為非相關專業的人士提供專業培訓和學位教育。

美國運動訓練師協會授予的證書是 ATC（Athletic Trainer Certification）。

4. 美國國家運動醫學學會（National Academy of Sports Medicine 簡稱 NASM）

美國國家運動醫學學會是專門的私教培訓機構，為會員提供課程培訓、學校教育、考試認證等業務，偏醫學和健康方面。

美國國家運動醫學學會的授予證書主要是 NASM-CPT（The NASM Certified Personal Trainer），即美國運動醫學協會私人訓練師。

5. 教練員培訓體系

除了美國體能訓練協會（National Strength and Conditioning Association，NSCA）之外，國際上一些運動科學發展較完善的國家，一般也都有專門體能訓練學會，如澳洲體能訓練協會（Australian Strength and Conditioning Association，ASCA）和英國體能訓練協會（UK Strength and Conditioning Association，UKSCA）。從整體上來看，美國走在世界體能訓練的前面是由於職業體育高度發達的結果。

目前，美國體能協會在全球 62 個國家已經有 37000 會員，美國 29000 會員，各個項目國家隊都配備有體能訓練，很多項目有多個體能教練，並設立國家隊體能訓練總教練。

從訓練組織結構上來看，美國不僅有體能協會和訓練基地，還有很多高水準體能訓練中心，它們形成多學科交叉的訓練團隊模式，團隊成員包括醫生、運動防護師、運動矯正師、物理治療師、運動營養師、心理諮詢師、體能訓練師、按摩師等專業工作者，具有很強的研發能力。而且從高中到大學、職業俱樂部、國家隊都配有體能教練員。尤其是以美國 EXOS（由 AP 和 CP 合併）為代表的身體運動功能訓練具有世界性影響，它們為德國、日本足球、職業網球、棒壘球、籃球以及多個多家的高水準運動隊服務。

EXOS 的訓練體系是為運動者提供一個包括提升專項技、戰術發揮水準所需的各種訓練要素的有效整合系統。其教練員培養的課程體系分為四級。

一級培訓：

重點是透過學習 EXOS 的基本訓練理論和訓練方法論，幫助教練員掌握走向成功的方法和理念，核心內容主要包括訓練方法論、功能動作篩查、肌肉與神經系統激活、動態拉伸、軀幹支柱力量訓練、超等長訓練、加速訓練、絕對速度訓練、多向速度訓練、旋轉力量與旋轉爆發力、能量代謝系統發展、恢復與再生、營養評價和補充、競技能力測試等內容。

二級培訓：

重點是加深對 EXOSAP 訓練理論體系和實踐的理解，增加訓練方法的培訓，重點是對功能測試的評價和矯正性訓練方法以及訓練的技巧和藝術。主要內容包括 EXOS 訓練方法體系、線性速度技術、多向速度訓練方法、Keiser 爆發力測試、不同訓練階段的能量代謝系統訓練、多樣化恢復手段與能量再生、高級營養策略、學員授課實踐與評價等。

三級培訓：

重點培訓學員一套完整的評估分析、制定執行運動者高級體能訓練課程和訓練管理體系，深化 EXOS 訓練體系理論和實踐的培訓，掌握高水準運動者體能訓練的理念，掌握體能訓練的體系管理，提升制定運動隊或運動者個性化訓練方案的技巧，保證每一次訓練和每一個訓練週期的效果最大化。重點內容是建立高級體能訓練理念、建立運動者管理體系、全面的功能性動作篩查及解決方案、全面的測試評估、高級力量——爆發力訓練、能量代謝系統週期化、直線和多向速度訓練視頻分析、超等長訓練等。

四級培訓：

重點是學習利用視頻分析、識別和矯正運動模式異常，掌握既定目標條件下的教練員訓練控制技巧；針對力量訓練過程中運動模式異常的功能性動作篩查和設計矯正計劃，以最大限度地提升運動者的體能。主要內容包括 EXOS 訓練方法體系、爆發力綜合訓練方法、運動者增肌訓練的綜合方法、提升運動者綜合體能的奧林匹克舉重訓練方法、力量訓練中異常運動模式的矯正、直線及多向速度訓練視頻分析、目標控制下的教練訓練技巧培訓。

第二節　身體運動功能訓練理念與訓練原則

一　身體運動功能訓練理念

身體運動功能訓練理念是要由最大限度地整合專家資源、訓練器材、訓練方法，創造一個高效促進運動者運動水準提升的個性化、智能的最佳訓練支持系統，使運動者透過 80% 的努力達到 100% 的訓練效果，並最大

限度地延長運動壽命，提供成功策略支持，實現運動者的預期目標。而傳統體能訓練的理念是進行單方向、單關節、實效性較低、有序的訓練過程（表 1-1）。

表 1-1　體能訓練與身體運動功能訓練的差異

傳統體能訓練	身體運動功能訓練
1. 多即好	1. 強調動作質量，追求訓練的效果好才是真的好
2. 大運動量、大強度 ——過度訓練 ——運動損傷（70%）	2. 系統解決方案 ——較小運動量，高質量 ——減少運動損傷 70%
3. 縮短了運動壽命	3. 更長的運動生涯
4. 一般化、非針對性訓練 ——方法來自舉重、田徑等	4. 個性化 ——方法來自專項「動作模式」
5.透過比賽進行檢測	5. 定期進行測試和評價
6. 自我恢復	6. 能量再生與恢復
7. 大——中——小週期訓練計劃	7. 每天都完美——一日計劃

　　身體運動功能訓練內容和方法是圍繞多維度、多關節、無軌跡、無序的場上所需動作設計動作模式的，它強調的是動作質量而不是肌肉力量，目的是使運動者在比賽時能夠有效地展現運動技能。

　　在訓練系統的設計方面，身體運動功能訓練將哲學、方法學、戰術訓練等融合在一起，從而形成了一個整體，在各訓練系統內實現了整合與協調。其訓練方法包括訓練的程序、技能以及訓練思路。

　　在解剖位置上，身體運動功能訓練更強調軀幹部位和各關節周圍肌肉的訓練；在生理功能上，更強調穩定和平衡，更強調輔助肌群的固定作用和拮抗肌的適宜對抗作用，更強調神經對肌肉的支配能力；在作用上，身體運動功能訓練強調的力量屬於「柔性力量」，它並不直接提升單塊肌肉的收縮速度或力值，而是由肢體穩定性的加強，主動肌與輔助肌、拮抗肌之間協作能力的提升，以及神經——肌肉支配能力的改善，提升一個動作不同環節之間的銜接，動作與動作之間的配合，以及整套技術動作的節奏

感和流暢程度，最終達到提升多塊肌肉參與完成的整體力量的目標。

　　而傳統的體能訓練則是高度重視提升身體素質，尤其是高度重視肌肉力量的增長。這種訓練模式有其優點，但同時也會出現有些運動者儘管身體素質發展得很好，而且身體外型也很強壯，就是在場上跑不快、跳不高、停不住、轉不動，比賽場上所需的專門動做作不出來。

　　究其原因就在於：傳統體能訓練僅重視了肌肉訓練，而沒有重視動作訓練！因為肌肉訓練未必能提升運動者的動作質量和場上動作表現能力，而動作訓練才能把專項動作所需的肌肉力量發展起來，並能提升運動者的動作質量和場上動作表現能力（表 1-2）。

表1-2　傳統力量訓練與身體運動功能力量訓練的動作比較

傳統力量訓練方式與特點	功能性力量訓練方式與特點
重量訓練和次數 單關節單軌跡的練習動作 經常用穩定的外部支撐	重量減輕（關節減速） 多關節多維化的練習動作 募集身體更多的控制穩定和平衡的肌肉參與運動

二　身體運動功能訓練原則

≫≫（一）最優化原則

　　身體運動功能訓練方法的設計是從人的生長發育階段規律出發，按照人體功能解剖的結構理論和運動生物力學原理，透過一系列的動作模式訓練提升神經系統對身體穩定性、靈活性的控制能力（圖 1-1）。

　　它強調運動功能的動作篩查、動作準備、動力鏈訓練、核心柱力量和

恢復再生等訓練，目的是更好地提升運動者的專項能力、降低傷病概率，提升賽場競技表現力。

實踐證明，力量是提升動作速度的基礎，神經肌肉節點的訓練是關鍵，必須要高度重視功能性力量訓練。

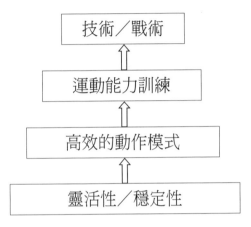

圖 1-1　運動技能形成最優化模型

》（二）循序漸進原則

循序漸進訓練原則是指訓練時動作的結構要從易到難，數量由少到多，負荷強度由小到大，訓練時間由短到長。循序漸進的訓練不僅體現在多年中，還體現在每個年度訓練中和每一個訓練週期中，還體現在每次訓練都要考慮當天的訓練必須與前一天的訓練相對應，同時還要考慮與明天的內容相銜接。適應性規律告訴人們，有機體對一個恆定不變的刺激會產生反應下降的表現，即運動者在長時間內始終使用相同的練習方法和訓練負荷，訓練效率就會降低。

因此，運動者的機體在訓練負荷等因素的長期刺激下，各器官和系統所產生的結構與機能變化逐步達到比賽所需的運動能力，並按照刺激——反應——適應——提升——再刺激——再反應，不斷提升運動能力和適應性。影響運動者進行循序漸進訓練的關鍵要素是系統性，即訓練方法、手段和訓練負荷的變化系統性，適應高強度訓練的系統性以及訓練水準逐步提升的系統性。

≫（三）無疼痛訓練原則

身體運動功能訓練強調無疼痛訓練，因為帶著傷痛訓練很容易使運動者出現代償動作，進而破壞原有的技術動力定型，導致技術動作變形。因此，身體運動功能訓練強調以運動功能動作篩查作為訓練的切入點，以動作模式訓練為核心，以提升動力鏈傳遞效能為目標。其中，運動功能動作篩查主要是為了確定運動功能障礙，找到需要消除的疼痛部位或損傷點，以此為基礎，再制定消除運動功能障礙的方法和手段，這也是身體運動功能訓練的邏輯起點。

而動作模式訓練則是以增強神經對肌肉的控制，透過一系列單一的或組合的動作訓練，逐步提升關節的穩定性和靈活性，進而提升單個動作的穩定性和消除代償動作，最終達到提升動力鏈傳遞效能的目標。

≫（四）動作規範性原則

運動者如果僅僅是為了完成教練員預先制訂的訓練計劃，並不關注練習動作的規範性和正確性，這種只注重練習數量的堆積，不注重練習動作質量的訓練，將會出現一些代償性動作，增加無效訓練的比例，降低肌肉完成技術動作的經濟性和實效性，甚至會導致運動損傷等很多不利影響，進而會影響到運動員在比賽過程中的發揮。只有在平時的訓練中注重練習動作的正確性，或者錯誤的動作在訓練中得到控制或解決，運動員才有可能向高水準方向發展。

因此，身體運動功能訓練關注的是完成動作的質量和動作實效性，而不是關注肌肉力量的訓練。因為肌肉力量訓練不能把比賽時所需的動作表現出來，而動作模式訓練則可以把比賽場上所需的肌肉力量發展起來，並能在比賽時把運動技能展現出來。

≫（五）創新性原則

現代各個領域的科研成果都在不斷湧現，各種新的方法也是層出不窮，身體運動功能訓練方法也隨著訓練理念、訓練器材、設備、儀器等方面的變化而不斷地更新方法。EXOS 負責科研開發的負責人 Dennis 先生指

出，他們的大部分研究都是在特定環境裡做的，那些研究所需的環境與運動者的訓練環境完全不一樣，但是在真正更新方法之前，要在實驗室對科研人員、實習生進行反覆實驗，再逐步地在運動員身上進行實驗，看其是否有效果。當三部分實驗都取得明顯效果後，他們才會將這些新方法應用到高水準運動員身上。

例如，EXOS 進行的與神經科學有關的實驗訓練（在訓練館的黑色房間），研究動作模式對神經反應快慢的實驗，這不僅是開發新型動作模式的研究，也是實驗方法更新的研究。

另外，EXOS 十分重視實驗的連續性。

例如，在開展激素與訓練之間關係的研究時，他們根據研究成果報導這類實驗需要 16 週的激素反應期，但是文獻報導中並沒有進一步的詳細訊息，如運動對激素分泌的影響。為此，EXOS 根據實習生的實習時間為 16 週這一特定時間段，開展了 16 週的實驗訓練。最後，再根據實驗結果為需要實施激素治療的運動員制訂一個 8 週的訓練計劃（因為大部分運動員只能在訓練中心待 8 週），從而保障了新方法應用的可靠性和實用性。

第三節　身體運動功能訓練內容體系

一　身體運動功能訓練是一般訓練與專項訓練之間的橋樑

身體運動功能訓練強調的是「訓練就是動作」，運動員「怎麼進行比賽，就怎麼進行訓練」，即比賽需要什麼就練什麼。在訓練過程中不是讓運動員進行運動量很大的訓練，而是根據各個專項對運動員的實際運動功能需求進行訓練。

由於人體都有共同的極限和能力，而有的專項訓練會讓運動員的功能過度被使用，所以，訓練不僅要進行專項訓練，還要進行一些基於正常人體的運動功能訓練，技術訓練時採用的專項動作模式，在運動功能訓練時不一定仍要採用完全相同的動作模式。

美國著名學者 Michael Boyle 提出身體運動功能訓練從本質上就是有目的地訓練，它在一般身體訓練和專項訓練之間架起了一座橋樑，它既是一

般身體訓練理論的延伸和細化，促使一般身體訓練朝著指向性和針對性方向發展，同時它又是對專項訓練的拓展和補充，提升專項訓練的有效性，縮短一般身體訓練效果向專項技能需求轉化的時間。2003 年，Gray Cook 進一步提出了「最佳運動能力金字塔」的概念（圖 1-2、圖 1-3）。

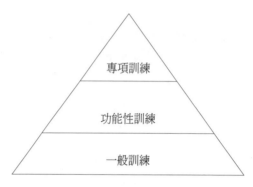

圖 1-2 運動能力發展結構圖

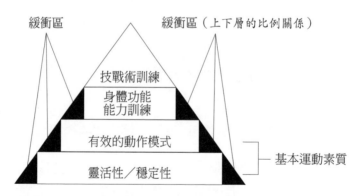

圖 1-3　專項能力最佳運動成績金字塔模型圖

　　最優化金字塔結構的核心是強調訓練要以人體基本的靈活性和穩定性為基礎，在關節的靈活性和身體的穩定性充分發展的基礎上，再升級到第二階段的有效動作模式。能力訓練階段主要是強調動作的經濟性和高效性，而動力鏈傳遞效能又是實現其目標的關鍵所在。

　　更為重要的是，此階段訓練尤為強調完整動作的整合和動力鏈的高效傳遞效能，以上兩個方面才是身體運動功能訓練的核心所在，即運動員在身體運動功能發展到較高水準上，才能夠有效發揮專項技戰術水準，最後

達到技戰術的有機結合和能力展示。

　　總結和分析大量的身體運動功能訓練實踐可以清晰地看到，身體運動功能訓練在內容設計方面十分強調提升全身肌肉整體工作能力和動作的效率，極為強調軀幹部位和各關節周圍小肌肉群的穩定輔助作用，它是一種為提升專項運動能力，由加強軀幹支柱力量並能使神經肌肉系統更加有效率工作的訓練方法，其內容體系涵蓋了柔韌性訓練、協調性訓練、平衡性訓練、穩定性訓練、核心部位肌群力量訓練和動態的本體感覺訓練等方面。可以說，身體運動功能訓練是所有體育技能訓練的基礎，運動功能訓練也是專項訓練的基礎，將運動功能訓練融入到運動員日常的專項訓練中能夠完善其訓練模式，不僅能夠保持運動員的身體能力，同時也能起到預防運動損傷的效果，從而有效地保障專項訓練。

二　傳統體能訓練與身體運動功能訓練在內容體系方面的差異

　　中國學者劉愛杰博士於 2006 年首次將身體運動功能訓練引入到中國競技體育訓練實踐中。2007 年他在《競技體育的核心訓練》一文中寫到起源於康復中心、健身房的功能訓練正向競技體育領域不斷滲透，並指出身體運動功能訓練是體能訓練專項化的橋樑。

　　2008 年他又在《中國運動訓練方法創新的思考》一文中提出人體的所有複雜動作都是由基礎動作組合而成的，並且認為身體運動功能訓練是一種為提升專項運動能力，透過加強核心力量並能使神經肌肉系統更加有效率的訓練方法。2007 年袁守龍博士也提出身體運動功能訓練內容應包括動作銜接的加速度、平衡性、穩定性等練習在多關節、整體性、多維度的動作訓練；強調將平衡控制和本體感受加入訓練當中，強調身體軀幹核心部位的控制和穩定。

　　在傳統結構性力量、耐力和素質等訓練基礎上，創新設計了動作模式訓練、軀幹支柱力量訓練、平衡訓練、協調性訓練、懸吊訓練、振動訓練、瑞士球訓練、本體感覺訓練等多種方法，對提升專項技術訓練過程中的動力鏈效應明顯，豐富了傳統的體能訓練體系。2012 年尹軍教授在《軀幹支柱力量與動力鏈傳遞效能之間的關係》一文中提出身體運動功能訓練與傳統的體能訓練的本質差異在於：身體運動功能訓練強調的是動作

訓練而不是肌肉訓練，透過身體運動功能訓練提升的是完成專項技術所需要的專門動作質量和競技表現能力，而不是肌肉的力量（表 1-3）。

表 1-3　體能訓練與身體運動功能訓練的比較

體能訓練	身體運動功能訓練
單關節、單一肌肉的單一化練習	多關節，大、小肌群的多維度練習
重量訓練	重量減輕（關節減速）
透過使用穩定的健身器械	透過募集身體更多的控制穩定和平衡的肌肉
重點加強發達肌肉的訓練	重點促進動作技能學習，神經肌肉適應，核心穩定和關節的聯結
對身體綜合動力鏈關注不夠	重視能量傳遞效果，注重提升神經肌肉的協同工作能力

從身體運動功能訓練功能來看，它是按照以下邏輯順序安排訓練內容的。即透過運動功能動作測試，來評估運動員在關節穩定性、軀幹旋轉穩定性、關節靈活性、肌肉力量、動力鏈傳遞等方面是否存在運動功能障礙，並以此為依據制定相應的運動功能糾正練習方法，當消除運動功能障礙後，再進一步實施有針對性的提升運動能力訓練。

本教材按照先消除運動功能障礙再提升運動能力這一思路安排各章節內容的，具體內容除了物理治療方面的運動功能測試與分析、平衡能力測試、脊柱診斷、關節測試方法等之外，還包括了提升運動能力方面的各種動作模式訓練方法。

在動作模式設計方面，本教材依據神經對肌肉控制的基本原理，按照先動員肌肉再激活神經系統，再進行動態拉伸的順序，並由動作整合練習使肌肉與神經系統之間迅速建立聯繫，為下一步進行各項身體素質練習做好肌肉和神經準備，在訓練課的結束部分再安排適宜的恢復練習，使肌肉和神經的疲勞儘快得到消除。

為此，本教材按照身體運動功能訓練課的順序將動作模式練習方法劃分為肌肉動員、神經系統激活、動態拉伸、動作整合、軀幹支柱準備、上肢力量、下肢力量、軀幹支柱力量、旋轉爆發力、最大速度、多方向移動、協調性、平衡性、能量系統發展、恢復練習 15 個版塊，教師們可以

根據教學任務從中任意選擇幾個版塊進行組合。

　　這種內容體系設計的最大亮點在於突破了以往體能訓練教材單純按照身體素質劃分教學內容的模式，較好地按照人體運動時所需發展的運動功能，把力量素質又細分為上肢動作、下肢動作、軀幹動作、全身動作共 4 類動作模式；把速度素質又細分為反應速度、加速度、最大速度共 3 類動作模式；把持續運動所需的速度耐力和力量耐力統一歸納到能量系統發展中；把靈敏性訓練又細分為徒手的和利用器械的各種多方向移動動作模式；把平衡性訓練又細分為非穩定支撐和懸吊的各種發展平衡能力的動作模式。

　　可以說，本教材內容體系較好地消除了傳統體能訓練模糊、籠統地把身體訓練分為速度素質、力量素質、耐力素質、柔韌素質、靈敏素質的侷限性，取而代之的是更加清晰、細緻、系統化的運動功能訓練體系。更為重要的是，本教材設計的內容體系使得身體訓練與專項動作模式結合得更加緊密，動作效能更加高效和實用，不僅能夠提升運動表現能力，還能很好地有效預防運動損傷的發生。

　　綜上所述，身體運動功能訓練的誕生實質上是代表了當今的身體訓練已從重視低端要素（肌肉訓練→不斷提升肌肉力量）向高端要素（肌肉—神經系統協同訓練→不斷提升動作質量與控制）轉變，這是一個訓練理念的轉變，也是職業體育發展的必然產物。

第四節　身體運動功能訓練方法體系

　　訓練方法千萬個，但原理只有幾個。如果一個教練員理解了訓練原理，就能選擇合理的訓練方法；如果一個教練員只重視訓練方法，而忽視訓練原理，就一定會在訓練中遇到困惑。AP 的訓練改變了傳統的專項大運動量、大強度的訓練，倡導以動作模式訓練為基礎，以訓練質量和訓練效果為核心的訓練，以再生訓練和主動恢復為保障，力求每一天訓練都達到完美的效果。

　　身體運動功能訓練將運動解剖學、運動生理學、運動生物力學、運動醫學和運動技能學等學科融為一體，從生理學角度強調神經對肌肉的支配

作用，強調動作的穩定性和關節運動的靈活性；從解剖學角度強調由大肌群率先發力帶動小肌群的用力，即發揮臀大肌的發動機作用；從運動生物力學角度強調軀幹的支柱作用和動力鏈的傳遞速度與功率。

從身體運動功能訓練的方法體系來看：肌肉動員、神經系統激活、動態拉伸、動作整合、軀幹支柱準備、上肢力量、下肢力量、軀幹支柱力量、旋轉爆發力、最大速度、多方向移動、協調性、平衡性、能量系統發展、恢復練習 15 個版塊，具體練習方法和動作要領在後續章節中都有詳細內容。

從訓練方法的分層、分類設計來看，身體運動功能訓練基本上是按照解剖學的關節運動面，將訓練方法劃分為不同部位和不同類型。其基本思路是按照如下步驟設計的：

第一步：根據各個主要關節進行動作模式的劃分。

人體運動是由關節運動和肌肉收縮來實現的，不同的關節分別起著穩定性和靈活性作用（表 1-4）。運動時一旦傷害穩定性關節就會產生運動損傷，同樣靈活性關節的活動度不足也會產生運動損傷。因此，要按照人體解剖特點有針對性地設計提升關節穩定性和靈活性的練習方法。

表 1-4　各關節主要動作功能

關節	主要動作功能
踝關節	靈活性（矢狀面）
膝關節	穩定性（額狀面和水平面）
髖關節	靈活性（多平面）
腰椎	穩定性
胸椎	靈活性
肩胛骨	穩定性
盂肱關節	靈活性（多平面）
肘關節	穩定性

第二步：將各個關節進行優化組合，分別形成上肢動作練習方法、軀幹動作練習方法和下肢動作動作練習方法。

第三步：將上肢、軀幹、下肢動作練習方法再次進行整合，形成上肢

軀幹組合動作練習方法，下肢軀幹組合動作練習方法及上肢下肢組合動作練習方法。

第四步：將上肢動作練習方法、軀幹動作練習方法、下肢動作練習方法進行最後的整合，形成全身動作練習方法。

身體運動功能訓練強調競技就是動作（Sport is Movement）。身體運動功能訓練是在嚴密的科學邏輯基礎上提出了動作訓練和準備體系，透過FMS 測試和評估分層分類設計出力量訓練的動作可分為拉和推兩類；按照關節解剖的矢狀面、額狀面、水平面分為前後的推或拉、垂直的推或拉、水平的推或拉；按照練習部位又劃分為上肢的推或拉、下體的推或拉、全身的力量練習（前後運動、上下運動或對角線運動）；按照運動方向分為線性速度、多方向加速動作訓練；按照動作結構和速度的差異，速度訓練劃分為起動速度、加速度、最大速度訓練等。

身體運動功能訓練應按照人體的基本位面來設計各種動作模式。其中，矢狀面將身體分成左右兩個部分且貫穿身體前後的垂直面；冠狀面將身體或身體的其他部位分成前後兩個部分且貫穿身體左右兩側的垂直面；水平面將身體分成上下兩部分的水平面（圖 1-4）。

例如，我們可以按照人體運動面將上肢動作劃分為不同的動作模式（圖 1-5）。

又例如，在力量中，按照肌肉的向心收縮和離心收縮方式，分為拉和推兩類。在每一類練習中，又按照關節解剖面（矢狀面、額狀面、水平面）劃分為前後的推或拉、垂直的推或拉、水平的推或拉。按照練習部位又劃分為上肢的推或拉、下體的推或拉、全身的力量練習（前後運動、上下運動或對角線運動）。在速度練習方面，按照運動方向的差異劃分為線性速度練習、多方向加速練習；按照動作結構和速度的差異，又將速度訓練劃分為起動速度、加速度、最大速度。

動作模式訓練就是按照上下肢、不同方向和不同難度進階來設計並組合成複雜的動作訓練體系，這些動作訓練不斷提升神經系統對身體運動功能的控制和協調能力，促進專項技術水準的持續提升或保持在較高的應激水準，有效地保持運動能力和競技體育狀態，這就是身體運動功能訓練理論和方法的主體內容。

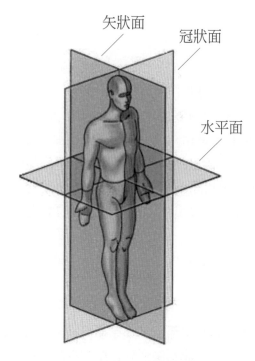

圖 1-4　人體運動面

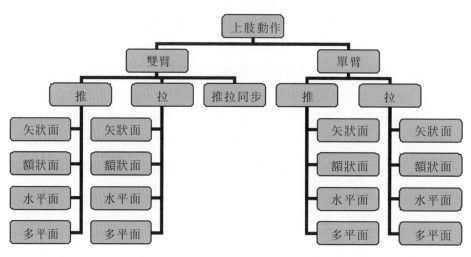

圖 1-5　上肢動作模式

02 身體運動功能訓練的
運動人體科學原理

本章導語

　　隨著各領域研究的深入，人類對運動人體科學知識和原理有了新的認識和解讀，身體運動功能訓練應運而生，促進了競技運動、大眾健身、休閒娛樂等訓練理念及方法手段的發展。

　　本章基於功能解剖學、生物力學、生理學及心理學等方面的最新研究成果，闡述身體運動功能訓練的運動人體科學原理。

第一節　身體運動功能訓練的功能解剖學、生物力學基礎

一　人體運動系統解剖構造與功能

　　人體運動是在神經系統支配下，以骨骼肌收縮為動力，以關節為支點，以骨骼為槓桿的機械運動。骨骼肌是運動系統的主動部分，骨和關節是運動系統的被動部分。體育院校以往的運動解剖學和運動生物力學教材，均重視肌肉、骨骼、關節獨立的功能，忽略了人體的整體性。但隨著社會的發展，預防、減少急慢性損傷的需要，提升運動表現難、美、新程度的需要，促使人類對人體解剖結構和功能進行重新審視和解讀。

≫（一）骨骼肌

1. 形態、結構

　　骨骼肌，也稱隨意肌，主要分佈於軀幹和四肢。每塊肌肉都有一定的

形態、結構、位置和輔助裝置，執行一定的功能，有豐富的血管和淋巴分佈，並接受神經支配，因此，每塊肌肉均可視為一個器官。

骨骼肌包括肌腹、肌腱兩部分。肌性部分主要由肌纖維（肌細胞）組成。整塊肌肉外面包有結締組織構成的肌外膜，由肌外膜發出若干纖維進入肌內形成肌束膜把肌肉分成較小的肌束，肌束內每根肌纖維外面又有肌內膜，血管、神經和淋巴管等沿著結締組織膜層層深入骨骼肌內部；腱性部分由平行緻密的膠原纖維組成，位於肌性部分的兩端，色白、強韌而無收縮功能。

2. 特性及功能

骨骼肌有伸展性、彈性、黏滯性和收縮性，但其主要功能是進行一連串的收縮和放鬆，前三個特性對肌肉收縮的效果、效率都有較大的影響。

骨骼肌有三種主要的收縮形式：向心收縮、離心收縮和等長收縮。

向心收縮：肌肉縮短，肌力方向與外部載荷運動方向相同，做正機械功。

離心收縮：肌肉被拉長，肌力方向與外部載荷運動方向相反，做負機械功。

等長收縮：肌肉長度保持不變，外部載荷保持靜止，機械功為零。

身體姿態的保持及千變萬化的動作的完成，需要肌肉以不同的形式收縮產生力。如國旗儀仗隊的軍姿站立，學生等伏案人員的長時間坐姿，全身肌肉則進行長時間的等長收縮，以保持身體每一個關節和環節的穩定；生活中由坐到站，需要膝、髖關節伸肌群向心收縮，產生大於軀幹的重量；相反，由站到坐，需要膝、髖關節伸肌群做離心收縮，以抵消部分重力的作用，減小「坐下去」的速度，否則會出現「摔」的感覺；爬樓梯、爬山、上坡，下肢關節伸肌群做向心收縮，下樓梯、下山、下坡，做離心收縮，如果下肢伸肌群離心收縮力量不夠，下樓梯、下山、下坡就會出現「腿軟」摔跤的可能。

肌腱的抗張強度約為肌腹的 112～233 倍，因此，通常是肌纖維斷裂，肌腹與肌腱連接處或者肌腱與骨骼的附著處被拉開，肌腱斷裂的可能性幾乎為零。

》》（二）骨　骼

1. 結構特點及類型

　　骨是一種器官，主要由骨組織（骨細胞、膠原纖維和基質）構成，具有一定的形態和構造，外被骨膜，內容骨髓，含有豐富的血管、淋巴管及神經，不斷進行新陳代謝和生長發育，並有修復、再生和改建能力。

　　成人有 206 塊骨，常用的是按形態分類，分為長骨、短骨、扁骨和不規則骨。長骨：呈長管狀，分佈於四肢，有一體兩端。體又稱骨幹，內有空腔稱髓腔，容納骨髓；兩端膨大成骺，有光滑的關節面，骨幹與骺相鄰的部分稱幹骺端，幼年時保留一片軟骨，稱骺軟骨，骺軟骨細胞不斷分裂繁殖和骨化，使骨不斷加長，成年後，骺軟骨骨化，骨幹與骺融為一體，其間遺留一骺線。

　　短骨：形似立方體，多成群分佈於連接牢固且較靈活的部位，如腕骨和跗骨。

　　扁骨：呈板狀，主要構成顱腔、胸腔和盆腔的壁，如顱蓋骨和肋骨。

　　不規則骨：形狀不規則，如椎骨、上頜骨。

　　另外，在某些肌腱內的扁圓形小骨，稱籽骨，如髕骨，第一蹠骨頭下的籽骨。

2. 生物力學特性及功能

　　骨的生物力學特性主要取決於骨的成分——有機物和無機物。有機物主要是骨膠原纖維和黏多糖蛋白，構成骨的支架，附於骨以彈性和韌性；無機物主要是鹼性磷酸鈣，使骨堅硬。脫鈣骨（去掉無機物）仍具有骨的形狀，但柔軟有彈性；煅燒骨（去掉有機物）形狀不變，但脆而易碎。

　　骨骼兩種成分的比例，隨著年齡的增長而發生變化，兒童骨骼兩種成分各半，因此，彈性大，柔軟，易變形，在外力作用下不易骨折或折而不斷；成年人骨骼有機物和無機物比例大概為 3：7，表現出堅韌特性，既具有很大的硬度，也有一定的彈性；老年人骨無機物比例逐漸增加，又因激素水平下降，影響鈣、磷的吸收和沉積，骨質出現多孔性，骨組織的總

量減少，表現為骨質疏鬆症，此時骨的脆性增加，易發生骨折。

　　骨的生物力學特性還與骨的形狀相關密切。長骨縱軸抗壓縮能力強，但抗彎曲能力差，可引起變形或骨折，長期的不良步態和姿態可使股骨和脛骨變形導致「O」形腿，意外的衝擊載荷可導致骨折；顱骨的拱形及中間海綿層結構使其可承受較大衝擊載荷。這是足球運動員為什麼要帶護腿板和肆無忌憚用頭頂球的主要原因。

　　骨不同於一般的材料，是有生命的器官，力學因素對骨的生長、發育和改造重建起著重要作用。

　　人體的每一塊骨都有一個最適合的應力範圍，應力過高或過低，都會引起骨的吸收和萎縮。如長期臥床（失重）可因應力過低造成骨的脫鈣和退行性變化，游泳有很多好處，但游泳使人骨骼處於低應力狀態，長期游泳而不從事其他的陸上運動，會導致骨密度降低。

➤➤（三）關　節

　　骨與骨之間藉助纖維組織、軟骨或骨相連，形成骨連接。按骨連接的不同方式，可分為直接連接和間接連接兩大類，間接連接又稱為關節，是骨連接的最高分化形式。

1. 關節主要結構

（1）關節面

　　關節面是參與組成關節的骨的接觸面，每一關節至少包括兩個關節面，一凸一凹，凸者稱關節頭，凹者稱關節窩。關節面上被覆關節軟骨，不僅使粗糙不平的關節變得光滑，而且可以減少運動時關節面的摩擦，緩衝震盪和衝擊。

（2）關節囊

　　關節囊是由纖維結締組織膜構成的囊，附著於關節周圍，並與骨膜融合續連，分為內外兩層，封閉關節腔。外層為纖維膜，厚而堅韌，由緻密結締組織構成，其厚薄程度與關節的功能有關，使關節具有相應的靈活性和穩定性；內層為滑膜，由薄而柔潤的疏鬆結締組織膜構成，襯貼於纖維膜的內面，其邊緣附於關節軟骨的周緣，包被關節內除關節軟骨、關節唇

和關節盤以外的所有結構。

（3）關節腔

關節腔為關節囊滑膜和關節面共同圍成的密閉腔隙，腔內含有少量滑液，關節腔內成負壓，對維持關節穩定有一定的作用。

2. 關節的輔助結構

（1）韌帶

相鄰兩骨之間的緻密纖維結締組織束，有加強關節穩固或限制其過度運動的作用。

（2）關節盤和關節唇

關節盤位於兩骨的關節面之間，成圓盤狀或半月形的纖維軟骨，中間稍薄，周緣略厚，其周緣附於關節囊，使關節面更適配，減少外力對關節的衝擊和震盪；關節唇是附於關節窩周緣的纖維軟骨，加深關節窩，增大關節面，增加關節穩定性。

（3）滑膜襞和滑膜囊

有些關節囊的滑膜表面積大於纖維層，滑膜重疊捲折並突入關節腔形成滑膜襞，有利於滑液的分泌和吸收；滑膜從纖維膜的薄弱或缺處囊狀膨出，填充於肌腱與骨面之間，形成滑膜囊，可減少肌肉與骨面之間的摩擦。

3. 結構特點與功能

關節為骨槓桿提供支點，是能量傳遞的樞紐，是實現多環節聯動、完成人體複雜運動的結構基礎。「連接」與「運動」是關節的基本功能，能否實現取決於關節的結構特點及其靈活性、穩定性程度。

按關節運動軸的數目和關節面的形狀分為以下三類：單軸關節（包括滑車關節和車軸關節）、雙軸關節（包括橢圓關節和鞍狀關節）和多軸關節（包括球窩關節和平面關節）。

關節面結構是決定關節運動自由度的首要和關鍵因素，如單軸關節通常只能繞冠狀軸做屈伸運動（如指關節），雙軸關節一般能繞兩個相互垂直的軸運動（如橈腕關節），而多軸關節的球狀關節可以做多個方向的運

動（如髖、肩關節）；另外，關節囊的鬆緊度、韌帶的強弱（如掌指關節也屬於球窩關節，但由於其側副韌帶強，旋轉受限）、關節負壓及關節周圍肌肉的強弱都是影響關節靈活性和穩定性的基本因素。

》》（四）神　經

1. 形態、結構和類型

神經系統是人體結構和功能最複雜的系統，由數以億計的相互聯繫的神經細胞（神經元）所組成，神經細胞（神經元）是神經系統的基本結構和功能單位。

神經系統在形態和功能上是一個整體，為了敘述方便，將其分為中樞部（神經系統）和周圍部（神經系統）。中樞部由腦和脊髓組成，周圍部由腦和脊髓相連的神經，即腦神經、脊神經和內臟神經組成；根據周圍神經在個器官、系統中所分佈的對象不同，又可分為軀體神經和內臟神經。

軀體神經主要分佈於體表、骨骼、肌肉和關節內，內臟神經分佈於內臟、心血管、平滑肌和腺體。

2. 功能

神經系統在人體內起主導作用：

第一，控制和調節其他系統的活動，使人體成為一個有機的整體。例如，運動過程中，隨著運動強度、運動量及運動時間的增加，除肌肉收縮強烈外，同時出現呼吸加快加深，心跳加速，出汗等一系列變化，這些現象都是在神經系統下完成的；

第二，維持機體與外環境的統一，如天氣寒冷時，由神經調節使周圍小血管收縮，使體溫保持在正常水準。

神經系統活動的基本方式是反射，反射的物質基礎是反射弧，由感受器、傳入神經、中樞、傳出神經和效應器構成。周圍感受器接受內外環境的各種刺激，並將其轉變為神經衝動，沿著傳入神經元傳遞至中樞部，最後至大腦皮質，產生感覺；另外，大腦皮質將感覺訊息整合後，發出指令，沿傳出纖維，經腦幹和脊髓的運動神經元到達軀體和內臟效應器，引

起效應。

>> （五）筋　膜

1. 形態、結構

　　筋膜分淺筋膜和深筋膜，遍佈全身。淺筋膜又稱皮下筋膜，位於真皮之下，由疏鬆結締組織構成；深筋膜又稱固有筋膜，由緻密結締組織構成，位於淺筋膜的深層，它包被體壁、四肢肌肉和血管神經等。

　　深筋膜與肌肉關係非常密切，隨肌肉的分層而分層。在四肢，深筋膜插入肌群之間，並附於骨，構成肌間隔，將功能、神經發育和神經支配不同的肌群分隔開，保證其單獨活動。肌束膜、肌內膜、肌纖維膜都屬於深筋膜，肌肉收縮時，與之相連的深筋膜均受到牽拉。

2. 特性及功能

　　筋膜將人體每一個細胞與相鄰的細胞聯繫在一起，甚至將細胞的內部網絡與全身的力學狀態連接起來，形成筋膜網，其整體作用遠勝於部分作用。

　　淺筋膜內富有脂肪，對保持體溫有一定的作用；深筋膜不僅對深層的肌肉、血管、神經等具有保護作用，且約束肌肉的牽引方向，保證肌肉或肌群的單獨活動，互不干擾，限制炎症擴散，維持健康的功能。

　　筋膜的本質特性是可塑性：慢性的長期牽拉可使其發生形變，縮短或伸長，因此，透過數週或數月的手法或動作治療，可以達到改善姿態的目的。

　　筋膜中有大量的受體，包括高爾基受體、帕齊尼小體、魯菲尼末梢以及無所不在的游離終端或縫隙間的神經末梢，可以感受拉力、負重、壓力、震動等的變化；筋膜可直接傳遞力學訊息——張力和壓力，直接作用於纖維和纖維間、細胞和細胞間。

　　近期研究證明：身體周圍的張力及收縮力，由「振動」以音速傳輸，大約為 320 公尺／秒，比最快的神經系統傳遞速度大 3 倍。

二 人體運動鏈理論

人體具有固有的穩定結構，且能夠根據負荷的變化，以功能或動作補償的形式進行調整或重新排列，完成相應的動作或任務。因此，身體某一關節或肌肉的功能不僅代表自身的質量和功能，同時也反映了其他關節或肌肉的功能和質量，只有組成人體運動系統的神經、肌肉、骨骼、關節、筋膜等具有正常的解剖結構、發揮正常的功能，人體才能進行正常、合理的身體運動，才能減少身體各部位的急、慢性損傷和不適症。

》》（一）運動鏈

1. 體姿鏈

（1）結構體姿鏈

關節骨骼結構的定位會影響相鄰關節和結構的位置。直立時合理的結構體姿鏈：側面看，耳、肩、腰、髖、膝、踝在垂直於地面的直線上；前（後）面觀，左右耳、肩、髖、膝、踝連線與地面平行，身體重心落在雙足支撐面中間（圖 2-1）。

不合理的結構體姿鏈千姿百態，身體各部位出現不同程度的補償現象，導致所有的關節較正常姿態承受較大的負荷（圖 2-2、圖 2-3）。

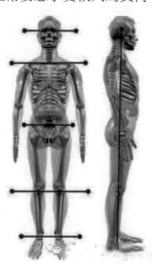

圖 2-1　合理的結構體姿鏈

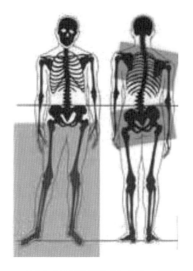
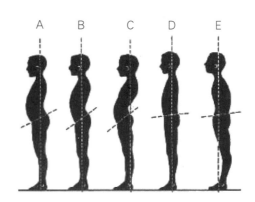

圖 2-2　不合理結構體姿鏈（前、後面觀）　　圖 2-3　不合理結構體姿鏈（側面觀）

（2）功能體姿鏈

　　從充分發揮人體運動功能和減少運動損傷的角度，審視所有關節，有兩個方面的含義：一方面，自下到上，每一關節的靈活性和穩定性交錯側重（表 2-1）。從力學角度看，一個關節要實現其靈活性功能，必須有支撐點，即需要相鄰關節有足夠的穩定性。另一方面，某一關節側重靈活性還是穩定性，需要視具體動作動作形式（開鏈、閉鏈）及任務。如在羽毛球、排球的扣球動作中，強調肩關節的靈活性，而在體操的十字支撐等動作中，肩關節的穩定性更重要。

表 2-1　關節靈活和穩定功能的相對性

關節名稱	穩定性	靈活性
足	✓	
踝		✓
膝	✓	
髖		✓
腰	✓	
胸		✓

關節名稱	穩定性	靈活性
肩胛	✓	
頸（1～2）		✓
頸（3～7）	✓	
肩（肱盂）		✓
肘	✓	
腕		✓

2. 動力鏈

關節動力鏈有開鏈和閉鏈之分。開鏈是指遠端（手、足）部不與地面或固定物相接觸，不支撐體重的動作，以追求靈活、速度和爆發力為目的，相關肌肉向心收縮為主，關節受剪切力載荷。閉鏈是指遠端環節（手、足）與地面或固定物相接觸，以支撐體重、增加關節和身體穩定性為目的，相關肌肉離心收縮為主，關節受到壓縮載荷。

人類自直立行走以後，下肢運動多以閉鏈形式為主，以支撐體重，上肢運動則多以開鏈形式，以加大關節運動速度或克服阻力為主。相對而言，閉鏈產生的壓力對受傷組織癒合的負面影響較小，功能性更強。

3. 運動鏈的反應

運動鏈是結構上的，而運動鏈的反應則是功能上的。人體運動鏈中每個鏈接都有其獨特的功能和作用，每個部分既可以獨立運動又與其他部分直接或間接相連，某個關節原發的運動可產生向四周蔓延的「波浪反應」，在各方向上力和能量的傳遞效果和效率則取決於運動鏈結構特點，如關節類型、肌肉激活狀態、神經適應性程度等。因此，其中一個鏈接薄弱會影響整個運動鏈系甚至運動系統。如扁平足使足內旋，身體的自我調節功能本能地引起膝關節內扣，脛骨、股骨外旋，髂腰肌緊張縮短，導致骨盆側傾，為了保證身體的對稱性，又引起對側肩下沉，同時可能伴有脊柱側彎（圖 2-4）。本教材中的功能動作篩查、單腿下蹲測試、Y 平衡測試等都是基於這一理論的研究成果。

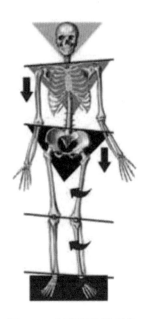

圖 2-4　人體運動鏈反應

▶▶（二）肌肉筋膜鏈

三種全身性網絡——神經網（神經系統）、體液網（循環系統）及纖維網（筋膜系統）攜帶的訊息種類不同，傳輸速度也不同，但三個網絡是密不可分的。筋膜網的機械信號與神經網絡的神經信號幾乎是同時發生的，體液網中的化學訊息攜帶養分，使前兩種網絡正常工作。

肌肉筋膜網的主要功能是存儲、釋放和傳遞能量，目前得到驗證的有11 條鏈：前表線 1 條、後表線 1 條、體側線 1 條、螺旋線 3 條、手臂線 1 條、功能線 3 條、後深線 1 條。

三　身體運動功能訓練的動作特徵及意義

▶▶（一）動作特徵

1. 多維、立體、三軸的動作訓練為主

以往的競技體育及大眾健身訓練，多針對性地進行某肌肉（群）的訓練，多以單軸、平面的屈伸、旋轉等動作為主。實際上，無論是日常生活

和工作，還是休閒體育、競技運動，很少有在一個平面、繞一個軸的動作，多數是多維的、立體的。另外，有強壯的肌肉，不一定能完成高難度、高質量的動作，但若完成高難度、高質量的動作，相應的肌肉一定會得到加強和鍛鍊。因此，身體運動功能性訓練以三維、立體、多軸的動作練習為主，而不是單純的肌肉訓練，更注重鍛鍊的實效性（功能性）。

2. 注重動作模式的合理性

　　功能性訓練最基本的原則就是在動作模式合理、動作質量保證的情況下重複練習，增加難度，達到自動化的目的。如果練習過程中不能保證動作質量，則要求降低難度。因為與日常生活、生命活動相關程度越大的基本動作，一旦程序化就不易消失，也不易改變。因此，兒童青少年早期建立合理的動作模式很重要。

3. 充分利用肌肉特性和功能

　　（1）肌肉向心和離心收縮能力並重
　　身體功能性訓練強調肌肉離心訓練，強調動作的可控性。以手拉彈力帶為例，手臂克服彈力帶阻力斜向上拉，以三角肌做向心收縮為主。還原時，如果沒有控制地被彈力帶的彈力拉回來，得不到任何鍛鍊；如果手臂抵抗彈力帶的彈力，有控制地慢慢還原，則三角肌離心力量得到鍛鍊；因此，在身體功能訓練過程中，經常會聽到「動作要慢」的提示，就是強調鍛鍊或檢查肌肉的離心收縮能力。
　　雙腿或單腿落地時要求髖、膝關節盡量保持靜止，目的是鍛鍊髖、膝關節肌肉抵抗外部大負荷的離心收縮能力。
　　（2）重視深層穩定肌的激活
　　肌肉按功能可以分為動力肌和穩定肌，動力肌一般在淺層，相對來說是質量、體積較大的肌肉，體表可觸摸到。如前側的腹直肌及兩側的腹內斜肌、腹外斜肌，後面的斜方肌、背闊肌、豎脊肌，是完成各種屈伸、旋轉等動作的動力源。穩定肌是指最深層的與骨骼、關節直接相連的小肌肉群，起穩定關節的作用。如前側的腹橫肌，後側的多裂肌，與韌帶一起維持腹腔壓力，穩固脊柱關節，為長時間保持某種姿態或完成某種動作提供

支撐，尤其是完成幅度大、難度大動作時，由多個椎體、椎間盤組成、靈活性較強的脊柱可具有較強的穩定性。

如果穩定肌比較薄弱，或在完成各種動作時不能適時激活發揮其應有的功能，動力肌就會補償性地兼顧穩定肌的功能，從而影響動作完成的質量和效果，同時也會加重脊柱的負擔，導致急、慢性疼痛等不適症。相對來講，穩定肌較小，其絕對力量無法和動力肌相提並論，因此，穩定肌的訓練效果不以力量大小衡量，而是以是否被激活為衡量標準。

4.提升神經適應能力

動作有難易，但無論多簡單的動作都不是由一塊肌肉單獨完成的，都需要其他肌肉的協同配合，如需要穩定肌固定相鄰關節，協同肌協助用力，拮抗肌處於放鬆狀態等。這些都需要神經肌肉的協調能力，動作難度越大，需要神經肌肉協調程度越高，而這種神經支配肌肉的適應能力不是天生的。身體運動功能訓練利用視、聽、觸覺等信號，創設不穩定支撐等條件，刺激、激活各級神經感受器，提升人體神經適應能力。

5.注重全身筋膜網的調整

筋膜網的力學均衡狀態有利於健康免疫、提升生理功能、預防功能衰弱、調整身心整體感覺，即對細胞健康和整體健康都是有益的。如果每個細胞都有一個理想的力學環境，人體就會有理想的「姿勢」，在理想姿勢下，身體的每個細胞都達到理想平衡，實現最佳功能，人體細胞和整個身體就處於健康狀態。

以往的解剖學、醫學觀念上強化了筋膜的基本功能，而忽視了筋膜網作為一個整體在人體發揮的作用。身體運動功能訓練手段的設計則注重其整體作用，訓練前後運用拉伸和泡沫軸等方法和儀器，使筋膜網排列更有規律，提升力的傳遞效果。

➢➢（二）生物力學意義

基本動作技能可比作字詞，如果沒有掌握基本含義，兒童語言能力的發展就會遇到障礙。同樣地，在動作技能發展中，如果早期沒有掌握基本

動作的正確模式，成人後完成動作組合的能力及老年生活自理能力將大打折扣。

日常生活動作：乘坐火車、飛機把行李搬上搬下是每個成人經常做的事，但不是每個正常健康人都能輕鬆完成的事；繫鞋帶，對於正常的成人來說很簡單，嬰幼兒學會也並非難事，但如何讓 65 歲以上的老人不為這一簡單動作煩心卻並非易事；人出生後逐漸學會翻、滾、爬、坐、立、走、跑等動作，然而不知從什麼時候開始，人不會爬了，蹲不下去了，即使蹲下去也要藉助外力才能站起來……

休閒、娛樂體育：隨著時代的發展，很多體育娛樂項目應運而生。如電視節目「奔跑吧，兄弟」「全員加速」，首先考驗的是明星們在各種極端條件下身體的運動能力；水上娛樂項目「男生女生向前衝」，順利過關並非易事，否則就不會有千姿百態的落水鏡頭了。

競技體育：多年來，這一方面的功能談得最多，在此無需贅述。

身體運動功能訓練的功能性不是單方面的，是指具有提升生活能力、勞動能力、娛樂水準、職業體育水準等多方面的功能，其內容和手段的設計基於日常生活、體力勞動、休閒體育、競技體育等動作生物力學特徵的共同元素。

》》（三）基本動作模式生物力學特徵辨析

1. 跑

跑是日常生活中除走之外最簡單的基本動作，也是國民體質與健康測試、學校運動會的主要內容之一。但仍存在不合理之處，尚有部分人「不會跑」。

（1）訓練內容沒有充分體現功能性

兒童青少年很多的娛樂活動和遊戲，身體動作和運動是多方向的，不僅需要向前跑的加速能力，還需要減速和制動能力。因此，不能只關注和考核兒童青少年向前跑的能力，後退跑、側向跑、轉身跑等都是應考慮的內容；不能只鍛鍊肌肉向心收縮力量，應同時鍛鍊肌肉的離心收縮力量，提升動作控制能力。

（2）擺臂動作不合理

正常的走和跑，髖關節軸（兩髖關節連線）與肩關節軸（兩肩關節連線）繞身體垂直軸反向旋轉。前後擺臂既可以抵消下肢產生的動量矩，保持身體平衡，也可以加大向前的蹬地效果，增加步幅。

部分兒童青少年跑步時左右擺臂，主要原因：第一，肩部肌肉或脂肪太多，影響肩關節屈伸的靈活性；第二，不良姿態（如圓肩駝背）導致含胸、縮肩，無法形成正確的擺臂姿態；第三，相應的肌肉沒有激活，尚未形成正確的動作模式。

（3）身體左右搖擺幅度大

身體重心能否保持平穩是衡量跑步技術的主要指標。跑步過程中，身體左右搖擺幅度大，可能是核心力量不夠好，不能保持軀幹的穩定，也可能是髖關節繞垂直軸的旋轉靈活性不夠。

2. 仰臥起坐

仰臥起坐是大眾健身最常用的手段之一，目前存在的不合理現象：

（1）雙手交叉置於頭後，雙肘向前觸膝

雙手置於頭後是徒手做仰臥起坐難度最大的方式，因為雙手和雙臂越是靠近頭部，形成的阻力矩就越大。原則上難度增加可取得較好的鍛鍊效果，但如果腹肌能力不夠好，會出現用力拉頭、頸的代償方式，不僅達不到鍛鍊效果，而且會增加腰部負擔，容易導致腰部不適。

（2）追求快起快落，還原過程無控制

向上起坐時腹直肌的向心收縮能力得到鍛鍊，但還原時軀幹在重力的作用下無控制地下落，腹直肌的離心力量得不到鍛鍊，而腹直肌的離心收縮能力很重要，尤其是對於完成躺、坐動作轉換越來越難為中老年人。

【正確動作】雙腿屈膝，軀幹以平板狀而不是圓球狀起坐至適當高度（具體到每個人，超過了某高度，感覺到腹直肌用力驟減），稍停頓（大概 3 秒鐘），再控制軀幹（腹肌抵抗軀幹及頭的重力）慢慢還原至肩著地。至於雙手的位置（圖 2-5），可根據自己的能力，置於身體兩側（如1），交叉放於胸前（如 2），雙手置於頭、雙肘外展（如 3），由易到難，循序漸進。

圖 2-5　雙手位置

3. 平板撐

　　平板撐鍛鍊的目的是激活軀幹深層小肌肉群，從而增加軀幹各關節的穩定性，為完成各種動作提供穩固的支撐，減少急慢性運動損傷。但一段時間風行以時間長短來衡量平板撐練習，是不合理的。

　　時間較長的平板撐是穩定肌強的表現，但以時間為衡量標準的平板撐練習並不能達到鍛鍊的最佳效果，即並非堅持時間越長效果越好。

　　開始時，深層小肌肉群被積極動員，但隨著時間的延長，小肌肉疲勞程度增加，身體重量相對「變大」，超出其有限的能力，導致更多的動力肌補償性地被動員，維持平板的姿態，鍛鍊的不再是軀幹的穩定肌，而是動力肌。

　　腹直肌、豎脊肌不也可以提升軀幹穩定性嗎？事實上動力肌的鍛鍊應該以動力性的向心或離心收縮形式為主，而不宜採用靜力性等長收縮的方式。人體軀幹的穩定性應以靈活性為前提，強壯的動力肌表面上可提升軀幹核心穩定性，但實際上是脫離靈活性的僵硬，遠離了「功能性」訓練的本質。

　　比較合理的平板撐練習是，一次做 30～60 秒，間歇 10 秒再做下一次，做 3～5 次。隨著能力的增加，可逐漸延長時間，以軀幹能保持穩定

圖 2-6

的平板姿態為原則（圖 2-6）。另外，可抬一側腿、手臂離開地面成三點或兩點支撐，或用軟墊不穩定支撐等手段增加難度。

4. 徒手下蹲（深蹲）

　　徒手下蹲如同跑步，是每一個正常人都能做的動作，貌似簡單，但實際上部分兒童青少年的下蹲姿態和模式不合理，導致成年後膝關節、腰部勞損現象過早出現。

　　膝關節內扣：

　　無論是內扣還是外展，均導致膝關節的半月板、關節面局部（內側或外側）受力集中，磨損程度加大，同時膝關節穩定性下降，也容易引起膝關節損傷。解剖結構特點和社會習慣的影響，女生內扣現象較多。

　　動作順序不合理，膝關節超過足尖。部分兒童青少年，下蹲時屈膝為主，膝關節超過腳尖。這樣的動作模式，重力作用線遠離膝關節，形成較大的力矩負荷，如轉化為有負荷的蹲起時，力量傳遞效果打折，腰、膝容易受傷。

　　正確的下蹲動作應該屈髖為主，屈髖帶動屈膝，骨盆和腰椎保持中立位，胸使重力作用線前後方向上盡量靠近膝關節，再屈膝至大腿低於水平

錯誤下蹲動作　　　　　　　　正確下蹲動作

圖 2-7

面，膝關節不超過腳尖垂直面（圖 2-7）。

第二節　身體運動功能訓練的運動生理學基礎

一　肌肉活動基礎

運動的本質是由多種（個）複雜動作組成的，而動作是肌肉在神經支配下收縮，牽拉骨骼，引起關節活動來完成的。身體運動功能訓練強調透過加強核心（區）力量、激活神經、增強軀幹部位和各關節周圍小肌肉群的穩定輔助作用等來提升全身肌肉整體工作效率，從而達到提升動作質量和避免運動損傷的目的。

≫（一）骨骼肌的收縮結構

1.肌纖維

肌纖維是肌肉的基本結構和功能單位。許多肌纖維排列成肌束，許多肌束聚集構成一塊肌肉。每塊肌肉由中間膨大的肌腹和兩端附著在骨骼上的肌腱組成。肌腹收縮時，肌腱牽拉骨骼產生運動。肌腱由互相交織成辮子狀的膠原纖維束排列構成。肌腱本身雖無收縮能力，但能承受很大的拉伸載荷，成年人肌腱的抗張力強度達 611～1265 公斤／每平方公分。肌腹的抗張力強度遠遠不及肌腱。當受到暴力作用時，肌腹或肌腹與肌腱連接處損傷的概率要遠高於肌腱本身。

　　肌纖維類型分快肌和慢肌兩種，呈交錯分佈，但每塊肌肉中快、慢肌所占比例不同。如腓腸肌中快肌占比大，而比目魚肌中慢肌占比大。快肌收縮速度快、力量大，但容易疲勞；慢肌則與之相反。不同項目運動員肌纖維組成不同，如馬拉松運動員慢肌占比平均為 82%，而短跑運動員快肌占比平均為 79%。

2. 彈性成分

　　肌肉的彈性成分主要包括肌肉、肌腱、肌內膜、肌束膜、肌外膜和肌肉中血管壁上的結締組織，具有伸展和彈性回縮的能力。

（1）彈性成分的作用

　　肌肉收縮產生的張力傳到骨骼之前，彈性成分首先被拉長。由於彈性成分的伸展性可吸收一部分力，它的拉長使肌張力的傳遞出現延遲，從而使收縮成分產生的張力變化趨於緩和。在完成跳躍、跑步、投擲等劇烈運動時起到保護作用，防止肌肉損傷。

　　改善肌肉彈性不僅能提升關節周圍的靈活性，而且可以更好地利用彈性勢能，增加肌肉力量。實驗證明，舉重運動員力量訓練結束後進行 10～15 分鐘的柔韌性練習，柔韌性提升 31.1%，最大推舉（臥推）提升 5.4%。

（2）運動對彈性成分的影響

　　運動訓練可以提升肌腱抗張應力，特別是肌腱與骨結合區的結合能力和抗斷能力，從而提升肌肉——肌腱複合體傳遞力的效率，預防運動損傷。長期的力量練習在引起肌肉肥大的同時，會對肌肉彈性成分造成附加的緊張與牽拉，使之產生適應性粗大，肌纖維膜增厚，肌腱和韌帶增粗，肌肉中的結締組織也相應增生，從而使其抗拉力增大，為彈性勢能的儲存提供更大的空間。

　　但是，結締組織的增生也會影響柔韌性的發展。因此，訓練中應先進行抗阻練習，再進行柔韌練習。

　　實驗證明，抗阻後的靜力拉伸肌肉練習不僅可以延遲痠痛，還可以避免因抗阻練習引起的結締組織增厚對關節柔韌性的影響，改善關節周圍肌肉組織的彈性回縮力，提升肌肉的收縮效果。

➤➤ (二) 肌肉的神經調控

骨骼肌的收縮是在中樞神經系統控制下完成的。當支配肌肉的神經纖維發生興奮時，動作電位經神經——肌肉接頭處傳遞給肌肉，由興奮——收縮耦聯，引起肌絲滑行，最終產生肌肉收縮。

肌肉的收縮受到大腦、小腦、腦幹、基底神經節和脊髓的調控。大腦皮質中央前回 4、6 區為軀體運動中樞，其對軀體運動的調節具有交叉性、倒置性、精細的機能定位等特徵，由其發出的錐體系將指令下傳到脊髓。脊髓主要由其所支配的 α 運動神經元直接指導肌肉活動。一個運動神經元和其所支配的肌纖維構成了肌肉活動的基本單位——運動單位。

神經對肌肉的調節主要靠運動單位的募集。運動單位所含肌纖維數量在各肌肉之間差別很大。凡是進行精細動作的肌肉的運動單位都較小，而產生力量的肌肉的運動單位都較大。

在同一塊肌肉中，由大 α 運動神經元支配的快肌纖維稱快運動單位，由小 α 運動神經元支配的慢肌纖維稱慢運動單位。快運動單位的興奮閾較慢運動單位的興奮閾高，需要較大的刺激才能使之工作。動員的運動單位越多越大則肌肉的收縮力越大。

腦幹的網狀結構對脊髓的運動神經元具有易化和抑制的作用。在身體運動過程中，不斷調整不同部位骨骼肌的張力，以完成各種動作，保持或變更軀體各部分的位置，從而維持人體的基本姿勢。

小腦和基底神經節都是協調軀體運動的較高級中樞，受大腦發出的錐體外系支配。小腦的主要功能是調節肌緊張、控制平衡和協調隨意運動，其與控制位覺的前庭器官、視覺、聽覺以及大腦和脊髓都有密切聯繫。基底神經節居於皮質下中樞的位置，具有控制肌肉的功能，與丘腦、下丘腦聯合成為本能反射的中樞，它與肌緊張的控制、隨意運動的穩定性和運動程序編制有關。

➤➤ (三) 本體感覺的作用

本體感覺是指肌、腱、關節等運動器官本身在不同狀態（運動或靜止）時產生的感覺，又稱深感覺，包括位置覺、運動覺和震動覺以及皮膚

的精細觸覺。肌肉、肌腱和關節囊中分佈有大量的本體感受器——肌梭和腱梭，它們能分別感受肌肉被牽拉的長度和力量的變化，其受刺激所產生的軀體感覺稱為本體感覺。

　　肌梭與肌纖維平行排列，當肌肉被拉長時，肌梭也隨之拉長，肌梭內的感受器受刺激產生興奮，並將神經衝動傳入中樞，反射性地引起被牽拉肌肉收縮；當肌肉收縮時，肌纖維縮短，肌梭也隨之所短，消除了對肌梭的刺激，使傳入衝動停止。

　　一般來說，運動功能複雜的肌肉中所包含的肌梭數目比運動功能粗糙的肌肉要多。肌梭的功能在於能發現、反映和控制梭外肌（即骨骼肌）纖維長度的改變，這在調節運動和維持姿勢中是極為重要的。這種由肌梭引起的反射性肌肉收縮通常稱為牽張反射。

　　腱梭與梭外肌串聯，是一種張力感受器。受到過度的張力或牽張刺激時，腱梭將把衝動快速地傳導並反射性地引起肌肉的抑制性收縮。這是因為脊髓中的抑制性中間神經元抑制了支配該肌肉的運動神經元的緣故。所以，腱梭的功能是產生保護性反射。力量訓練會使腱梭的敏感性下降，而使肌力增加。

　　肌梭和腱梭不僅可以透過反射活動調節肌肉工作，還可以將肌肉的活動情況回饋到中樞，為人體感覺或體會動作提供重要的幫助。

　　運動技能形成的本質就是建立複雜的、連鎖的、本體感受性的運動條件反射，是人體訊息回饋通路的自我控制。運動員的一切運動技能都是在本體感覺的基礎上形成的。

　　在大腦皮層運動中樞的指令下做出動作的同時，藉助本體感受器感知每一動作中肌肉、肌腹、關節和韌帶的縮短、放鬆和拉緊的不同狀況，並將訊息及時傳回小腦，與大腦皮層的指令訊息在小腦偶合，透過分析比較，皮層對偏離的動作進行糾正，並將正確的動作訊息儲存於皮層中樞，逐步建立起穩定的運動技能。

　　訓練有素的運動員對肌肉運動的分析能力，及其對動作時間的感知判斷十分精確，這是本體感受器透過長期訓練日趨完善的結果。身體運動功能注重運用不穩定平衡支撐提升本體感覺等各級神經系統的刺激水準，提升人體在運動中的神經適應能力。

（四）身體運動功能訓練中肌肉收縮的特點

身體運動功能訓練對全身肌肉（特別是小肌肉）、關節、骨骼、韌帶、筋膜都要充分調動，增強肌肉彈性、伸展性，發展了肌肉力量、增加了關節活動幅度，韌帶、筋膜拉長，脊柱的穩定性加強，同時也增加了柔韌性和靈活性。訓練中特別注重肌肉收縮的神經激活，採用快速動員肌肉、快速反應和增強動態穩定性等練習方式，提升神經傳輸速率、神經——肌肉募集能力和反應——動員能力，從而獲得良好的興奮性、快速的反應能力和伸縮複合能力極高度的動態穩定性。同時，對保持機體工作能力，防止肌肉萎縮、骨質疏鬆以及預防頸、肩、腰、腿和關節疾病起到了很好的作用。運動訓練後，骨骼肌內線粒體數量和體積增加，有氧代謝酶活性增強，肌紅蛋白和肌糖原含量增加。

身體運動功能訓練非常強調動作模式的練習，而本體感覺是產生有效動作模式的基礎。因此，在練習中要特別注意體會動作的準確性。

二　能量代謝特點

（一）運動能量來源

肌肉收縮的直接能源是三磷酸腺苷（ATP）。骨骼肌中 ATP 的儲量很少，ATP 一旦被分解，便迅速由肌肉中的另一高能磷酸化合物 CP（磷酸肌酸）分解釋出能量將 ADP 再合成為 ATP 來補充。CP 儲量也不多，每公斤濕肌肉約 17mmol／L，只能滿足幾秒鐘劇烈運動的需要。肌肉中 CP 的再合成則要靠三大能源物質的分解。因此，ATP 最終來源於糖、脂肪、蛋白質的氧化分解。

（二）三大供能系統

運動所需的能量由三種不同方式的供能系統提供，即磷酸原系統（CP-ATP 系統）、糖酵解系統和有氧氧化系統。多數運動都是在三大供能系統共同參與下完成的（表 2-2）。

表 2-2　三大供能系統

供能系統	CP-ATP 系統	糖酵解系統	有氧氧化系統
供能方式	CP＋ADP→ATP＋C	葡萄糖＋ADP+Pi→乳酸＋ATP	葡萄糖（脂肪、蛋白質）＋ADP+Pi→CO_2＋H_2O＋ATP
供能特點	供能快但少，不需氧、不產酸，功率高，時間短	供能較少、較快，不需氧，產生乳酸，時間較短	供能多、較慢、氧充足、不產酸、時間長
運動項目	高強度、時間少於10秒的運動。如：100公尺、舉重	高強度、時間 1～2分鐘的運動。如：400公尺、體操	耐力運動，時間可長達 2 小時以上。如：長跑等

▶▶（三）身體運動功能訓練中的能量代謝特點

在運動中糖的利用速度最快，是最經濟的能源。運動開始時機體首先分解肌糖原，持續 5～10 分鐘，血糖開始參與供能；運動繼續進行，肝糖原開始分解補充血糖，以供應骨骼肌、大腦等組織利用。隨著運動時間的延長，供能物質由以糖有氧氧化為主逐漸過渡到以脂肪氧化為主。運動的強度較低、活動時間較長時，脂肪氧化分解成為主要能源。運動強度大、持續時間久時，蛋白質也會作為能源供能。

不同強度的運動，能量消耗有所不同。研究表明，運動強度低於 $50\%VO_2max$ 時，血漿中游離脂肪酸的濃度每兩分鐘就更新 50%，說明脂肪代謝非常活躍。主要是因為體內兒茶酚胺類激素分泌增加，使脂肪組織的分解作用增強。當運動強度超過 $50\%VO_2max$ 時，糖的分解供能顯著加強。

身體運動功能訓練的強度基本處於 $50\%VO_2max$～$70\%VO_2max$ 範圍內，而較理想的運動時間應為 30～60 分鐘，能量供應以糖和脂肪的有氧氧化為主。

長期規律性的運動鍛鍊，可提升人體在安靜狀態下的基礎代謝，增加安靜狀態下的脂肪供能，有助於調整體重，防止脂肪堆積，避免肥胖。

此外，運動時的能量代謝還受年齡、性別、體重、環境溫度、飲食習慣及鍛鍊適應等多種因素影響。

三 心肺功能變化

運動中所需的能量來自於能源物質的氧化分解，而機體的氧供主要是由血液循環系統和呼吸系統來完成的。因此，心肺機能在運動中具有重要作用。

》》（一）呼吸機能

呼吸機能是保證機體在新陳代謝過程中實現氣體交換的重要條件，同時正確的呼吸方式方法也為運動中某些動作提供有效的保障。

1. 呼吸運動的基本原理

呼吸肌是完成呼吸機能的動力。人體的呼吸肌主要有膈肌、肋間肌和腹壁肌肉。在用力呼吸時，肩部、背部和胸部的肌肉也可起到輔助作用。呼吸形式有以肋間肌為主的胸式呼吸和以膈肌為主的腹式呼吸兩種，可以針對動作需要採取不同的呼吸形式。如做雙臂支撐動作時，需要肩、胸部穩定，則採用腹式呼吸；如做軀體直角動作時，需要腹部重心穩定，則採用胸式呼吸。

呼吸中樞在延髓和腦橋，主要由肺牽張反射調節呼吸頻率和深度。常用的評定呼吸機能指標有：肺活量、最大肺通氣量、呼吸深度、呼吸頻率、時間肺活量等。

2. 身體運動功能訓練的呼吸特點及影響

身體運動功能訓練注重呼吸節奏的調控，做到動作與呼吸有機地結合。經過一段時間的訓練，可以促進呼吸肌發達，加強呼吸肌力量，增加呼吸深度，減少呼吸頻率，減少生理無效腔所占的通氣比例，有效地提升了肺的通氣效率，同時也大大節省了呼吸肌的能量消耗。

訓練還能加大胸廓的擴張能力，呼吸差加大，肺活量增加，同時提升呼吸肌耐力和機體利用氧的能力。

在進行身體運動功能訓練中，特別是上肢和軀幹的穩定性練習中，有時會運用憋氣這種特殊的呼吸方式。憋氣時，會反射性地引起肌張力增高，有利於增強肌力。同時呼吸肌停止收縮，胸廓保持靜止，為軀體上部分的穩定提供了有力的保證。

但憋氣也會引起肺內壓急遽升高，回心血量減少以及射血的阻力增加以致組織供血供氧的不足，甚至出現頭暈眼花等不良反應。因此，在鍛鍊中要合理運用憋氣。

▶ （二）心血管機能

1. 心血管機能變化

系統的運動訓練可以引起運動員心臟結構和功能的相應改變，這是對運動的一種適應性反應。運動訓練對心血管機能的影響主要表現在心臟體積、心肌微細結構、心肌收縮力、心輸出量、心力儲備及心率和血壓等多方面的變化。

（1）心輸出量

心輸出量是指每分鐘由心室收縮射入動脈的血量，等於每搏輸出量與心率的乘積，是評定心臟功能最重要的指標之一。

運動時，由於交感神經活動加強，迷走神經活動減弱，同時腎上腺髓質分泌腎上腺素和去甲腎上腺素增多，血液中兒茶酚胺濃度升高，使心率加快，心肌收縮能力加強，搏出量增加，心輸出量增加；身體運動功能訓練調動更多的肌纖維參與收縮，充分發揮了骨骼肌的擠壓作用，促進了靜脈回流，加大了心室舒張期的充盈，增加了心肌收縮的初長度，也使心輸出量增加；肌肉活動增多造成外周阻力增加，同時耗氧量增多，引起心率加快，這些變化都會使心肌活動加強，心輸出量特別是搏出量增加。還要注意的是，運動中體位的改變也會引起靜脈回流量的變化。

心輸出量隨機體代謝需要而增長的能力稱之為心力儲備，代表著心臟的訓練水準。安靜狀態下，正常人心輸出量與運動員區別不大，為 5 升／分鐘左右；劇烈運動時，由於運動員心肌收縮力大，搏出量優勢明顯，因而每分心輸出量可增加到 30 升／分鐘以上，耐力運動員增加更多。身體

運動功能訓練可適當增加機體的心力儲備，但不是很明顯。

（2）心率

運動時心率加快是血液循環機能變化中最易察覺的表現。心率主要受神經活動的調節，並且與耗氧量之間也存在線性關係。此外，本體感受器受到刺激也會對心率起到調節作用。

（3）血壓

動脈血管彈性是影響血壓的重要因素之一。經常參加運動鍛鍊，可以使動脈血管壁中膜增厚，彈性纖維和平滑肌增厚，血管壁彈性增強；肌肉收縮對血管的經常擠壓也有利於保持良好的血管彈性，從而有效預防高血壓。

（4）其他方面

心肌的微細結構也會隨著鍛鍊而發生相應的改變，如心肌 ATP 酶活性提升、線粒體功能改善及數量增加、心肌細胞內的蛋白質合成增加，心肌纖維增粗，冠狀動脈供血良好等。並且心臟的調節機能也會得到改善，經常鍛鍊者在進行定量負荷時，心血管機能動員快、潛力大、恢復快。

2. 心血管機能評定

（1）心率

心率是最簡便易行的監測指標之一。常用的有基礎心率（晨脈）的應用，如果晨脈增加超過 3～4 次／分鐘，則表示運動量過大或機體狀態不良。心率還經常被用來推算運動強度，最大心率＝220－年齡。因此，運動實踐中通常以心率達到 180 次／分鐘作為評定大強度訓練的標準。身體運動功能訓練中根據不同的鍛鍊方式和運動強度，適宜的心率大約為 130～160 次／分鐘。

（2）血壓

血壓也是反映心血管機能狀態的重要生理指標。安靜時的血壓比較穩定，變化幅度小於 10mmHg。隨著訓練水準的提升，安靜時的血壓可略有降低。如果清晨臥床血壓比平時高 20%以上且持續超過兩天，則可能是機能下降或過度疲勞。

透過定量負荷或最大強度負荷試驗，比較負荷前後心率和血壓的變化

以及運動後的恢復過程，可以對心臟功能及身體機能狀況作出恰當的判斷。常用的有聯合機能試驗和台階試驗。運動後理想的血壓變化是收縮壓相應升高而舒張壓保持不變或略有下降。

第三節　身體運動功能訓練的心理學基礎

　　體育教育專業的培養目標是中小學體育教師，中小學體育教師如何利用兒童青少年的心理特點提升身體運動功能訓練的效果，如何運用身體運動功能訓練促進兒童青少年心理素質的健康發展，是本節內容的兩個重要方面。

一　兒童青少年心理發展規律

　　心理學泰斗朱智賢把從出生到 18 歲分為六個重要階段：乳兒期（0～1 歲）、嬰兒期（1～3 歲）、學齡前期（4～6 歲、7 歲）、學齡初期（6 歲、7～11 歲、12 歲）少年期或學齡中期（11 歲、12～14 歲、15 歲）、青年初期或學齡晚期（14 歲、15～17 歲、18 歲）。現代心理學把後三個階段統稱為兒童、青少年期，本教材僅涉及後三個階段。

（一）學齡初期兒童心理發展規律

1. 感覺的發展

（1）視覺

　　學齡初期兒童的視覺發展很快，比較成熟的研究是顏色視覺和顏色偏好。如果 7 歲兒童的顏色差別感受性為 100%，10～12 歲可提升 60%；6 歲前沒有性別差異，最喜歡的顏色為橙、黃、紅、綠；6 歲後，男性喜歡黃、藍色，女性則最喜歡紅、黃色。

（2）聽覺

　　辨別音調的能力，隨著年齡的增大顯著提升。如果 6 歲辨別音調的能力為單位 1，則 7 歲為 1.4，8 歲為 1.6，9 歲為 2.6，10 歲為 3.7；專門練習後，他們能夠分辨出每分鐘 118 和 120 的振動數。

（3）運動覺

7～12 歲兒童的手部關節的骨化過程還沒有完成，肌肉力量不斷增加，握力從 7 歲到 12 歲增加一倍，但與成人還相差很遠，不能勝任有精細動作的活動，也不能勝任需要持久用力的工作。

2. 空間和時間知覺的發展

（1）空間方位知覺

學齡初期兒童能很好地辨認前後、上下、左右，但對於左右方位的辨別還未達到很完善的地步，一年級兒童執行「向左轉」「向右轉」口令時，約 30%的兒童會發生錯誤。另外，讓 7、8 歲的兒童指出面前桌子上三樣東西的左右關係是比較困難的。

（2）時間知覺

學齡初期兒童對於時間單位的理解具有直觀的、表面的性質。相對來說，學齡初期兒童最容易掌握的時間單位是小時，其次是日和周，對於月的理解較差；對幾分鐘的理解隨年齡的增長越來越準確。

3. 觀察力的發展

觀察是一種有意識、有計劃、持久的知覺，是知覺的高級形態。6、7 歲兒童觀察的精確性水準很低，只能說出物體的顏色等個別屬性，8、9 歲以後明顯提升；6、7 歲兒童觀察隨意性較強，集中注意觀察的時間較短，錯誤較多，8、9 歲以後目的性有所改善，但不顯著；6、7 歲兒童觀察事物凌亂，沒有順序性，不系統，中高年級有較大發展，但 8、9 歲和11、12 歲沒有明顯區別。

4. 記憶的發展

學齡初期兒童的記憶差別，既表現在數量上，也表現在質量上。從記憶的數量來說，7、8 歲和學前兒童差別不大，但 9～11 歲記憶效率增加一倍以上。從記憶的質量來說有三個特點：第一，有意識記憶和有意重現等目的性的記憶逐漸增加；第二，有意義的，理解的識記方法逐漸占主導地位；第三，抽象內容的記憶迅速發展。

　　最值得關注的還是動作記憶保持和遺忘規律。研究表明：運動技能學習獨立於其他心智學習，有其自身的特點，記憶和遺忘規律也有明顯差異。

　　「動作記憶」是以身體的運動狀態或動作形象為內容的記憶。它包括對身體各部分移動的位置和距離的記憶，對運動形式、方向、速度的記憶，對動作的用力特點和時機的記憶。20世紀60年代美國心理學家弗萊斯曼等發現「動作記憶的保持遠比詞語概念記憶持久」；中國學者許尚俠，研究了動作記憶的遺忘規律：學習後第一天為最高（30.7%），第二天有記憶恢復現象，遺忘率僅7%，第三天以後遺忘率有增加，但均小於第一天。動作技能遺忘曲線呈「V」形，完全不同於德國心理學家赫爾曼·艾賓浩斯的「L」形遺忘曲線。

5. 注意的發展

　　有意注意開始發展，但無意注意仍然占主導地位；對抽象材料的注意逐步形成，但具體的、直觀的事物對他們的注意仍然起重要作用；這個時期的注意帶有情緒色彩。

➢➢（二）青少年心理學發展規律

　　相對於學齡初期兒童，少年期和青春初期階段更應該關注情緒、個性及人際交往的心理學品質。

1. 情緒的發展

　　情緒是指伴隨著認知和意識過程產生的對外界事物態度的體驗，按內容分為基本情緒和複合情緒。基本情緒是指先天的、進化過程中為適應個體的生存演化而來的喜、怒、哀、懼等情緒，不需要認知參與可自發地產生；複合情緒是以基本情緒為基礎，在社會情境中由自我認知而產生的混合情緒，如緊張、抑鬱、害羞、驕傲等。

（1）情緒體驗

　　從學齡初期到青少年是一個情緒「滑坡」階段，「煩惱」增加，幸福感銳減；積極的情緒體驗隨年齡增加而下降，消極情緒呈U形趨勢；

15～18 歲，學生的消極心理體驗較高並且存在性別差異，女生體驗強度顯著高於男生。

（2）情緒識別

10～14 歲個體的情緒表情識別能力進入快速發展期，到了 15 歲，面部表情的識別能力已趨於成熟穩定，尤其是對高興、憤怒、輕蔑、驚訝、恐懼、厭惡的識別。伴隨著識別能力的發展，青少年自覺運用可控表情的能力也得到進一步發展，經常出現「喜怒漸不形於色」。

（3）情緒調節

人的情緒不總是與環境的變化相一致，當情緒與其所處的生活環境發生矛盾和衝突時，需要他們對情緒進行調節以適應社會生活環境。有三個方面的含義：

第一，情緒調節包括負性情緒和正性情緒兩個方面，既可以是抑制和削弱的過程，也可以是維持和增強的過程；

第二，既包括有意識的調節，也包含無意識的調節，是一個從無意識到有意識的過程；

第三，具有情境依賴性，即情緒調節可能會得到較好的結果，也有可能會讓事情變得更糟，依賴於當時的情境。

2. 個性發展

自我意識是個性的主要內容，是一個多維度、多層次的綜合性心理系統，由知、情、意三方面構成。「知」即自我認知，包括自我概念和自我評價等；「情」即自我的情緒體驗，包括自我感受、自尊等；「意」即自我控制，包括自我控制和自我調節等。其中自我概念、自尊和自我控制是最主要的。

（1）自我概念

自我概念是自我意識中最主要的，集中反映了個體自我認識乃至自我意識的發展水準，也是自我體驗和自我控制的前提。

（2）自尊

自尊是自我所作出的對自己的價值判斷，以及由這種判斷所引起的情感。自尊需要是兒童自我意識發展的內在動力，主要由三個方面組成：學

業自尊、社會自尊、身體自尊。不論年齡、性別、社會經濟地位、種族群體，有較高自尊的個體傾向於能更好地自我調節；相反，在各個方面表現出低自尊的個體，則與焦慮、抑鬱、反社會行為相聯繫。

（3）自我控制

自我控制是對優勢反應的抑制和對劣勢反應喚起的能力。所謂優勢反應指對兒童具有直接、即時吸引力的事物或活動所引起的想要獲得或參與的衝動趨向，劣勢反應與此相反。

大量實驗研究表明：在延遲滿足情境下能等待較長時間的兒童，青少年期有較高的學業和社會能力，言語流暢、理性而又專注，在學業能力傾向測試中比同伴的得分更高。

3. 人際交往

人際交往是指個體透過一定的語言、文字或肢體動作、表情等表達手段將某種訊息傳遞給其他個體的過程。

（1）與同伴的關係

學齡初期喜歡 6～7 個人在一起遊戲，隨著年齡的增長交友的範圍逐漸縮小，學齡中期，「團夥時代」趨於解體，到青春期好朋友數量逐漸減少到 1～2 個。選擇的標準通常是：有共同志趣和追求、苦悶和煩惱、性格相近的同性。

學齡前兒童交往一般不分性別，進入青春期後，逐漸對異性產生興趣。但最初對異性的興趣以一種相反的方式表達：如在異性面前表現出漠不關心、輕視，或以不友好的方式攻擊對方。表面上看是相互排斥，其實是為了突出自己、引起異性的注意。

（2）與成人的關係

進入青春期後，父母榜樣的作用逐漸削弱，在情感、行為和觀點上與父母逐漸脫離，喜歡自己進行分析和判斷，不願意接受現成的觀念和規範。

二 兒童青少年身體運動功能訓練的心理學目標

兒童青少年的生理素質是基礎，社會素質是追求目標，心理素質是聯

繫上下兩個層面的仲介，對兩個層面素質的發展具有直接的影響，並成為兩者發展的內因。

　　因此，一方面，身體功能訓練應遵循兒童青少年的心理發展規律，使身體功能訓練的效果得以最大程度地顯現；另一方面，身體功能訓練的目標不能僅限於身體解剖結構和生理功能的實現，也應重視兒童青少年健康心理的發展，不可偏廢。

➤➤（一）身體運動功能訓練視心理健康為培養目標

　　心理健康是一種「生活適應良好的狀態」，心理是否健康從 4 個方面評價：第一，認知，即一個人智力是否正常，思考問題的方法是否與常人相同；第二，情緒，即一個人在多數情況下是否積極樂觀，能否很好地控制自己的情緒，有無緊張、焦慮、抑鬱等不良情緒；第三，個性，即一個人在為人處事上有無不良的思維和行為習慣，如心胸狹窄、敏感多疑、自卑、獨斷專行、難於合作等；第四，人際交往，即是否對自己與周邊世界的關係有適當的認識，能否適應生活環境，能否與自己周圍的多數人保持良好的關係，能否接受自己並用接近正確的態度評價自己等。

　　運動能力很好，專項技術精湛，可在較高級別的運動會上叱吒風雲，在同齡人中有很多粉絲……但訓練過程中稍不如意就摔東西、發飆，習以為常；具有較好的運動能力，但運動成績一旦達不到預想的目標，就怨天尤人，尋死覓活，或者精神一蹶不振；團體項目中喜歡單打獨鬥，出現失誤，推卸責任，對隊友冷嘲熱諷；倚仗自己有一身的好「武藝」，打架鬥毆，恃強凌弱……以上諸多現象的頻發，與部分老師、教練和家長只注重教學的認知、技能目標，忽略情感、人格和人際交往等目標不無關係。

➤➤（二）利用身體運動功能訓練促進心理素質的健康發展

1. 兒童青少年心理發展的普適性

　　兒童青少年心理年齡特徵是指一定社會和教育條件下，在不同年齡階段中所形成的一般的（具有普遍性）、典型的（具有代表性）、本質的（具有一定的性質）心理特徵。

（1）連續性與階段性

目前較綜合的觀點認為：兒童心理發展既體現出量的積累，又表現出質的飛躍，當某些代表新質要素的量積累到一定程度時，就導致質的飛躍，表現為發展的階段性。

（2）方向性和不可逆性

正常情況下，心理發展具有一定的方向性和先後順序，既不能踰越，也不會逆向發展。如個體動作的發展，遵循自上而下、由中心向外圍、從粗到細動作的發展規律；各大系統成熟的順序是：神經系統、運動系統、生殖系統等。

（3）敏感期

關鍵期一詞通常意味著在這一時期缺失了有效刺激，會導致能力水準低下，且難以由教育與訓練得到改進。有研究認為，在敏感期內，個體對某些刺激和某些形式的學習比較容易接受，這個時期過後，這種心理功能的產生和發展可能性依然存在，只是可能性比較小，形成和發展比較困難。因此，對人類大部分心理功能而言，用「敏感期」一詞更合適。

2. 兒童青少年心理發展的個體差異性

一方面，兒童青少年心理年齡特徵具有一定的普遍性和穩定性，如階段的順序，每一階段的變化過程和速度，大致是相同的、穩定的；另一方面，由於社會和教育條件不同，同齡兒童之間的心理發展過程和速度又存在差距，每個人的發展優勢（方向）、發展的速度和高度（達到的水準）千差萬別，即存在個體差異性。

》》（三）特殊心理的關注

1. 孤獨、壓抑

青春期開始的「心理斷乳」給青少年帶來很大的不安。他們在主觀上有獨立的要求和願望，但實際上很難在短時間內適應，內心衝突及在現實中所遇到的挫折較多，依靠自己的力量解決不了，又不想求助於他人，孤獨隨之產生。壓抑與孤獨相伴而生，是當需求或願望等不能得到滿足和實

現時產生的一種心理體驗，有生理方面的，也有心理方面的。

　　青少年的孤獨和壓抑既有情境性，也有一定的穩定性，適時關注、緩解不會導致更嚴重的問題。

2. 多動症（注意障礙）

　　一部分學齡初期兒童看起來過度地活躍，很難把注意力較長時間集中在一項活動上，過多的自主或非自主動作，注意力渙散，行動先於思考。這種情況被稱為多動症，西方心理學稱注意障礙。

　　多動症兒童存在很多現實問題，如學習成績落後，人際關係差，給家庭帶來一些煩惱。行為矯正是目前公認的四種有效方法之一。

　　【行為矯正方法】讓表現好的兒童做示範，直觀地明示、告訴多動症兒童，動作不是越快越好，然後讓多動症兒童效仿慢動作，及時給予肯定和表揚，最終可改善多動症兒童行為。身體運動功能訓練強調動作速度的控制，與行為矯正方法與密切相關，結合遊戲形式、語言提醒等設計行為矯正方法是可行的。

3. 抑鬱症

　　抑鬱症是兒童青少年以情緒低落為主要表現的一類精神障礙。童年期抑鬱症發病率無明顯性別差異，少年期發病率男女之比為 2：1，與成年人相近似，提示成年人抑鬱症常始於少年期。

　　學齡兒童抑鬱症和抑鬱症狀往往表現為長時間情緒不愉快，社會交往減少，睡眠障礙，易激惹，嗜睡，學習成績下降，注意力不集中，記憶減退，興趣減少，自我評價貶低，自責，產生消極意念或自殺企圖等。

　　研究表明，社會支持與抑鬱有較高的負相關，同伴關係差的小學生與具有良好同伴關係的小學生相比，更易患抑鬱症。可利用安全、便捷、軟質、色彩鮮豔的器械，設計氣氛活躍、娛樂性強的身體運動功能訓練方案，減少兒童抑鬱機率。

4. 攻擊行為

　　攻擊行為是一種在兒童青少年中常見的反社會行為。攻擊行為的界定

需符合四個條件：潛在的傷害性／毀壞性、行為的有意性、身心的喚醒性及受害者的排斥性。發生於校園、街頭巷尾的青少年欺辱、暴力事件，導致被害者心理異常、身體傷殘、致命的現象就是典型的攻擊行為。

　　親社會行為指對他人有益或對社會有積極影響的行為，出於自願，不考慮有任何酬償，主要有三種形式：分享、合作與助人。身體運動功能訓練實施過程中，體育教師以身作則，創設分享、合作的環境和氛圍，鼓勵、引導兒童青少年親社會行為，減少反社會行為的心理產生。

思考題

（1）以日常生活、休閒體育、競技體育中的動作為例，說明肌肉收縮的三種形式。

（2）簡述筋膜的特性及功能。

（3）根據身體運動功能訓練的生物力學特徵，設計符合自己專項的訓練手段。

（4）結合自己的專項動作特點，闡述你對人體運動鏈的理解。

（5）談談本體感覺在身體運動功能訓練中的作用。

（6）試分析肌肉運動的神經調控。

（7）結合社會現象，闡述兒童青少年身體運動功能訓練的心理學目標。

參考文獻

〔1〕柏樹令，應大君.系統解剖學〔M〕.第 5 版.北京：人民衛生出版社，2001.

〔2〕陸愛雲.運動生物力學〔M〕.第 1 版.北京：人民體育出版社，2010.

〔3〕Thomas W. Myers. 解剖列車——徒手和動作治療〔M〕.關玲，譯.第 3 版.北京：軍事醫學科學出版社，2015.

〔4〕尹軍，袁守龍.身體運動功能診斷與訓練〔M〕.北京：高等教育出版社，2015.

〔5〕王瑞元.運動生理學〔M〕.北京：人民體育出版社，2002：205-207.

〔6〕謝敏豪，馮煒權，嚴翊.運動內分泌學〔M〕.北京：北京體育大學出版社，2008：1-5.

〔7〕鄧樹勳，陳佩潔，喬德才.運動生理學導論〔M〕.北京：北京體育大學出版社，2007：81-83.

〔8〕朱智賢.朱智賢全集（第四卷）——兒童心理學〔M〕.北京：第 1 版.北京師範大學出版社，2002.

〔9〕桑標.兒童心理學〔M〕.北京：第 1 版.開明出版社，2012.

〔10〕李四化.青少年體育心理〔M〕.北京：第 1 版.北京體育出版社，2014.

03 年齡與性別差異的 身體運動功能訓練

本章導語

　　本章從生理學、訓練學的角度出發，闡述了兒童青少年生長發育的概念、一般規律及影響因素；生長發育年齡階段的劃分、青春發育期及身體各系統特點；生長發育階段身體素質發展的基本規律及訓練要點等相關問題，是對中小學生進行身體運動功能訓練實踐必須掌握的基礎理論。

第一節　生長發育的概念、規律及其影響因素

一　生長發育的三個基本概念

》（一）生　長

　　生長是指人體隨著年齡的增長，機體內細胞增殖、增大和細胞間質增加，整體上表現為組織、器官及身體形態和重量的變化，以及身體組織化學成分改變的過程。隨著生物科學研究的發展，對生長的認識還包含了身體組成的化學成分的變化，即化學的生長。

》（二）發　育

　　發育是指人體隨著年齡的增長，各器官系統的功能不斷分化和完善，心理、智力持續發展和運動技能不斷獲得和提升的過程。發育通常涉及人體達到成熟過程中所出現的一系列變化。

≫（三）成　熟

人體進入成熟期就意味著生長發育的結束。機體在形態和機能等方面達到成人水準，具體表現為身高、體重達到一定水準，各系統功能基本完善，骨骼牙齒的鈣化基本完成，性器官具有繁殖後代的能力等。

⊜ 生長發育的四個一般規律

≫（一）量變到質變規律

人體生長發育是從嬰兒、幼兒、少年、青年、壯年直到老年的完整過程，是從微小的量變到根本性的質變的一個複雜的發展過程，是在身體體積生長增大的過程中，完成結構和機能的分化與成熟的過程。

特別是腦的生長，具體表現為思維記憶和分析綜合機能不斷發展，而且在腦的重量不再增長後，其機能仍在進一步完善。這種量變到質變之間沒有明顯的界限，但又不是一種無區別的現象。

≫（二）連續性和階段性規律

生長發育過程是連續的，而不是跳躍的。整個過程自然地表現出階段性的質的特點，並有一定的變化程序。如運動器官和神經系統的生長發育過程從頭部的轉頭、抬頭逐漸過渡到上肢的抓握物體，再發展成軀幹的翻轉、直坐，最後發展到下肢的站和走的從頭部向下發展的「頭尾發展規律」；還有肢體的由正中部位向末端發展的「正側發展規律」都有一定的規律可循。

≫（三）波浪式規律

生長發育不是勻速直線上升，而是有時快、有時慢的波浪式發展。其中最為明顯的是生長發育的兩個「突增期」：第一次突增期是胎兒從一個特大的頭、較長的軀幹及短小的四肢，發育到兒童時期的身體各部分較勻稱的比例。第二次突增期則是下肢迅速發育，再向軀幹發育，最後發展成頭較小、軀幹較短、腿較長的體型。整個過程頭大約增長 1 倍，軀幹大約

增長 2 倍，上肢大約增長 3 倍，下肢大約增長 4 倍。

≫（四）不平衡規律

人體各部位和各器官系統發育的時間和速度不同。神經系統發育最早，這主要表現在腦重的變化上，6 歲左右，腦的重量已經達到成人的 90%，神經系統的機能也在語言和肌肉活動調節方面發展迅速，在 20 歲左右達到神經系統機能上的完善。淋巴系統的發育也特別迅速。

12 歲左右淋巴系統已經達到成年時的 200%，使機體對疾病的抵抗能力增強，然後，隨著機體各系統的成熟和抵抗力的增強，淋巴系統逐漸退縮。在人體各系統的發育過程中，生殖系統的發育最晚，從 10 歲後才逐漸發育，進入青春期迅速成熟。

⊟ 生長發育的六個主要影響因素

生長發育是遺傳性與適應性的對立統一過程。主要是機體的先天條件與後天外界相互影響和共同作用的結果。遺傳因素決定著機體發育的可能性，環境條件影響著發育的整個進程。其主要影響因素有以下六個方面：

≫（一）遺傳因素

遺傳對生長發育的影響是肯定的，它隱含並預示著未來身體的高度或體重、體型、面貌和上代及其相似的多方面特徵，並在生長發育的進程中表現出個體的差異性及較大的可塑性。

≫（二）營養因素

營養是生長發育的物質基礎。研究表明：營養對生長發育無論在形態、機能和智力方面都會產生一時性的和永久性的影響。為此，生長發育必須有充分的營養物質做供應，才能保證機體同化作用超過異化作用的新陳代謝正常運行。

≫（三）疾病因素

疾病對生長發育的影響是至關重要的，不同的疾病會導致機體不同器

官的器質性改變，影響其本身乃至整個機體機能，破壞機體新陳代謝正常運行，影響身體的生長發育。

▶▶（四）氣候與季節因素

相關研究表明，氣候條件對人的身高有一定的影響。季節對生長發育影響更為明顯。一般情況下，春季身高增長最快，秋季體重增長最快。寒冷刺激與甲狀腺機能增強有關。

▶▶（五）社會因素

社會因素對生長發育會產生綜合性影響。經濟發展狀況，以及與之有關的營養、居住、醫療和體育等條件是其中主要的決定因素。貧富差距、環境污染、食品安全也是不可忽視的重要的社會因素。

▶▶（六）身體運動訓練

如果說營養因素是生長發育的物質基礎的話，那麼，對身體進行的各種運動訓練則是生長發育的源泉。它是促進身體發育和增強體質的最有利因素。儘管先天遺傳特徵可以使機體自然增長，但在保證營養供給充足的前提下，參加體育鍛鍊可以充分發揮機體的生長潛能，有效利用各種營養物質，促進代謝過程加強，全面提升人體形態和功能的發育水準，並且可提升細胞免疫活性及體內非特異性免疫水準。還可使機體的新陳代謝及神經內分泌系統的作用機制產生相應的調節，對形態發育產生不同程度的影響。研究表明：諸多後天影響因素中，身體運動訓練起著不可忽視的作用，特別是在青春期，後天影響因素對機體的作用高於其他任何時期，如身高，後天影響可以占到 25%；如體重、圍度指標、機能和身體素質指標等，後天影響可以占到 50%～70%。但這一過程需要一個長期的積累，短期性的體育鍛鍊對身體的生長發育沒有明顯的提升。

長期的各種身體運動訓練，對機體會產生以下幾個方面的顯著影響：

1. 對體格發育的影響

各種橫向與追蹤調查研究證明：經常參加體育運動的兒童青少年其身

高、體重和胸圍的增長速度，一般高於不經常運動的兒童和青少年。體育運動可使脂肪消耗增加，增加瘦體重，從而改變體成分，使青春期少年體格得以協調勻稱地發育。

2. 對骨骼肌肉系統發育的影響

經常性的各種身體運動訓練，可明顯改善骨的血液供應，使其得到充分的營養物質，促進骨的生長，使管狀骨變長，橫徑增粗，骨重量增加。同時還有利於平衡全身及骨骼的鈣磷代謝，加速礦物質在骨內沉積，使骨皮質變厚，骨密度增大。

長期堅持可使機體新陳代謝旺盛，有利於骨細胞的增殖，加速鈣化過程，使骨質堅實。運動時血液循環加速，使肌肉獲得更多的營養物質，肌纖維變粗，體積增大，彈性增強，肌肉變得發達。

3. 對生理機能發育的影響

身體運動訓練會對心血管系統、呼吸系統、肌肉力量等機能產生一定的影響。

其主要表現在以下幾個方面：在心血管系統方面主要表現有心肌收縮力增強、心輸出量增加、心臟容積增大、心臟質量增加、竇性心律徐緩等；呼吸系統方面主要表現為呼吸深度加深、呼吸頻率加快等；肌肉力量方面主要表現為肌肉力量的明顯增強並可產生較高水準的肌肉耐力。

4. 對神經、內分泌和免疫機能的影響

身體運動訓練能使大腦和神經系統得到鍛鍊，提升神經系統工作過程的強度、均衡性、靈活性和神經細胞工作的耐久力；能使神經細胞獲得更充足的能量物質和氧氣的供應，從而使大腦及整個神經系統在緊張的工作過程中獲得充分的營養，使大腦的興奮與抑制過程合理交替，避免神經系統過度緊張；按照大腦皮質功能輪換的原則，可以消除學習負擔過重造成的腦力疲勞。

可使身體各器官系統的控制和調節能力得到提升和完善，有助於形成良好的情緒，增進心理健康。可使生長激素和皮質激素分泌增加。其中血

清雄性激素含量的提升有助於協同生長激素加速青春期的生長。可使非特異性免疫功能增強，是一種增強人體非特異性免疫的有效手段。

第二節　生長發育年齡階段的劃分、青春發育期及身體各系統特點

一　生長發育年齡階段的劃分

根據生長發育的規律以及形態、生理和心理的特點，目前普遍認可的生長發育年齡段的劃分是：

嬰兒期階段：2～3 歲；幼兒期階段：4～6 歲；學齡兒童階段：7～12 歲；少年期階段：13～17 歲；青年期階段：18～25 歲。

各年齡階段的上下之間並無明顯的界限，通常情況下把 7～17 歲稱為兒童少年時期，這一時期是人體生長發育中最為重要的黃金時期，也是青少年成長最為關鍵的中小學階段。

二　青春發育期

青春發育期也叫青春期，是由兒童少年時期過渡到成人的一個迅速發育的階段，以生長突增為青春發育期開始的標誌，以性成熟為結束，其階段性劃分與特點如表 3-1 所列。

表 3-1　青春期的階段劃分及發育特點

類別	青春期前期	青春期中期	青春期後期
男性	約在 12～14 歲年齡段	約在 14～17 歲年齡段	約在 18～24 歲年齡段
女性	約在 10～12 歲年齡段	約在 13～16 歲年齡段	約在 17～23 歲年齡段
主要特點	出現身體形態發育突增現象，機體進入一個迅速生長階段	第二性徵發育為主，形態的發育速度減緩，性成熟	身體發育到完全成熟階段

三　生長發育階段身體各系統特點

》（一）神經系統的發育特點

神經系統是發育最早最快的器官。大腦隨年齡的增長體積增大，腦細胞數量增多，突起增多變大並向皮質各層深入，腦的機能逐漸發育。

7～8 歲時動作的協調性和精準性得到發展。以後隨著年齡的增大，神經細胞突起的分支越來越多，聯絡纖維大大增加，形成許多新的神經通路，腦的功能不斷完善並趨於複雜化，機能也逐漸完善，並表現出在不同發育階段各有其機能上的特點。

》（二）呼吸系統的發育特點

兒童少年時期由於胸廓狹小、呼吸肌力較弱且呼吸表淺，因此，在此年齡段肺活量小，呼吸頻率快。隨著年齡增大呼吸深度增大，而頻率逐漸減少肺活量逐漸增大。在 10～14 歲區間攝氧量增大較明顯，16～17 歲增加較緩慢。兒童少年肺通氣量小，每公斤體重相對值較大，在運動時主要靠加快呼吸頻率來增加肺通氣量，而呼吸深度增加得很少。這是因為兒童少年的呼吸肌較弱、調節機能不完善所致。

》（三）運動系統的發育特點

兒童少年的骨骼由於軟骨成分、水分和有機物質較多，無機鹽少，骨密質較差，所以骨富有彈性而堅固不足，不易完全骨折而易於發生彎曲和變形。隨著年齡增長堅固性增強而韌性降低，下肢骨在 16～17 歲以後骨化迅速，而脊柱椎體在 20～22 歲才完成骨化，直到 20～25 歲骨化完成後，骨不再生長，身高也不再增長，但骨的內部結構仍在變化。

兒童少年的關節面軟骨相對較厚，關節囊及韌帶的伸展性大，關節周圍的肌肉細長，關節活動範圍大於成人，牢固性相對較差，在外力作用下較易脫位。

兒童少年的肌肉水分多，蛋白質、脂肪和無機鹽類少，收縮機能較弱，耐力差，易疲勞。隨著年齡增長，有機物增多，水分減少，肌肉重量

增加，肌力也相應增強。

肌肉發育的基本順序是：軀幹肌肉先於四肢肌，屈肌先於伸肌，上肢肌先於下肢肌，大塊肌肉先於小塊肌肉。在 8～9 歲以後，肌肉發育速度加快，15 歲以後，小肌肉群也迅速發育，15～18 歲是軀幹力量增長最快的時期。全身整體肌肉力量男子在 25 歲，女子在 20 歲左右達到峰值，30～35 歲以後慢慢開始減退。

肌肉發展的規律是：在生長加速期，主要向縱向發展，長度增加較快，但落後於骨骼增長，此時肌肉收縮力量和耐力都較差。生長加速期結束後，身高的增長緩慢，肌肉橫向發展較快，肌纖維明顯增粗，肌力顯著增加。女孩在 15～17 歲、男孩在 18～19 歲肌力增長最為明顯。

▶▶（四）循環系統的發育特點

兒童少年血量占體重的百分比略高於成人，約占體重的 11%～15%之間。其心臟重量和容積均小於成人，但相對值，即按體重的比值卻大於成人，幼兒心臟重量占體重的 0.89%，成人占 0.50%左右。心臟的重量隨年齡逐漸增大，到青春期達到成人水準。由於兒童心臟發育不夠完全，神經調節也不夠完善，而新陳代謝又比較旺盛，因而心率較快。隨著年齡的增長心率逐漸減慢，20 歲左右趨於穩定。

兒童少年的血管系統在 6～7 歲以前發育比心臟早，血管壁彈性好，血管口徑相對較成人大，外周助力較小，血壓較低。兒童的心臟發育尚差，心力弱，脈搏每搏和每分輸出量比成人小。由於這一時期交感神經調節占優勢，心肌發育不十分完善，運動主要靠加快心率增加心輸出量以適應需要。

第三節　生長發育階段身體素質發展的基本規律及訓練要點

● 一　自然增長規律

兒童少年各項身體素質隨年齡增長而增長的現象，稱為身體素質的自然增長。從年增長率的曲線看，增長的速度有快有慢，不是直線的、等比

的增長，而是波浪式的、非等比的增長。在不同年齡階段，各項身體素質的增長速度不同，即使在同一年齡階段，不同身體素質的發育速度也不一樣。身體素質的發展有先後順序之分，大致順序為：速度、靈敏、柔韌、力量、耐力。一般情況下，各項身體素質在青春發育期內增長的速度快、幅度也大，男生在 15 歲左右，女生在 12 歲左右。

青春期是身體發育的加速期，身體素質發育的速度快、幅度大。性成熟期結束時，身體素質增長的速度開始減慢，男生在 16～20 歲，女子在 13～20 歲。25 歲以後，身體素質的自然增長即已結束，若不進行訓練，身體素質一般不再進一步提升。

值得注意的是，各項身體素質的增長值存在性別差異，男性增長值高於女性。在 12 歲以前，男女之間各項身體素質的差別不大，13～17 歲之間身體素質的性別差異迅速加大，女子約為男子逐年增長平均值的 50%，18 歲以後達到最大，並趨於穩定。

二　階段性規律

青少年各種身體素質發展得快慢不等，具有明顯的階段性特徵。根據青少年身體素質增長速度的特點和基本趨勢，一般將青少年身體素質的發展分為四個時期：快速增長期、緩慢增長期、穩定期和下降期。

青少年身體素質發展的總趨勢是由增長階段（包括快速增長階段和緩慢增長階段）過渡到穩定階段。穩定階段表現為：隨著年齡的增長，身體素質發展速度明顯變慢或停滯，甚至有時身體素質有所下降。各項身體素質由增長階段過渡到穩定階段的先後順序是：速度素質最先，耐力素質次之，力量素質最晚，男女順序一致。

青少年的各種身體素質的發展趨勢由增長階段過渡到穩定階段，其年齡界限不完全一致，男女之間也存在差異（見表 3-2）。男生各項素質指標的高峰，除了速度素質（50 公尺跑）在 7～8 歲出現外，其他素質指標均在 12～16 歲期間出現；女生各項素質指標，除柔韌性（立位體前屈）在 18～19 歲出現高峰外，其他素質高峰期在 7～9 歲出現。20 歲以後，無論男女，各項身體素質的增長速度都進入下降期，男女身體素質發育的穩定階段基本能保持到 25 歲左右。

表 3-2　青少年身體素質增長階段和穩定階段的年齡

身體素質	增長階段（歲）		穩定階段（歲）	
	男	女	男	女
50 公尺跑	7～15	7～13	15 以後	13 以後
立定跳遠	7～16	7～13	16 以後	13 以後
立位體前屈	12～18	11～20	7～12	7～11
仰臥起坐	——	7～12	18 以後	20 以後
引體向上	13～19	——	19 以後	12 以後

　　值得注意的是，女生在身體素質發育過程中，其在快速增長階段和緩慢增長階段之間可能出現數年停滯的現象，稱為身體素質發育的停滯階段。

三 身體素質發展的敏感期

≫（一）身體素質敏感期的概念

　　「敏感期」一詞是荷蘭生物學家德·弗里在研究動物成長時首先使用的。後來，蒙台梭利在與兒童的長期相處中，發現兒童的成長也會產生同樣的現象，因而提出了敏感期的理論，並將它運用在幼兒教育上。

　　她認為，在孩子生命成長的某個時間段，會受內在生命力的驅使，本能地專心嘗試或學習其所感興趣的特定事物，直至內在需求獲得滿足或這種興趣減弱。

　　孩子正是透過一個接一個的敏感期來成長和發展自己的。在幼兒的教育上，抓住敏感期對提升幼兒的智力有極其重要的作用。

　　身體素質的發展同樣存在敏感期。青少年在成長過程中，各種器官機能的發展不均衡，但身體素質有著較明顯的發展規律，表現在不同的年齡階段，各項素質增長的速度不同，存在著一個或幾個某種身體素質增長速度特別快的期間或年齡段，該期間或年齡段即為相應身體素質增長的敏感期，在這段時期所對應的身體素質能力發展相對迅速。通常以年增長率的均值加一個標準差作為確定敏感期範圍的標準。

年增長率等於或大於標準值的年齡階段為敏感期，小於標準值的為非敏感期。身體素質發展的敏感期大多集中在兒童少年時期，其發展到高峰的年齡男子一般在 19～22 歲，23 歲後緩慢下降呈單峰形；女子在 11～14 歲出現第一個波峰，14～17 歲趨於停滯或下降，18 歲後回升，19～25 歲出現第二次波峰，呈雙峰形。

》（二）身體素質敏感期的重要性

身體素質敏感期大多集中在青少年時期，對普通兒童少年而言，在其敏感期發展相應的身體素質對日後的身體技能學習極為重要。如果身體素質發展錯過了相應的敏感期，則相應的身體素質將很難達到理想水準，錯失敏感期可能帶來無法彌補的損失。例如，成年人學習游泳往往缺乏協調性和柔韌性，身體僵硬、精神緊張、動作不協調，造成游泳時身體總是下沉，很難掌握游泳的技巧，而且最後即使學會了游泳，也同青少年時期即掌握游泳技能的人有很大區別。

運動能力差會對人的心理造成不同程度的影響，使人產生自卑的心理，長期在運動場邊充當旁觀者，不願意在公共運動場所活動，這對其未來的身心發展都會帶來負面的影響。雖然運動能力在一定程度上受到地域和先天遺傳基因等因素的影響，但大部分的運動能力都是由後天的培養和訓練獲得的。當前國內外一些優秀運動員能取得驕人的成績，與其在身體素質敏感期打下良好的基礎是密切相關的。

中國青少年身體素質的下降趨勢已經持續了二十多年。2007 年 5 月，教育部等有關部門指出青少年時期是各項身體素質發展的關鍵期，要求學校、社區和家庭聯合起來，鼓勵學生走向操場、走進大自然、走到陽光下，培養青少年良好的體育鍛鍊習慣和健康的生活方式。2014 年 1 月，共青團中央、教育部、國家體育總局、全國學聯也開展了大學生「走下網絡、走出宿舍、走向操場」主題群眾性課外體育鍛鍊活動，旨在引導和幫助大學生提升參加體育鍛鍊的積極性、形成良好的體育鍛鍊習慣、提升身體素質。

基於此，政府職能部門、社會各界、學校和家庭需要共同努力，促使青少年加強體育鍛鍊，在各個身體素質敏感期發展相應的身體素質，這不

僅可以讓青少年取得良好的鍛鍊效果，扭轉青少年身體素質下降的趨勢，而且可以為日後運動技能的學習打下堅實的基礎，在提升運動能力的同時延長運動壽命，減少運動傷害事故。

特別是處於生長發育期的青少年，全面發展身體素質，對於提升廣大青少年的健康水準至關重要。體育鍛鍊如能與遺傳、自然生長發育有機地配合，並注意在身體素質發展的敏感期有計劃、有目的、科學地進行安排，會取得事半功倍的效果。

（三）各項身體素質發展敏感期

在青少年生長發育過程中，其身體素質隨著年齡的增加而不斷發展。伴隨著各器官系統機能的不斷完善，各項運動能力的發展呈現明顯的波浪形和階段性特徵。

兒童少年時期身體的生長發育從身體形態、機能、骨骼和肌肉看，先後順序為：先遠端後近端，先四肢後軀幹，先下肢後上肢，即足→小腿→下肢→手→上肢→軀幹。而且，在青少年時期，男孩和女孩的成長發育過程並不同步，男孩的成長最快期要比女孩晚兩年，在性成熟時身高和體重的最快發展期女孩要早於男孩一年或兩年。但不論是男孩還是女孩，他們身體的形態特徵發展的最快時期都在 12～15 歲。因此，從年齡上看，各身體素質敏感期均有所不同。

1. 力量素質的發展

力量素質自然增長的總趨勢是，在 18～19 歲以前隨年齡的增長而持續穩定地增長。但是在青少年生長發育期間，發展不同力量素質的最佳年齡是不一樣的，男、女也存在較大差別。

（1）最大力量

男子 17 歲以前，女子 15 歲以前最大力量增長較快。其中，男子 12～15 歲，女子 10～12 歲增長速度最快，為最大力量快速增長的突增期。男子 18～25 歲，女子 16～20 歲增長速度緩慢；男子 25 歲左右，女子 20 歲左右達到最高水準。男、女均持續到 35 歲左右仍保持有較高的最大力量水準。

12 歲以前的兒童時期，男、女的最大力量差異較小，女子大約為男子的 80%～90%。13 歲以後，由於男子最大力量增長較快，而女子增長速度減慢，使男、女之間的差距逐漸加大。從 13 歲開始，呈現出隨著年齡的增加，男、女之間最大力量差距逐漸加大的趨勢。到成年，女子的最大力量為男子的 2／3 左右。

（2）力量耐力

男子 18 歲以前，女子 12 歲以前力量耐力增長較快。其中，男子 15～17 歲，女子 10～11 歲增長最快；男子 22 歲左右，女子 20 歲左右達到最高水準；男子 19～22 歲處於緩慢增長階段；一般情況下，23 歲以後，力量耐力水準緩慢下降。如果從 20 歲後仍堅持系統的體育鍛鍊，直到 35 歲仍可保持較高的水準。女子的力量耐力，一般在 12 歲左右出現一個高峰（腰腹肌力量耐力達到最高水準），13～18 歲出現下降或增長停滯現象；直到 19～20 歲左右，又出現一個高水準階段。

10 歲前，男、女力量耐力差異較小；11 歲後，男、女之間的差距逐漸加大；15 歲以後女子的腰腹肌力量耐力約為男子的 75%。克服自身體重的臂肌力量耐力女子只有男子的 30% 左右。

（3）速度力量（爆發力）

一般上肢肌肉的爆發力表現為投擲能力的強弱，下肢肌肉的爆發力表現為彈跳力的好壞。研究表明，下肢肌肉的爆發力（彈跳力），男子 15 歲，女子 13 歲以前增長較快。其中，男子 10～14 歲，女子 8～12 歲為快速增長期；男子 16 歲，女子 13 歲以後增長速度減慢；男子 20 歲，女子 18 歲左右達到最高水準，此後開始逐漸下降。上肢的爆發力隨年齡變化的趨勢與下肢爆發力的變化趨勢基本相同，只是上肢爆發力達到最高水準後，一直到 30 歲仍能保持較高的水準。

國外曾有專家研究發現：男子 8～11 歲、女子 9～10 歲為跳躍能力發展的決定性時期；男子 9～15 歲、女子 8～12 歲為投擲能力發展的決定性時期。

下肢肌肉的爆發力，12 歲以前男、女之間的差異較小，女子約為男子水準的 90%。此後，隨年齡的增長其差距逐漸加大，17 歲以後女子約為男子水準的 2／3。上肢肌肉的爆發力，男女 7～20 歲各年齡間差異比

較穩定，女子大約為男子水準的 2／3。

2. 速度素質的發展

男子在 8～13 歲，女子在 9～12 歲，速度素質的自然總增長率最大。若從小注意訓練，14 歲以後增長率減慢，16～18 歲不再出現明顯的增長。

（1）反應速度

反應速度隨年齡的增長而提升，其中，起重要作用的是遺傳因素（遺傳度高達 0.75 以上），後天的體育鍛鍊主要是使受遺傳因素決定的反應速度表現出來。青少年在 6～12 歲階段，反應速度大幅度提升，尤其是在 9～12 歲明顯加快，到 12 歲時達到第一次高峰。12 歲以後反應速度增長減慢，16～20 歲出現增長的第二次高峰。總的來說，反應速度隨年齡增長而提升。2～3 歲的反應速度為 0.50～0.90 秒，5～7 歲為 0.30～0.40 秒，12～14 歲時接近成人為 0.15～0.20 秒。9～12 歲階段如果能加強體育鍛鍊，反應速度將增長最快，否則增長緩慢或不易提升。從事體育鍛鍊的青少年較不鍛鍊的青少年在反應速度方面有很大的差別。

（2）動作速度

4～5 歲小孩的動作角速度為 26.1～37.1rad／s。隨著年齡的增長，動作速度不斷提升。13～14 歲時，完成單個動作的速度已接近成年人的水準。如，角速度可達到 42.0～86.1rad／s。因此，在 9～13 歲時發展動作速度可取得較好的效果。

（3）位移速度

蘇聯日丹若夫和德國帕特爾等對青少年跑的最高速度變化的多年研究結果表明：7～13 歲是位移速度提升最快的時期。其中，男子 8～13 歲、女子 9～12 歲增長速度最快。

男、女增長的總趨勢是：13 歲以前，男、女的位移速度差別不大；13 歲以後，男子仍然持續增長，提升的幅度明顯超過女子。

3. 耐力素質的發展

耐力素質發展的最佳時期為男子 10～20 歲，女子 9～18 歲。由於耐

力素質的好壞取決於有氧供能系統和無氧供能系統的機能狀況，因此，它可分為有氧耐力和無氧耐力。其中，無氧耐力的發展早於有氧耐力。

（1）有氧耐力

女子 9～12 歲時，有氧耐力指標有較大幅度的增長，進入性成熟期後 2 年（即 14 歲以後），有氧耐力水準下降，16 歲以後下降速度減慢。男孩 10～13 歲時，耐力素質大幅度提升，出現第一個增長高峰；16～17 歲時有更大幅度的提升，出現第二個增長高峰。特別是 16 歲時，60%強度的有氧耐力指標增長幅度超過 40%。

（2）無氧耐力

男子在 10～20 歲期間，無氧耐力水準逐年增加，並在 10 歲、13 歲、17 歲出現三次增長高峰。特別是 16～20 歲增長幅度最大，說明此時無氧耐力正處在良好的發展時期。

女子無氧耐力從 9～13 歲均逐年遞增，14～17 歲時有所下降。出現下降的主要原因是女子在此階段體重增加較快，與最大吸氧量有關的指標在 14 歲時已接近最高水準，15～17 歲時仍停留在已有的水準上，所以在 15～18 歲期間應加強無氧耐力訓練。

總之，男、女在青春發育期前耐力素質差異很小，隨著年齡的增長其差距逐漸加大，12 歲前女子耐力水準約為男子的 95%，16 歲後女子約為男子的 80%。

發展耐力素質應從培養有氧耐力入手，並在 9～12 歲時就為一般耐力的發展打下基礎，從 15～16 歲開始逐漸進行無氧耐力訓練。

4. 靈敏素質的發展

靈敏素質是各種素質能力的綜合表現。7～13 歲是靈敏素質發展效果最好的階段，10～13 歲可以學習任何複雜、高難度的技術動作。

研究表明，靈敏素質在兒童時期發展較快，特別是 7～9 歲階段發展最快。男、女均在 19 歲左右達到最高水準，此後有緩慢下降的趨勢。靈敏素質的性別差異是：12 歲前男、女差異較小，男子比女子稍靈活些，此階段女子靈敏性約為男子的 95%，年齡越小其差異越小。到成年時，女子靈敏性約為男子的 85%。

5. 柔韌素質的發展

　　研究發現，四肢的柔韌性與身體運動能力的關係很小，而軀幹和髖部的柔韌性與運動能力的關係密切。所以體質研究人員多對人體軀幹和髖部關節的柔韌性進行研究。

　　研究結果顯示：脊柱伸展的靈活性，男性在 7～14 歲，女性在 7～12 歲有顯著性提升，年齡較大時提升緩慢。肩關節靈活性在 12～13 歲以前提升較快。髖關節靈活性是在 7～10 歲提升幅度最大，以後柔韌性提升緩慢，13～14 歲時接近成年人的水準。

　　兒童時期柔韌性最好，這是由於兒童時期骨骼的彈性好，可塑性大，關節韌帶的伸展度大。如果從兒童時期開始柔韌性練習，對發展柔韌素質會更有成效。

　　到 11 歲左右，由於進入人體發育的快速階段，身高、體型、生理等方面變化很大，此時柔韌素質發展速度減慢，至青春發育後期 18～20 歲左右趨於停止。此後柔韌素質處於逐漸下降的趨勢。男、女比較表明，女子的柔韌素質比男子好些。

　　總而言之，任何人都具備基本的身體素質，但是經過鍛鍊的人要比未經過鍛鍊的人身體素質水準高，因為科學的體育鍛鍊可以全面提升人的身體素質。

四 各項身體素質訓練要點

　　兒童、青少年時期身體發育旺盛，神經系統靈活，適應性和模仿能力強，有很大的可塑性，是進行身體素質發展的大好時機，前節描述了該時期不同身體素質發展的敏感期，因此，要充分運用不同身體素質發展的敏感期，對不同年齡階段的兒童、青少年有所側重地採用不同的身體素質鍛鍊方法來充分發展其相應的身體素質。

　　因此，針對兒童、青少年的身體素質訓練總的要點就是充分把握好各身體素質發展的敏感期，在敏感期內發展相應的身體素質。

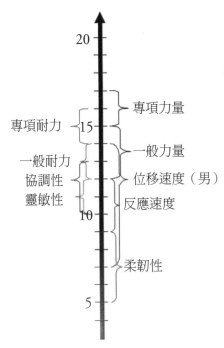

圖 3-1　不同身體素質的敏感期特徵

表 3-3　不同身體素質的發展敏感期

反應速度	動作速度	跑的速度	動作頻率	速度力量	爆發力
9～12	9～13	7～13 8～13（男） 7～12（女）	4～9	7～16（男） 7～13（女）	10～14（男） 10～13（女）
力量耐力	**絕對力量**	**耐力**	**靈敏**	**柔韌**	**協調能力**
7～17（男） 7～13（女）	11～13（男） 16（男） 9～12（女）	10～13（男） 16（男） 9～12（女）	7～13	7～14（男） 7～12（女）	7～14 6～9（一般） 9～14（專項）

≫（一）力量素質訓練要點

　　兒童時期骨骼系統中軟組織多，骨組織內的水分和有機物較多，無機鹽少，骨骼彈性好，不易折斷，但堅固性差，易彎曲，鑒於這些生理學特點，兒童時期的力量訓練不宜採用大強度。

　　這個時期可適當進行發展力量耐力的訓練，由小負荷，特別是克服自

身體重的練習，如俯地挺身、仰臥起坐、反覆下蹲等練習，使全身肌肉力量得到適當發展，增加肌肉中毛細血管和肌紅蛋白的數量，改進輸氧功能。12 歲以後，逐漸進入青春期，可逐漸增加力量訓練，並以動力性力量為主，少用或不用靜力性練習，特別要盡量避免出現憋氣動作，以免胸內壓的突然變化而影響心臟的正常發育。

▶▶ （二）速度素質訓練要點

根據動作速度和動作頻率自然增長的規律，訓練時應在發展速度的同時兼顧力量等其他素質的發展。因此，7～11 歲期間訓練的重點應放在動作速度和跑的頻率的安排上。從入學年齡起，就要充分利用一切能提升動作頻率和動作速度的手段進行練習，練習中要採用適當的手段調動、提升和保持少兒對練習的興趣和積極性，防止練習過程中因疲勞而產生不良影響。

12～15 歲期間的練習，要在力求穩定已經獲得的動作速度和動作頻率的前提下，採用提升速度力量和肌肉最大力量的方法來培養速度。

16 歲以後，在防止產生「速度障礙」的前提下，其訓練幾乎與成人完全一樣，可以用最大力量負荷和最高頻率進行最高速度的訓練。為防止產生「速度障礙」，應經常變換練習的各種組成手段及指標。

▶▶ （三）耐力素質訓練要點

少年兒童耐力訓練必須以有氧耐力訓練為主。過早地進行無氧耐力訓練，會嚴重地影響到他們的循環系統未來的功能水準。此外，從生理上講，少兒血紅蛋白、肌紅蛋白含量較成年人少，無氧代謝能量貯備不足，酸中毒現象要靠心血管系統補償來消除，因此，無氧代謝能力的發展受到限制。少年運動員從青春期開始以後進行無氧耐力訓練為好。

少兒進行耐力訓練的內容手段應是多種多樣的，不應只侷限於長跑的練習，可選用活動性遊戲、球類活動、騎自行車、滑冰、登山和循環練習等。

少兒進行耐力訓練的基本方法為持續訓練法。此外，還可用法特萊克式的變速跑等。假如使用間歇訓練法，則應以小強度的間歇法為主，工作

強度控制在 30%～60%，練習的總時間為 20 分鐘左右。練習與休息時的比例可按 1：1 安排。隨年齡增長，到 15 歲以後可使用較大強度的間歇訓練法。

》》（四）靈敏素質訓練要點

神經系統是人體生長發育最早和最快的系統，如 6～12 歲孩子節奏感較好、7～11 歲具有良好的空間定向能力、7～12 歲具有良好的反應能力等，這些都為發展靈敏素質提供了良好的條件。

女子進入青春期後，由於體重增加，內分泌系統也發生了變化，會影響到靈敏素質的訓練與表現。

靈敏素質訓練一般安排在訓練課的前半部分，在機體體力充沛、精神飽滿時進行。教練員在指導靈敏素質訓練時，應採用多種手段，消除某些專門練習時參與者的緊張心理，以保證取得最佳效果。

》》（五）柔韌素質訓練要點

由於兒童少年的生理特點，發展兒少柔韌素質較為容易，因為和成年人相比，其關節面角度大、關節面的軟骨厚、關節內外的韌帶較鬆弛等。因此，對柔韌性要求很高的運動項目（如健美操、體操、武術、體育舞蹈、花樣滑冰等）應在 7 歲以前進行練習，力爭在 12 歲以前得到較好的發展。有些項目對柔韌性要求並不高，只要少兒選手的柔韌性能達到專項技術動作要求，並有一定的柔韌性「儲備」，就沒有必要過分地發展。

在進行柔韌性訓練時，應多用「緩慢式」和「主動性」活動，這是因為少兒關節牢固性差，骨骼易彎曲變形，長時間用力掰、壓等，容易造成關節、韌帶的損傷和骨骼的變形，不利於健康成長。

兒少 13～16 歲生長發育較快，身高、體重明顯增加，柔韌性下降，骨骼能承擔的負荷較弱，易出現骨骼損傷，因此，要防止過分扭轉肌肉骨骼的活動，以免造成損傷。16 歲以後，可逐漸加大柔韌性練習的負荷量和負荷強度。

思考題

（1）體育鍛鍊對機體能產生哪些方面的影響？

（2）什麼是敏感期？敏感期具有什麼意義？

（3）青少年身體素質發展具有什麼特徵？

（4）試簡述兒童、青少年階段主要身體素質敏感期的年齡特徵。

（5）試簡述兒童、青少年階段主要身體素質的訓練要點。

參考文獻

〔1〕王瑞元（主編）．運動生理學〔M〕．人民體育出版社，2005，6．

〔2〕李鴻江（主編）．青少年體能鍛鍊〔M〕．高等教育出版社，2007．

〔3〕Oded Bar-Or（Editor）．The Child and Adolescent Athlete〔M〕．Blackwell Science，1996．

〔4〕James H. Humphrey（Editor）．Child Development Through Sports〔M〕．Routledge，2010．

PART

04 測試與評估

本章導語

　　本章共包含兩節內容：第一節著重介紹了 FMS、SFMA 以及 Y－balance 測試，由這三項測試評估運動員的傷病情況，是否存在潛在的傷病風險，再告訴運動員和教練員訓練前應該解決什麼、訓練中需要規避什麼，以保證訓練科學有序地進行；第二節介紹了多種身體運動功能的測試，其中涵蓋有力量測試、速度靈敏測試、耐力測試、柔韌測試等等，這些測試有的可以運用到各個項目中，有的是某項目特有的測試。

　　透過本章的學習，希望學習者可以瞭解選取各種測試的目的，掌握身體運動功能訓練中的測試流程，並熟練地對各種測試進行操作。

第一節　FMS 測試以及 SFMA 測試、Y－balance 測試

　　FMS 測試、SFMA 測試和 Y-balance 測試是身體運動功能訓練前進行的測試中最常用的三種檢查手段，其主要目的是檢查發現身體在運動中存在的受傷風險，發現並解決身體存在的薄弱環節，並為之後的訓練和治療提供依據和參照。

　　按照測試名稱的英文構成（Functional Movement Screen，Selective Functional Movement Assessment，Y- balance Test）我們對三項測試進行分析。

　　（1）test（測試）──測試運動能力；

　　（2）screen（篩查）──評定損傷風險；

　　（3）assessment（評估）──評定運動損傷（有明確疼痛部位）。

能力等級：

　　在進行身體運動功能訓練之前，我們首先由 SFMA 對運動員的身體進行檢查，瞭解運動員出現疼痛的具體部位以及活動受限的具體環節，再由 FMS 對運動員受限的動作進行檢查，確定運動員哪些受傷的隱患在身體功能訓練中是需要提前解決，哪些動作在訓練中是要規避的。

　　最後，由Y-balance 測試對比身體上下肢左右側的肌肉力量，關節穩定和靈活，軀幹的穩定性，本體感覺做出對比。因此，Y-balance Test 實際上是比 FMS 測試和 SFMA 測試更高級的測試。

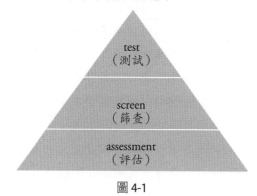

圖 4-1

一　功能性動作篩查（FMS）

　　功能性動作篩查全名為「Functional Movement Screen」，簡稱 FMS，是一種簡單的、量化的基礎運動能力評估方法。它透過簡單的七個動作來測試受試者在進行這些動作時動作是否穩定，關節是否靈活，左右兩側是否相對對稱，是否存在疼痛或者是功能障礙，是否出現功能性代償，從而預估被測試者受到運動損傷的風險，同時對受試者的康復治療或是身體運動功能訓練給予方向性的指導。

▶▶（一）測試方法

　　FMS 測試包括深蹲測試、跨欄架、前後分腿蹲、肩關節靈活性、直腿上抬、軀幹穩定俯地挺身、旋轉穩定性共七項測試。測試的評分按 3、2、1、0 分記分。3 分表示受試者能標準完成要求動作，不出現任何代償

或者不穩定的現象。2 分表示受試者能完成動作但是存在不穩定或者是代償，或是能夠完成降低難度後的動作。1 分表示受試者不能按要求完成動作。但所有有分的基礎都是建立在其做動作時沒有疼痛，或者是排除性測試檢查沒有疼痛之上。一旦出現疼痛則該動作只能計作 0 分。

1. 深蹲測試

深蹲測試主要檢測受試者身體兩側的對稱性，身體後鏈的緊張度，以及肩、髖、膝、踝關節的靈活性。測試時，受試者兩腳平行開立略比肩寬，腳尖朝前，雙手握桿屈肘 90° 放置於頭上，使大臂和橫桿與地面平行。開始時受試者雙手握住橫桿上舉並伸直手臂後緩慢下蹲至不能繼續下蹲（圖 4-2）。

下蹲時要求受試者雙腳始終緊貼地面，抬頭挺胸，兩眼平視前方。在平地上不能很好完成下蹲動作，則將其足跟抬起，踩在木板上完成該測試。在此測試之後要進行體前屈的排查測試，測試者雙腳併攏，做體前屈的動作，在做這個動作的時候如果出現疼痛症狀，則深蹲測試評分為 0。

起始動作

3 分動作

2 分動作

1 分動作

圖 4-2

2. 跨欄架測試

　　跨欄架測試主要檢測受試者髖、膝、踝、關節的靈活性與穩定性。測試時，受試者雙腳併攏，腳尖抵住欄架擋板，欄架高度為小腿脛骨粗隆到地面的高度，將橫桿扛於肩上並與地面保持平行（圖 4-3）。

　　測試時，受試者保持身體其他部分不動，單腿跨過欄架，腳後跟接觸地面後抬腿跨回到起始姿勢。整個過程要求控制好自己的身體緩慢進行，且需要連續跨過欄架 3 次。

3 分動作

2 分動作

1 分動作

圖 4-3

3. 前後分腿蹲測試

　　前後分腿蹲測試主要用於檢測膝關節、踝關節的穩定性和髖關節的靈活性。受試者雙腳前後站立在測試板上，左腳腳尖踩在測試板 0 刻度線以

後，右腳向前跨出，其足跟的位置為之前所測小腿脛骨粗隆到地面的距離刻度。受試者將木桿放於身後，左手從頸後握住木桿上端並貼緊頸部，右手從背後握住木桿底部並貼緊腰背，保持木桿與頭、肩背、臀三點接觸並緩慢豎直下蹲至後腳膝關節觸到測試板，每一測需連續完成 3 次下蹲（圖 4-4）。

起始動作

3 分動作

2 分動作

2 分動作

圖 4-4

4. 肩關節靈活性測試

　　肩關節靈活性測試可以檢測運動員身體兩側肩關節的活動範圍和肩關節內收內旋外展外旋能力。受試者站立兩腳併攏身體挺直，先伸直手掌測手的長度。測試時，雙手握拳，拇指握於掌心，兩臂從側平舉開始，兩手分別從頸後和腰　相互靠近，測試兩拳之間的距離（圖 4-5）。

　　每一側手需要連續完成 3 次後方可換另一側做，且測試過程中要求受試者每次完成動作時都一次性到最大範圍。

　　在此測試之後，測試者需進行肩關節疼痛排除性測試，其動作要求測試者將一側手放在對側肩上，按住並向上抬肘至最大幅度，其間手掌不能離開肩部，如上抬過程中出現疼痛則肩關節靈活性測試為 0 分。

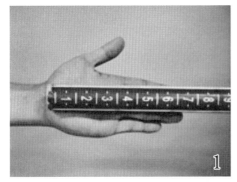

起始動作

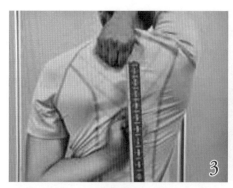
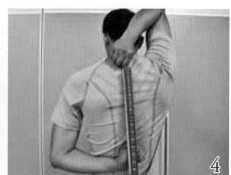

3 分動作　　　　　　　　　　　2 分動作

1 分動作　　　　　　　　　　　排除性測試動作

圖 4-5

5. 直腿上抬測試

　　直腿上抬測試主要用於檢測受試者後側肌群的柔韌性、前側主動收縮能力以及骨盆穩定性。

　　受試者仰臥平躺，雙手自然放於體側，掌心向上。膝關節壓在測試板上，測試者找到受試者髂前上棘到膝蓋之間的中點並樹立標誌桿。受試者左腿膝關節始終壓住木板並保持腳尖向上，左腿膝關節伸直並緩慢向上抬起至最大限度後下落（圖 4-6），每一側連續重複完成 3 次。

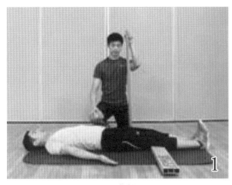

起始動作　　　　　　　　　　　　　　3 分動作

2 分動作　　　　　　　　　　　　　　1 分動作

圖 4-6

6. 軀幹穩定性俯地挺身測試

　　軀幹穩定俯地挺身可以檢測被測試者矢狀面的軀幹穩定性以及肩關節的力量。受試者從俯臥位開始，雙腳併攏膝關節伸直，雙手撐地拇指相對，虎口位置與兩側肩峰同寬，拇指高度為頭頂髮際位置（女性為下頦位置）。開始時，小腿繃直，膝關節離開地面，兩側肘打開與地面垂直，一次性發力將身體推起完成一個標準的俯地挺身，推起過程中需要受試者身體繃直，不出現上臂與腰腹部分先後推起的過程（圖 4-7），如若受試者不能按標準完成，則降低難度（男性到下頦，女性到鎖骨位置）再次進行測試。測試後還需進行軀幹穩定俯地挺身的疼痛排查，受試者俯臥，雙手將軀幹撐起，頭部後仰，髖關節以下仍然保持壓在地面上，如動作出現疼痛，則本測試 0 分。

3 分動作

2 分動作

1 分動作　　　　　　　　排除性測試動作

圖 4-7

7. 旋轉穩定性測試

　　旋轉穩定性測試可以檢測被測試者在上下肢同時運動時，軀幹的穩定性。測試者從六點支撐跪姿開始，雙手在肩關節以下，膝關節在髖關節以下，並分別與地面垂直，勾腳尖。雙手、雙膝以及雙腳均在測試板兩邊並夾住測試板，測試者嘗試用一側手臂與另一側腿同時向前向後伸展至最遠後，用該側手臂肘關節觸碰另一側膝關節，連續進行三次（圖 4-8）。

　　兩邊均順利完成三次伸展與肘碰膝後嘗試用同一側手臂和腿支撐，另一側伸展和肘碰膝。在測試過程中手臂、膝蓋和腳始終接觸測試板，重心保持穩定。測試後還需進行跪姿伏地的疼痛排除性測試，受試者雙膝跪坐在地面，手臂前方，肩關節打開，臀部坐於後腳跟處，軀幹下壓。如果出現疼痛，則本測試 0 分。

起始動作

3 分動作

2 分動作

1 分動作

排除性測試動作

圖 4-8

》》（二）評分標準

表 4-1　FMS 評分表

測試項目	得分標準		
1. 深蹲	3	2	1
體前屈 痛／不痛 總得分	*上身與脛骨平行或接近垂直 *股骨低於水平線 *膝與腳成一條直線 *圓棍在腳的正上方	*不能完全滿足以上條件，但仍能完成動作 *在足跟下墊木板的前提下能完成動作	*軀幹與脛骨不平行 *股骨沒有低於身體水平線 *膝與腳不成一條直線 *腰部明顯彎曲

測試項目	得分標準		
2. 跨欄架步	3	2	1
左腿起 右腿起 總得分	*髖、膝、踝在矢狀面上成一條直線 *腰部沒有明顯的移動 *木桿與欄架保持平行	*髖、膝、踝在矢狀面上不成一條直線 *腰部有移動 *木桿與欄架不平行	*腳碰到欄繩 *身體失去平衡
3. 前後分腿蹲	3	2	1
左腿前 右腿前 總得分	*木桿仍保持與頭、腰椎或骶骨接觸 *軀幹沒有明顯移動 *木桿和雙腳仍處於同一矢狀面 *膝蓋接觸木板	*木桿不能保持與頭、腰椎或骶骨接觸 *軀幹有移動 *兩腳沒有處於同一矢狀面 *膝蓋不能接觸木板	*身體失去平衡
4. 肩部靈活性	3	2	1
左手上 右手上 撞擊測試 R 痛／不痛 L 痛／不痛	*距離在一個手掌長以內	*距離大於等於一掌長，小於等於一個半掌長	*距離超出一個半手掌長
5. 主動直膝抬腿	3	2	1
左腿起 右腿起 總得分	*測試腿腳跟抬起超過大腿中點與髂前上棘間	*測試腿腳跟抬起停留在大腿中點於膝關節中點間	*測試腿腳跟未能超過對側膝關節

測試項目	得分標準		
6. 軀幹穩定性俯地挺身	3	2	1
跪姿伏地痛／不痛 總得分	*在規定姿勢下能很好地完成動作 1 次 *男運動員的拇指與髮際在一條線上 *女運動員拇指與下頜成一條線	*在降低難度的姿勢下能完成動作 1 次 *男運動員的拇指與下頜在一條線上 *女運動員拇指與鎖骨成一條線	*在降低難度的姿勢下也無法完成動作或者出現動作代償
7. 旋轉穩定性	3	2	1
左手起 右手起 撐地挺身痛／不痛 總分	*運動員進行重複動作時軀幹與木板保持平行 *肘和膝接觸時同木板在同一線上	*運動員能夠以異側對角的形式正確完成動作	*失去平衡或者不能正確完成動作

二　選擇性功能動作診斷（SFMA）

　　SFMA 是由 Gray Cook 等人結合運動學的一些動作、運動醫學和臨床醫學的檢測手段設計的。選擇性功能動作診斷是一個基於動作模式的診斷系統。

　　在實踐中我們發現在很多運動醫學的檢查中，我們的思維往往受到標準化醫療流程的影響，我們更多是從「哪疼治哪，哪病醫哪」的觀點來看待疼痛，這樣的思維模式很多時候使患者並不能得到最有效的治療，而選擇性功能動作診斷的出現則給康復醫師們提供了一種新的思路。

　　選擇性功能動作評估從運動學的角度，從整體的功能性出發，幫助醫生找到那些雖然不疼痛但是有嚴重功能障礙的動作，進而從中發現更詳細的訊息。

　　他彌補了現有醫學測試的不足，並有效地把身體姿勢、肌肉的平衡性和基本動作模式等概念整合到了人體的運動系統中。只有清楚地瞭解了這

些訊息，再對患者進行手法治療和矯正練習才不會再次引發病人的疼痛或使狀況更糟。

》（一）測試方法

　　SFMA 的評估分成兩個階段，如果受試者在第一階段的某個測試動作中出現疼痛，則其將進入 SFMA 的第二階段評估。SFMA 的第一階段測試共有 10 個動作，而第二階段的測試動作一共有 60 個。但是這並不意味著受試者需要對第二階段的 60 個動作都進行檢測，而是依據第一階段的測試情況有選擇地從第二階段挑出部分動作進行後續測試，這也是 SFMA 為什麼叫做選擇性功能動作診斷的原因。

　　透過 SFMA 兩個階段的評估，測試人員最終將發現導致受試者出現疼痛的原因所在。下面僅對 SFMA 第一階段的 10 個測試動作進行描述。

1. 頸部動作測試一

　　受試者雙腳併攏身體直立。開始時，受試者保持身體其他部分不動，嘗試用下頜接觸胸骨。動作過程中嘴部閉合。（圖 4-9）

圖 4-9

2. 頸部動作測試二

　　受試者雙腳併攏身體直立。開始時，受試者保持身體其他部分不動，頭部後仰至最大幅度，面部需與天花板平行。動作過程中嘴部閉合。（圖 4-10）

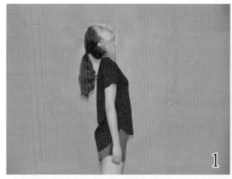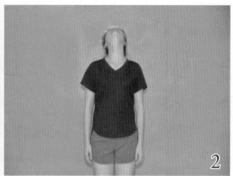

圖 4-10

3. 頸部動作測試三

受試者雙腳併攏身體直立。開始時,受試者視線朝前,頭部以縱軸線為軸向右(左)側平轉轉動頭部至最大。(圖 4-11)

圖 4-11

4. 上肢動作測試一

受試者雙腳併攏身體直立。開始時,受試者用從下方背後用右手觸摸左側肩胛骨下角,用左手觸摸右側肩胛骨下角。如果某一側不能觸摸到肩胛骨下角,則記錄該點距離肩胛骨下角的距離並對兩側做對比。(圖 4-12)

5. 上肢動作測試二

受試者雙腳併攏身體直立。開始時,受試者右手過頭上舉觸摸左側肩胛骨上角,左手觸摸右側肩胛骨上角。如果某一側不能觸摸到肩胛骨上

圖 4-12

圖 4-13

角,則記錄該點距離肩胛骨上角的距離並對兩側做對比。(圖 4-13)

6. 多環節屈曲

受試者雙腳併攏身體直立。開始時,受試者體前屈,雙手指尖觸摸腳尖,動作過程中,膝關節不能彎曲。(圖 4-14)

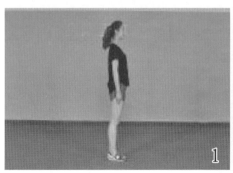

圖 4-14

7. 多環節伸展

受試者雙腳併攏身體直立。開始時，受試者雙手向上伸直掌心相對。受試者腳部不能移動並儘可能地向後伸展，肩胛骨上角應超過雙腳腳後跟，且髂前上棘超過雙腳腳尖。（圖 4-15）

圖 4-15

8. 多環節轉動

受試者雙腳併攏身體直立，雙手置於體側，掌心向內。開始時受試者以縱軸向右側方向轉體，雙腳保持不動。測試人員站需在受試者正後方且能夠看到其左肩。完成後測試另一側方向。（圖 4-16）

圖 4-16

9. 單腿站立

受試者雙腳併攏身體直立，雙手置於身體兩側，掌心向前。開始時，受試者抬起右腿，使髖關節和膝關節呈 90° 並保持該姿勢 10 秒鐘後測試另一側腿。完成後閉眼再進行測試。閉眼測試需先保持動作後再閉眼。（圖 4-17）

圖 4-17

10. 雙臂上舉下蹲

　　受試者兩腳開立與肩同寬，兩腳平行站立腳尖向前。開始時，受試者雙臂伸直上舉過頭，然後儘可能向下做深蹲。下蹲時需要受試者雙腳腳跟著地，上身挺直，視線朝前。（圖 4-18）

圖 4-18

≫（二）評分標準

　　評分標準細分共四個環節，分別是頸部、肩部、軀幹和整體表現，四個環節中再分出十項分別對這四個環節的屈伸旋轉模式進行評估，而在這十項評估中再次分成共五十個小項，對篩查者做更細緻的分析，找出問題出現的大致區域。這五十個小項代表了五十分，分數越高，說明篩查者的問題越多。同時分數也為今後的治療和訓練提供了參照，對比其提升了多少，都在哪些地方得到提升。

表 4-2　SFMA 測試評分表

選擇性功能篩查

姓名：　　　　　　　時間日期：　　　　　　　總得分：

1. 頸部動作測試一

☐疼痛

☐下顎不能碰到鎖骨

☐過度用力，表情痛苦或失去身體控制

2. 頸部動作測試二

☐疼痛

☐傾斜角小於 10°

☐過度用力，表情痛苦或失去身體控制

註：在做頸部後仰測試時，要觀察受試者是否利用胸部代償做功。

3. 頸部動作測試三

☐向左轉疼痛　　☐向右轉疼痛

☐左　☐右　　　鼻尖沒過鎖骨中央

☐左　☐右　　　過度用力，表情痛苦或失去身體控制

註：在做頸部旋轉測試時，受試者不能利用肩部的轉動帶動頸部的轉動，頸部轉動到胸鎖關節和肩鎖關節的中間位置，即正常。

4. 上肢動作測試一

☐左側疼痛　☐右側疼痛

☐左　☐右　　　　不能摸到肩胛內側

☐左　☐右　　　　過度用力，表情痛苦或失去身體控制

註：該測試，受試者肩外旋手指能觸摸到對側肩胛骨下角的位置，即正常。

5. 上肢動作測試二

☐左側疼痛　　☐右側疼痛

☐左　☐右　　　　不能碰到肩胛岡

☐左　☐右　　　　過度用力，表情痛苦或失去身體控制

註：該測試，受試者肩外旋手指能觸摸到對側肩胛骨上緣的位置，即正常。

6. 多環節屈曲

☐疼痛

□無法碰到腳尖

□骶骨角度小於 70°

□非正常的脊椎彎曲度

□失去重心

□過度用力，表情痛苦或失去身體控制

註：該測試，受試者需雙腳併攏，手指摸到腳尖即可。

7. 多環節伸展

□疼痛

□無法達到或保持軀幹 170°

□髂前上棘沒超過腳尖

□脊柱曲線不平滑

□左　□右　　　過度用力，表情痛苦或失去身體控制

8. 多環節轉動

□左側疼痛　　□右側疼痛

□左　□右　　　旋轉角度小於 50°

□左　□右　　　肩轉角度小於 50°

□左　□右　　　脊柱側彎

□左　□右　　　屈膝

□左　□右　　　過度用力，表情痛苦或失去身體控制

註：受試者雙手自然放在體側，先轉動頭部，再帶動身體轉動。在髖轉動 50° 基礎上，肩仍需轉動 50°，也可站在運動員身體的後方，受試者在轉動時，看能否看到對側的肩為評判標準。

9. 單腿站立

□左側疼痛　　□右側疼痛

□左　□右　　　睜眼站立不到 10 秒

□左　□右　　　閉眼站立不到 10 秒

□左　□右　　　無法直立

□左　□右　　　過度用力，表情痛苦或失去身體控制

註：單腿支撐穩定性測試包括睜眼和閉眼兩個測試，在進行閉眼測試時，先抬腿，再閉眼，容許受試者身體出現輕微的晃動。

續表

10. 雙臂上舉下蹲
□疼痛
□偏離起始站立位置
□軀幹或手臂彎曲
□大腿角度高於水平面
□左　□右　　　身體向一側偏移
□左　□右　　　過度用力，表情痛苦或失去身體控制
註：該測試，受試者在下蹲到最低處時要保持 1 秒鐘再起。

Y－balance 測試

Y-balance 由最初「星形測試」演變過來，由於經實驗數據研究分析發現僅 Y 字這 3 方向與運動損傷有關，但是另一個「倒 Y 字」器械則被證明與運動損傷無關；因此，逐漸將「星形測試」簡化，形成了現在的 Y-balance 測試。

》》（一）測試方法

1. 上肢測試

受試者成俯地挺身姿勢，雙腳與肩同寬。一側手置於 Y-balance 測試板上，手指併攏，拇指不超過紅色標誌線。

開始時，受試者用另一隻手按順序依次分別推碰外側方向，下側和上

圖 4-19

外側方向的滑塊的紅色部分外沿至最遠距離，並記錄該距離，測試需進行三次，記錄最高值，每次之間可以有間歇，一旦在測試中測試者碰觸到紅色區域以外的區域或者不能支撐則需重新測試直到按要求完成（圖 4-19）。

2. 下肢測試

受試者單腿站立在測試板上，腳的拇趾垂直正對紅色標誌線。開始時，另一側腿按順序依次向前，斜後側和後中部方向觸碰測試滑塊，使滑塊的紅色部分外沿至最遠距離，並記錄該距離，測試需進行三次，記錄最高值，每次之間可以有間歇，一旦在測試中測試者碰觸到紅色區域以外的區域或者另一側腳落地則需重新測試直到按要求完成（圖 4-20）。

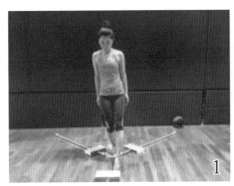

圖 4-20

》》（二）評價標準

由於受試者年齡、身高、性別和所從事運動項目的不同，因而很多時候 Y－balance 測試的結果是自身做對照，關注左右側的差距和階段訓練前後的差距以及三個方向上的差距。

上肢的測試中，三個測試方向上，左右側手測試結果差距不應該超過 4 公分。

下肢的測試中，在向前側方向伸出時，左右腿伸出距離對比，最大差不應超過 4 公分。在向後中側與後外側方向伸出時，左右腿伸出距離的對比，最大差不應超過 6 公分。

》》（三）Y-balance 測試注意事項

①測上下肢長度可選擇在進行測試前或者後。測上肢長度時，從手臂抬起外展 90° 時測定第七頸椎棘突（頸部下方的骨性突起）到第三手指末端的距離。下肢長度起始位置髂前上棘，終止位置內側髁下部。

②每個方向最多測試 6 次，分 3 種情況：a. 運動員在測試時最高測試上限次數為 6 次；b. 運動員在測試時前三次測試都有成績，且第三次比第二次測試成績有所降低，則可終止測試，以 3 次中最好成績計算；c. 運動員在測試時出現 4 次測試失敗，則直接計算成 0。

③如果單腿站立，異側腿進行移動推出測試板，則測試腿為站立腿；同時計算方向時則以站立腿為基準，如右腿前側、後內側、後外側。

第二節　運動能力測試與評估方法

一　力量測試與評估常用方法

　　力量測試主要是評價身體某個部位的力量，因此應選擇青少年訓練計劃中經常使用和特定部位大量肌群參與的手段進行測試。

》》（一）克服自身體重的力量測試和評估方法

1. 引體向上

　　【測試目的】檢測受測者上肢肌肉力量和耐力發展水準（重點斜方肌、背闊肌和肱二頭肌）。

　　【測試方法】如圖 4-21 所示，受測者雙手分開與肩同寬，正握槓，身體呈直臂懸垂姿勢。待身體停止晃動後，兩臂同時用力，向上引體（身體不能有任何附加動作）；當下頜超過橫槓上緣時，回到完全伸展的開始位置，為完成 1 次。測試人員記錄受試者完成的次數。

　　【測試要求】測試時，受試者要保持身體挺直，不得有屈膝、挺腹等動作；若藉助身體擺動或其他附加動作完成引體，該次不計數；下降過程中身體不能猛然放鬆，身體要稍微緊張，5 秒內不能連續完成第二次，測試即告結束。

圖 4-21　引體向上示意圖

2. 一分鐘俯地挺身

【**測試目的**】檢測受測者上肢、胸部和腹部肌肉力量發展水準（重點是胸大肌和肱三頭肌）。

【**測試方法**】如圖 4-22 所示，受測者開始時雙手分開與肩同寬垂直支撐於地面，拇指位於腋窩的下方，手指前伸，兩腿略微分開腳尖著地，保持頭、頸、後背、臀部及雙腿在一條直線上，胸部下方的地板上放一條捲起的毛巾。兩肘屈臂降低身體，直至胸部接觸毛巾，然後再撐直手臂，抬高身體，為完成 1 次。測試人員記錄受試者完成次數。

【**測試要求**】測試過程中收緊腹部，保持身體在一條直線上，胸部必須觸到地板上毛巾方能撐起，恢復到起始姿勢時手臂要伸直。

圖 4-22　俯地挺身示意圖

3. 平板支撐

【**測試目的**】檢測受測者核心肌群肌肉力量和耐力發展水準。

【**測試方法**】如圖 4-23 所示，受測者俯臥，雙肘彎曲支撐在地面上，肩膀和肘關節垂直於地面，雙腳併攏腳尖踩地，身體離開地面，軀幹伸直，頭部、肩部、胯部和踝部保持在同一平面，腹肌收緊，盆底肌收

緊，脊椎延長，眼睛看向地面，保持均勻呼吸。測試者記錄受測者支撐的時間。

【測試要求】測試過程中後背和臀部不能拱起，胳膊盡量放鬆，一旦身體發生彎曲等變形動作，測試即結束。

圖 4-23　平板支撐示意圖

▶▶（二）抗阻力量測試和評估方法

1. 臥　推

【測試目的】檢測受測者上肢肌群肌肉力量和耐力發展水準。

【測試方法】如圖 4-24 所示，受測者躺在臥推凳上，屈膝，兩腳分開著地，從槓鈴架上握緊槓鈴（握距稍寬於肩）使槓鈴桿下降觸及胸部；然後用力上推槓鈴，直到肘部完全伸直，為完成 1 次。如此盡最大可能連續推起若干次，根據不同年齡測試者特徵，設置槓鈴重量。

【測試要求】測試前要做好準備活動，充分熱身和牽拉，做 3～5 組遞增重量臥推練習，確保不發生損傷，在最佳狀態下投入測試。受測隊員要完全控制槓鈴，開始時必須使槓鈴桿觸及胸部，推起後肘關節完全伸直，如有彎曲，成績不予承認。在推舉過程中，要始終保持後背上部和臀部貼在板凳上，雙腳平放在地面上，若推舉過程中臀部翹起或腳離地，則該次成績不予記錄。

圖 4-24　臥推示意圖

2. 深　蹲

【測試目的】檢測受測者下肢肌群肌肉力量和耐力發展水準。

【測試方法】如圖 4-25 所示，受測者肩負槓鈴離開槓鈴架後，要保持槓鈴桿平衡置於肩背中部，挺胸展肩，兩手自然握住槓鈴桿，並用拇指鎖住槓鈴桿，兩腳自然分開其寬度與身高成正比，用全腳掌著地，全蹲下去，聽到深蹲合格感應器響聲或達到參照標誌桿高度後，再用力蹲起，為完成 1 次、如此盡最大可能連續蹲起若干次，根據不同年齡測試者特徵，設置槓鈴重量。

【測試要求】測試前要做好準備活動，充分熱身和牽拉，做 3～5 組遞增重量的深蹲練習，確保不發生損傷，在最佳狀態下投入測試。受測者必須掌握正確的技術，控制好槓鈴，下蹲後避免低頭、彎腰、軀幹過分前傾或兩膝併攏，整個動作過程要目視前方。

圖 4-25　負重深蹲示意圖

二 速度測試與評估方法

速度是指在儘可能短時間內完成動作的能力。速度包括反應速度、動作速度和移動速度，一般速度測試採用短距離計時跑，不同項目測試速度的距離不同。30 公尺衝刺跑是速度評價中最常用的距離。

1. 30 公尺衝刺跑

【**測試目的**】檢測受測者短距離快速衝刺的移動速度能力。

【**測試方法**】如圖 4-26 所示，受測者 1 人為一組，在 30 公尺起點線後準備起跑，聽到「預備、跑！」口令後立即全力衝刺跑，身體任何部位移動開表，透過對側終點線後停表（利用電子記錄設備將自動計時）。每人可跑二次，取其中最好成績。

【**測試要求**】在發出「跑！」的口令前，身體不能有任何動作，不能抬起腳，否則判搶跑；成績記錄數據精確到百分之一秒（如 3.61 秒），身體任意部位移動開表。

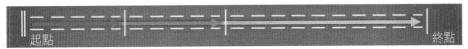

圖 4-26　30 公尺衝刺跑示意圖

2. 3／4 籃球場衝刺跑

【**測試目的**】檢測受測者快速反應和起動加速能力。

【**測試方法**】如圖 4-27 所示，受測者在端線後準備起跑，聽到「預備、跑！」口令後立即全力衝刺跑，身體任何部位移動開表，透過對側罰球線後停表（利用電子記錄設備將自動計時）。每人可跑二次，取其中最好成績。

【**測試要求**】在發出「跑！」的口令前，身體不能有任何動作，不能抬起腳，否則判搶跑；成績記錄數據精確到百分之一秒（如 3.61 秒），身體任意部位移動開表。

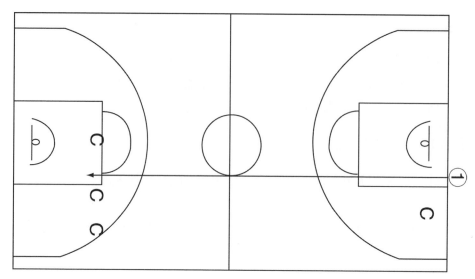

圖 4-27　3／4 籃球場衝刺跑示意圖

三　爆發力測試與評估方法

　　爆發力即產生最大肌肉爆發力的能力。縱跳是常用來評估爆發力的測試方法，能有效地測量跳躍項目運動員專項爆發力。若想得到精確的功率評價，可採用公式來估計縱跳測試的功率結果。計算最大和平均功率的公式是：

最大功率（W）＝6.19×跳躍高度（cm）＋36×體重（kg）＋1.822
平均功率（W）＝21.2×跳躍高度（cm）＋23×體重（kg）－1.393

1. 助跑縱跳摸高

　　【測試目的】檢測受測者移動中下肢最大爆發力的發展水準。

　　【測試方法】如圖 4-28 所示，縱跳前，先測試伸臂高（原地站立向上伸臂的高度）。受測者兩腳平行側對牆站立，盡量向上伸臂，指尖觸摸最高點，測量指尖觸摸的高度。然後受測者選擇起動位置，根據自己需要採用儘可能多的距離助跑起跳，直臂觸摸摸高器的最高點，計算站立摸高和跳起摸高之間的差值，每人兩次機會，取最好成績。

　　【測試要求】測試臂展時受測者靠近牆的腳外、臀外、腋外、肘部和指尖在一條垂直線上，臂盡力向上伸直，不要有縮肩或弓腰等投機取巧行

圖 4-28　助跑縱跳摸高示意圖

為；助跑起跳時可選擇單腳或雙腳起跳。

2. 立定跳遠

【測試目的】檢測受測者水平方向下肢最大爆發力和協調平衡能力發展水準。

【測試方法】如圖 4-29 所示，受試者開始時成雙腳左右開立，腳尖平行，屈膝向下深蹲或半蹲的基本姿勢。起跳時兩腿稍分，膝微屈，身體前傾，然後兩臂自然前後預擺兩次，兩腿隨著屈伸，當兩臂從後向前上方做有力擺動時，兩腳用前腳掌迅速蹬地，膝關節充分蹬直同時展髖向前跳起，身體盡量前送，身體在空間成一斜線，過最高點後屈膝、收腹、小腿前伸，兩臂自上向下向後擺，落地時腳跟先著地，落地後屈膝緩衝，上體前傾。

【測試要求】下肢與髖部肌肉協調快速用力，並與上肢的擺動相配合；起跳時要直臂擺動，擺幅越大，帶、領、提、拉動作越強。

圖 4-29　立定跳遠示意圖

四　耐力能力測試與評估方法

　　耐力能力包括有氧能力和無氧能力兩種，有氧耐力是指長時間進行有氧供能的工作能力，常用方法有 3000 公尺計時跑和庫珀 12 分鐘跑；無氧能力反映運動員在一定持續較長時間內完成高強度練習的能力，可以往返跑和直線跑來進行測試與評估。

》（一）有氧耐力能力測試和評估方法

1. 20 公尺多級折返跑耐力測試（根據音樂節奏）

　　【測試目的】檢測受試者有氧耐力能力發展水準。

　　【測試方法】如圖 4-30 所示，選擇 20 公尺長的場地兩側各貼一條膠帶，受試者站立於一側膠帶線後，測試者開啟提示音音響，受試者聽到音響中發出「嘟」的聲音後開始起動，當聽到下一聲「嘟」的聲音時腳要踩到另一側膠帶線返回，依次折返跑，開始速度比較慢，每 1 分鐘後，「嘟」的聲音間隔逐漸縮短，受試者跑動速度逐漸加快，跑動過程中，若在「嘟」的聲音之前到線，必須等待聲響後再起動，若「嘟」的聲音發出時未踩到線，必須踩到線才能返回，並被警告一次，若再次出現這種情況被警告，則該受試者測試結束。

　　【測試要求】根據音樂節奏跑動，不論是起動還是跑動中，必須聽到「嘟」的聲音才能起動或向另一側折返；若聽到「嘟」的聲音時未踩到線，第一次警告，第二次測試結束。

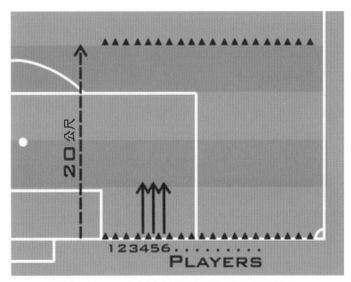

圖 4-30　20 公尺多級折返跑耐力測試示意圖

2. 庫珀 12 分鐘跑

【測試目的】檢測受試者有氧能力發展水準。

【測試方法】按照年齡和性別分組，規定在 12 分鐘內應跑出的距離，然後根據相應的健身標準評判跑。

【測試要求】12 分鐘跑的理論根據是當人體達到最大心輸出量的運動強度時，訓練效果最好。可以以脈搏數為指標，用接近極限運動時的脈搏次數（MHR）減去安靜時脈搏數（RHR），然後乘以 70％，再加上安靜時的脈搏數，此時的運動量最適宜。

3. 800 公尺（女子）和 1000 公尺（男子）計時跑

（略）

4. 3000 公尺計時跑

（略）

》》（二）無氧耐力能力測試和評估方法

1. 300 公尺折返跑

【測試目的】檢測受試者無氧能力發展水準。

【測試方法】如圖 4-31 所示，在平坦的地面上測量並畫出 25 公尺標誌線，受試者站立於起點，聽到發令音起動，跑向對面 25 公尺標誌線，腳踩過線，轉身跑回起點，不間斷往返 6 次。每人測試兩次，記錄兩次最好成績。

【測試要求】聽到發會音起動，不能搶跑；每次腳必須踩過標誌線。

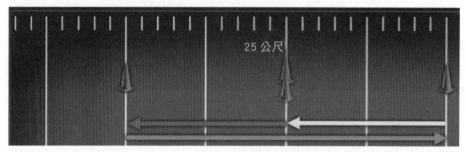

圖 4-31　300 公尺折返跑示意圖

2. 籃球場邊線之間的 17 次折返跑

【測試目的】檢測受試者耐受乳酸的無氧耐力能力發展水準。

【測試方法】如圖 4-32 所示，在籃球場地兩邊線之間折返 17 次，跑 3～4 組（不同年齡），組間歇 2 分鐘。受測者在一側邊線後準備，當聽到發令員指令，並且記錄台聲響信號器發出信號後，快速起跑，每次都要踩過邊線，第 17 次衝過另一側邊線後停表，以測試隊員的軀幹部位透過邊線為準。

【測試要求】起跑時不能踩邊線，在聲響信號器響起前，不能抬起腳或搶跑，在跑的過程中，要求運動員每次折返時都要「踩過球場的邊線」；在間歇期，受測者到起點處休息，在提示「還有 30 秒！」時，到起點處自己的號位處準備，裁判員在「還有 5 秒鐘」時開始發令，不得拖延間歇時。

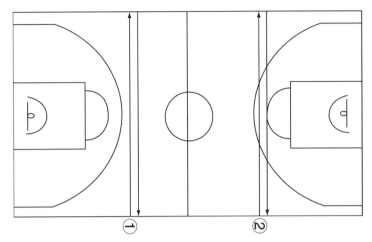

圖 4-32　籃球場 17 次折返跑示意圖

3. 足球 YOYO 測試

【測試目的】檢測受試者耐受乳酸無氧耐力能力發展水準。

【測試方法】受試者要在距離為 20 公尺的兩個標誌物間，以不斷增加的速度進行有間歇的往返跑。每名受試者在每個來回中，需按現場播放的鼓點跑動，在返回起跑線時，不得落後鼓點提示，否則視為一次犯規，被出示黃牌，兩張黃牌累積一張紅牌，視為測試不合格。

受試者在 20 公尺距離內隨著「嘟、嘟」的聲音進行帶有 5 秒間歇的兩組折返跑，聲音節奏不斷加快，隊員的測試速度也將從 8 速起步，直至提升到 17 速。當達到 17 速時已接近隊員的體能極限。

受測者根據個人能力在 20 公尺折返跑，在 57 個來回中要完成 8、10、12、13、13.5、14、14.5、15、15.5、16、16.5、17、17.3 共 13 個級別的測試，8～10 級需要跑 2 個來回，時間限制 12.5 秒；12～14 級需跑 8 個來回，14.5～15 級需跑 3 個來回，15.5～17.3 級需跑 6 個來回，時間限制分別不同，跑完全程的合格時間為 13 分 50 秒。

【測試要求】受試者首次未能跟上既定速度時，將被警告一次，第二次未能跟上既定速度，測試將終止。在起跑信號發出前搶跑的受測者，必須返回起點線重新開始這次折返跑，否則取消測試資格。

測試時，受試者從起點線出發，到達 20 公尺標誌線後必須一腳踩線或過線才能返回，均必須按速度要求，在信號發出時或之前返回起點線，

否則視為測試不達標。

五 靈敏測試與評估方法

靈敏是青少年在運動中快速地、爆發性地、控制性地改變身體方向的能力，決定靈敏素質的關鍵要素是變向速度和感知覺決策水準。常用靈敏素質測試方法包括 T 測試、埃德格倫側步測試等。

1. T 形變向跑測試

【測試目的】檢測受試者加速和減速時調整步伐的能力，變向速度及向前、向後和水平移動時身體的控制能力發展水準。

【測試方法】如圖 4-33 所示，4 個錐桶呈 T 字形擺放，錐桶 A 與 B 相隔 10 公尺；錐桶 C 和 D 分別放置在錐桶 B 兩側，相隔 5 公尺。準備活動後，運動員從錐桶 A 站立開始，聽到發令音後，受測者快速跑向 B，用手觸錐桶 B；然後向左邊側滑步移動到 C，手觸錐桶；向右邊側滑步移動到 D，手觸錐桶（運動員在滑步過程中不用手觸錐桶 B）；側滑步移動到 B，手觸錐桶；後退跑跑向 A（運動員越過錐桶時停表）。

【測試要求】受測者應該始終面向前，兩腳不能有交叉，手要觸錐桶，未觸錐桶者為不合格。

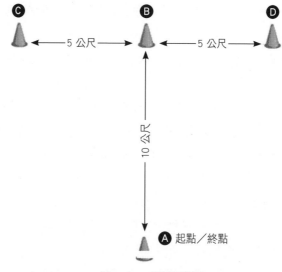

圖 4-33　T 測試示意圖

2. 20 公尺變向跑測試

【測試目的】檢測受試者多次變向的技術、腿部力量和爆發力發展水準。

【測試方法】如圖 4-34 所示，在平坦的地面上，貼 50 公分長的膠帶作為中線，在距離中線兩側 5 公尺處分別貼上膠帶做記號。受試者兩腳橫跨在中線兩側，一手放在中線上，聽到發令音，衝向一側的標誌線，手腳同時觸線，轉身變向，穿過中線衝向另一側標誌線，手腳同時觸線，轉身變向，衝過中線停表。每人測試兩次，取最好成績。

【測試要求】起動時手要觸中線，衝到兩側邊線時要手腳同時觸線，否則成績無效。

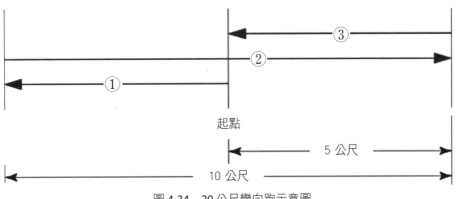

圖 4-34　20 公尺變向跑示意圖

3. 六邊形跳躍測試

【測試目的】檢測受試者對身體控制能力及在加速和減速時調整步伐的能力發展水準。

【測試方法】如圖 4-35 所示，使用膠帶或粉筆在地面上畫一個六邊形，六邊形每邊長均為 60 公分，並用 1～6 號標註各邊，每個角 120°。測試開始時受測者首先站在六邊形的中間，面向 1 號邊線，聽到發令音後，受測者雙腳跳過 1 號邊線，然後用相同的方式跳回起始位置，受測者不斷重複這個過程，按順序跳完 1～6 號邊，然後回到六邊形的中心位置。

受測者以這種方式一共跳完 3 圈，每次跳躍時，受測者始終面向 1 號

邊，在跳完第三圈回到中心位置時停表。這項測試按照順時針和逆時針方向各測試 1 次。

【測試要求】全部跳躍為雙腳起跳，雙腳要跳過邊線，跳躍過程中始終面向 1 號邊線，每次返回腳均要踩到中心標準點。

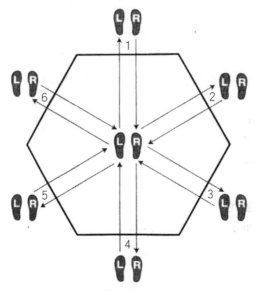

圖 4-35　六邊形跳躍測試示意圖

4. 伊利諾斯靈敏測試

【測試目的】檢測受試者直線衝刺和改變方向時使用技術和速度能力發展水準。

【測試方法】如圖 4-36 所示，在長 10 公尺、寬 5 公尺的矩形中放置 4 個錐桶，錐桶 A 和 D 在矩形的一端，分別是測試的起點和終點，錐桶 B 和 D 放置在矩形的另一端，其餘 4 個錐桶按 1～4 編號以 3 公尺間隔放置在測試區中央。測試開始時受測者首先俯臥，雙手平放在地板上，肘部伸直，頭部朝向錐桶 A 所在的起跑線處。

聽到發令音後，受測者以最快速度站起來向錐桶 B 衝刺，繞過錐桶 B 後，反身跑向錐桶 1 衝刺，按之字形繞過錐桶 2～4，圍著錐桶 4 繞一圈，然後沿反方向迴繞到錐桶 1，向錐桶 C 衝刺跑，繞過錐桶 C 後，反身跑向錐桶 D，受測者衝過錐桶 D 後停表。

【測試要求】聽到發令音站立起動，不能搶跑；衝刺跑後要繞過對面錐桶反向跑，繞錐桶跑時不能觸碰錐桶，最後身體衝過終點錐桶停表。

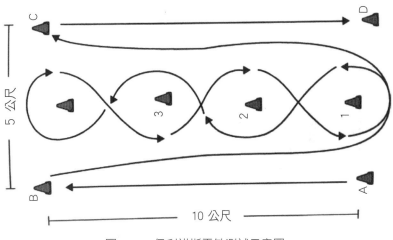

圖 4-36　伊利諾斯靈敏測試示意圖

思考題

1. 找到一個受試者，並分別對他進行 FMS、SFMA 和 Y- blance 測試。

2. 從書中的測試項中，挑選並設計出一套適應受試者身體條件和發育狀況的測試體系。

PART

05 教學設計

本章導語

　　教學設計是保證教學目標和教學任務順利完成的重要依據，隨著學校體育改革的不斷發展，我們越來越重視用新的體育教育教學理論和成果指導教學實踐。身體功能訓練作為當今體育學科領域的最新成果，應當結合中小學生身體和學習特點，讓身體運動訓練的新理念、新方法和新手段適應中小學體育課程教學需要，精心設計教學過程。

第一節 教學目標與計劃制定的原則

一 體育教學設計

　　教學設計是 20 世紀 50 年代以後逐漸形成和發展起來的一門新的實踐性很強的應用學科，是教育技術學科領域很重要的一個分支。史密斯和雷根在《教學設計原理》一書中指出「教學系統設計是對教學系統進行具體計劃的系統過程」。國內有的學者認為：「教學設計是以獲得優化的效果為目的，以學習理論、教學理論和傳播理論為基礎，運用系統的方法分析教學問題、確定教學目標、建立解決教學問題的策略方案，試行解決方案、評價試行結果和修訂方案的過程。」

　　作為教學設計的下位概念，體育教學設計是為了充分挖掘體育課程的多種功能，實現體育課的多元化目標，體育教師必須轉變傳統的教育觀念，學習和理解新課程標準中的先進教學思想和理念；瞭解國際體育課程

的發展趨勢；結合現代教育思想，運用現代訊息技術，準確分析影響體育教學的各個要素和構成體育教學過程的各個環節；根據自己的教學經驗和現實情況，對師生多邊互動的教學活動進行全面、認真的思考並做精心的準備。

二　體育教學設計原則

體育教學設計原則是體育教學基本規律和系統論的方法學原理的體現，是在體育教學設計中必須遵循的準則。

（一）目標性導向原則

目標性導向原則是指體育教學設計必須緊扣體育教學目標，所有教學環節的設計都以目標為導向，體育教學設計方案要保證實施過程的教學行為與目標保持高度一致，為目標的實現服務。

（二）整體優化原則

整體優化原則是指在進行體育教學設計時，要在對體育教學過程各個因素優化設計的基礎上，處理好體育教學系統內部各子因素之間的關係，將諸因素加以科學的整合，充分地發揮體育教學的整體功能，以達到最優化的教學效果。

（三）程序性原則

程序性原則是指在體育教學設計中必須根據學生的現實狀態，遵循體育教學規律，有序地編排教學內容和採用適當的教學策略。

（四）可操作性原則

可操作性原則是指體育教學設計方案應在體育教學具體實施過程中具備便捷、實用、低耗、高效的特點。

（五）靈活性原則

靈活性原則是指體育教學設計必須針對不同的課程、不同的學生、不

同的教學條件進行不同的設計，即努力使特定情況下的體育教學各環節達到合理的匹配。

≫（六）創新性原則

創新性原則是指在體育教學設計中體育教學理念、教學內容、教學方法和策略等方面對常規或傳統體育教學有所突破或超越。

三　體育教學設計的基本過程和方法

體育教學設計是一項系統設計，它必須依照一定的程序和步驟進行，完整的體育教學設計主要包括內容分析、學習者分析、目標設計、方法設計、組織設計、環境設計、評價設計、教學計劃撰寫（圖 5-1）。

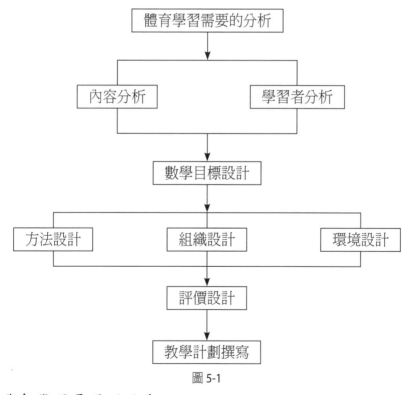

圖 5-1

1. 體育學習需要的分析

體育學習需要的分析是指分析學生體育課學習方面目前的狀況與所期

望達到的狀況之間的差距。體育學習需要的分析是一個系統化的調查研究過程，這個過程的目的就是揭示體育學習需要和發現體育教學中的問題，透過分析問題產生的原因，確定問題的性質並辨明體育教學設計是否是解決這個問題的合適途徑，同時它還分析現有的體育教學資源以及制約條件，以論證解決問題的可行途徑。

2. 體育教材內容的分析

體育教材內容是教師為了實現體育教學目標而專門為學習者精選的，它是學習者從現實狀態過渡到目標狀態的載體。

分析體育教材內容旨在全面瞭解教材內容的功能、特點、環境要求以及確定教材內容的重點、難點等，即解決教師「教什麼」和學生「學什麼」的問題。

3. 學習者的分析

體育教學活動是學生科學、合理、高效地學習體育課程知識、技能，獲得身心全面和諧發展的重要途徑。

對學習者進行分析是為了瞭解學習者的體育學習準備情況及其學習風格，為使體育教學設計中教材內容的選擇和學習目標的確定、體育教學方法手段的選用、教學過程的整體規劃等教學外因條件適合學習者內因條件提供條件依據。總之，體育教學要以學習者為中心，全面瞭解學習者的特點和實際情況，時刻考慮「是誰學」的問題。

4. 體育教學目標的設計

體育教學目標是體育教學活動預期要達到的教學結果和標準，是教學設計活動的出發點和歸宿，也是體育教學設計評價的依據。

體育教學目標的設計是體育教學系統設計的核心，一旦確定了體育教學目標，其他方面的設計就要圍繞體育教學目標展開。

5. 體育教學方法的設計

體育教學方法是為完成體育教學任務，達成體育教學目標而採取的方

法。它包括教的方法和學的方法，是體育教師引導學習者掌握體育知識技能，獲得全面發展而共同活動的方法。體育教學方法的設計應有利於知識的傳播、技能的提升、態度情感的培養。

6. 體育教學組織的設計

體育教學組織是指體育教師在教學的過程中，根據體育教學的特點、內容、任務等實際情況對學生和場地器材進行合理安排時所採取的一系列措施的總稱。

由於體育教學的特點，教學組織和實施主要是在操場、體育館等開放性場所進行，學生活動範圍大、人際交往頻繁，場地器材複雜，外界環境變化大。因此，體育教學組織的設計是實現體育教學任務的一個重要環節，是體育教師教學經驗、教學技巧和教學智慧的綜合體現。

7. 體育教學環境設計

體育教學環境設計是為了創造和改善教學條件，對學校體育教學環境進行整體或局部的規劃、組織、協調和安排。

實踐證明，體育教學環境在體育教學活動中具有重要意義，它是體育教學活動不可缺少的物質基礎。

8. 體育教學評價設計

體育教學評價的實質是以體育教學為對象，按照一定的教學目標，運用科學可行的評價方法，對體育教學過程和教學效果給予價值上的判斷，為改進教學、提升教學質量提供可靠訊息和科學依據。

9. 體育教學計劃撰寫

體育教學計劃是根據教學進度和單項教學計劃以及教學的實際情況編寫的，是體育教學活動實施的依據和文件資料，體現體育教師的教學觀念、教學方法和組織策略等。編寫教學計劃是在瞭解學生情況、鑽研教材教法和掌握教學條件的基礎上進行的創造性活動。

第二節　教學課的設計與組織

一　動作準備的設計

　　動作準備的教學應當區別於專業運動員的訓練，要根據學生學習能力和年齡特點，選擇難度適中、負荷合理、形式新穎的練習內容，並逐步提升教學目標要求。

　　教學目標設計：

　　根據學生的不同年齡特點，使學生逐步瞭解動作準備的作用，掌握正確動作準備的知識和方法。對低年齡段學生的教學目標，應側重於體驗、瞭解動作準備的作用和方法；高年齡段學生則逐漸學習動作準備的知識，掌握正確的動作規範。

　　教學設計：

　　①動作準備內容的選擇要符合課程教學主教材內容的需要，為提升主教材內容教學效果提供更好的準備和幫助。

　　②對於低年齡段學生，內容選擇側重於日常活動的一般性動作準備內容，隨著年齡增長，逐漸增加動作難度和負荷，並為提升學生身體運動功能做好準備。

　　③對於低年齡段學生，動作準備的內容更生活化、形象化，以提升學生學習的興趣；對於中學生動作準備內容應該選擇動作難度標準明確的內容，以激發學生學習的動力（圖 5-2（1）），也可採用螃蟹馱球（圖 5-2（2））來提升學生動作穩定控制能力，並提升學生練習熱情。

圖 5-2

④動作準備的教學方法，也應根據學生的年齡特點，引導學生自主學習的能力和習慣。

⑤組織上要注意調動學生的積極性，從環境和教學情景等方面，根據學生各年齡階段特點精心設計。

⑥對於教學評價應以激勵性的評價，鼓勵學生進步和提升。根據學生的不同學習階段，評價內容和標準也應逐步提升。

二　力量訓練課的設計

中小學生力量訓練的教學，應面向全體學生，要根據學生學習年齡和能力特點，選擇難度適中、負荷合理、形式新穎的練習內容，並逐步提升教學目標要求。

教學目標設計：

根據學生的不同年齡特點，使學生逐步瞭解力量訓練的作用，掌握正確力量訓練的知識和方法。

對低年齡段學生的教學目標，應側重於體驗力量訓練的感受和樂趣、瞭解力量練習的方法；高年齡段學生則逐漸學習和掌握力量訓練知識，掌握正確的動作規範，提升整體運動能力。

教學設計：

①力量訓練，對於低年齡段學生，內容選擇應更多地與其他運動能力相結合，負荷主要以克服自身體重的形式，隨著年齡增長，逐漸增加專門的力量訓練內容，動作難度和負荷逐步提升。

②對於不同年齡段學生，力量練習首先要從軀幹和核心穩定力量開始，結合日常活動內容，以提升動作控制為主要目標的訓練（圖 5-3），逐漸提升身體運動功能性力量。

圖 5-3　持藥球單腿支撐穩定練習

③組織上多採用小組學習、團隊協作、遊戲競賽等形式，調動學生的積極性，培養學生自主學習和良好體育習慣。

④對於教學評價應以激勵性的評價，對不同能力學生的評價要關注進步與努力，要將結果性評價與形成性評價相結合。根據學生的不同學習階段，評價內容和標準也應逐步提升。

三　速度訓練課的設計

中小學生速度訓練的教學，應面向全體學生，要根據學生速度發展過程中不同年齡特點，組織有效的教學過程。

教學目標設計：

根據學生的不同年齡特點，使學生逐步瞭解速度訓練的作用，掌握正確速度訓練的知識和方法。

對低年齡段學生的教學目標，應側重於體驗速度訓練的感受和樂趣、瞭解速度訓練的方法；高年齡段學生則逐漸學習和掌握速度訓練知識，掌握正確的動作規範，提升運動中的速度表現力。

教學設計：

①速度訓練並非單一的速度練習，應當與靈敏協調、快速伸縮訓練、力量訓練有效結合。對於低年齡段學生，應重視靈敏與協調能力和速度訓練的結合，提升神經系統興奮——抑制快速轉換的能力，練習形式要更加豐富，促進學生身體運動功能更全面地發展。隨著年齡增長，逐漸增加快速伸縮訓練和爆發力與速度訓練結合的內容，運動負荷逐步提升。

②速度訓練同樣要首先從動作訓練開始，如為提升移動速度，要進行

蹬擺配合的動作訓練和針對性穩定訓練。

③組織上多採用小組學習、團隊協作、遊戲競賽等形式，調動學生的積極性，培養學生自主學習和良好體育習慣。

④對於教學評價應以激勵性的評價，對不同能力學生的評價要關注進步與努力，要將結果性評價與形成性評價相結合。根據學生的不同學習階段，評價內容和標準也應逐步提升。

四　快速伸縮複合訓練課的設計

快速伸縮複合訓練，是有效提升學生身體運動功能的主要手段之一，是提升速度和爆發力的重要方法，是提升各運動項目運動技能的重要基礎。快速伸縮複合訓練的教學，要根據學生發展過程中不同年齡特點，組織有效的教學過程。

教學目標設計：

根據學生的不同年齡特點，使學生逐步瞭解快速伸縮複合訓練的作用，掌握正確訓練的知識和方法。對低年齡段學生的教學目標，應側重於體驗訓練的感受和樂趣、瞭解訓練的方法；高年齡段學生則逐漸學習和掌握快速伸縮複合訓練的知識，掌握正確的動作規範，逐步提升動作難度和負荷，提升運動表現。

教學設計：

①快速伸縮複合訓練，在教學中練習形式要豐富，對於低年齡段學生，應重視與靈敏與協調訓練的結合，提升神經系統興奮——抑制快速轉換的能力（圖 5-4）。隨著年齡增長，逐漸增加快速伸縮訓練和爆發力、速度訓練等結合的內容，運動負荷逐步提升。

②快速伸縮複合訓練的練習難度要與學生的軀幹穩定能力的發展水準相適應，並在練習過程中始終關注動作的穩定性。

③組織上多採用小組學、團隊協作、遊戲競賽等形式，調動學生的積極性，培養學生自主學習和良好體育習慣。

④快速伸縮複合訓練的教學評價，更要關注對動作質量的評價，促進學生習得正確而穩定的動作模式。根據學生的不同學習階段，評價內容和標準也應逐步提升。

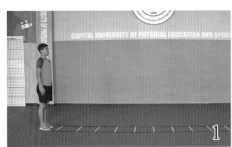
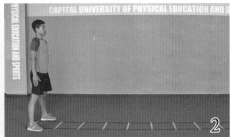

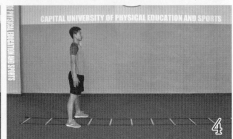

圖 5-4　跳格子練習

五　靈敏訓練課的設計

靈敏訓練，是兒少階段優先發展的身體運動能力之一，是全面提升身體運動技能的基礎。靈敏訓練的教學，要根據學生速度發展過程中不同年齡特點，組織有效的教學過程。

教學目標設計：

根據學生的不同年齡特點，使學生逐步瞭解靈敏訓練的作用，掌握正確訓練的知識和方法。對低年齡段學生的教學目標，應側重於體驗訓練的感受和樂趣，瞭解訓練的方法；高年齡段學生則逐漸學習和掌握靈敏訓練的知識，掌握正確的動作規範，逐步提升動作難度和負荷，提升運動表現。

　　教學設計：

　　①靈敏訓練，在教學中練習形式要豐富，對於低年齡段學生，應更多採用日常活動和遊戲的練習形式，提升神經反應能力，如六角球的遊戲、敏捷梯、小欄架等練習（圖 5-5）。隨著年齡增長，逐漸增加與運動項目相關的靈敏訓練內容，使運動負荷逐步提升。

圖 5-5　六角球練習

　　②靈敏訓練要在保證學生體力、精力充沛的基礎上，充分調動學生的練習熱情，同時做好核心區肌肉的激活，以保證靈敏練習正確的動作模式。

　　③組織上多採用小組學習、團隊協作、遊戲競賽等形式，調動學生的積極性，培養學生自主學習和良好體育習慣。

　　④靈敏訓練的教學評價，更要關注對學生練習熱情和動作準確性的評價。

（六）平衡訓練課的設計

　　平衡訓練，是兒少階段首要發展的身體運動能力之一，是提升動作穩定性和動作效率的前提，是全面提升身體運動技能的基礎。平衡訓練的教學，要根據學生發展過程中不同年齡特點，組織有效的教學過程。

　　教學目標設計：

　　根據學生的不同年齡特點，在早期應重視視覺、前庭器官、小腦等神經系統的訓練，對低年齡段學生的教學目標，應側重於體驗訓練的感受和樂趣，瞭解訓練的方法；對高年齡段學生則逐漸學習和掌握平衡訓練的知識，提升動態穩定能力訓練，逐步提升動作難度和負荷，提升運動表現。

教學設計：

①平衡訓練，在教學中練習形式要豐富，對於低年齡段學生，應更多採用日常活動和遊戲的練習形式，提升神經系統的穩定性，如平衡墊練習、單足跳撿沙包接力遊戲等（圖 5-6）。隨著年齡增長，逐漸增加與運動項目相關的靈敏訓練內容，使運動負荷逐步提升。

圖 5-6

②平衡訓練要在保證學生體力、精力充沛的基礎上，充分調動學生的練習熱情，同時激活核心穩定肌群，以保證平衡訓練效果。

③組織上多採用小組學習、團隊協作、遊戲競賽等形式，調動學生的積極性，培養學生自主學習和良好體育習慣。

④平衡訓練的教學評價，更要關注對學生練習熱情和進步度的評價。

七 牽拉訓練課的設計

牽拉訓練，是維持青少年兒童良好身體姿態和正常身體運動功能的有效方法，是全面提升身體運動技能的基礎。牽拉訓練的教學，要根據學生身體發展過程中不同年齡特點，組織有效的教學過程。

教學目標設計：

根據學生的不同年齡特點，對低年齡段學生的教學目標，應側重於體驗訓練的感受和樂趣，瞭解訓練的方法；對高年齡段學生則逐漸學習和掌握牽拉訓練的知識和方法。

教學設計：

①牽拉訓練，在教學中練習形式要豐富，對於低年齡段學生，應更多採用日常活動和遊戲的練習形式，同時要關注培養學生良好的身體姿態，如最長的繩子等遊戲。隨著年齡增長，逐漸增加與運動項目相關的牽拉訓練內容，同時，應當關注學生因學習負擔過重引起的重點緊張部位的牽拉訓練，以緩解身體疲勞和預防不良身體姿態的發生（圖 5-7）。

②牽拉訓練要充分做好熱身和動作準備，以保證訓練效果和預防運動損傷。

③組織上多採用小組學習、團隊協作、遊戲競賽等形式，調動學生的積極性，培養學生自主學習和良好體育習慣。

④牽拉訓練的教學評價，更要關注對學生學習態度和進步度的評價。

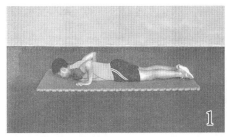

圖 5-7

第三節　教學效果評估

體育教學效果評估是以體育教學為對象，按照一定的教學目標，運用科學可行的評價方法，依據相應的評價標準，對體育教學過程和體育教學結果給予價值上的判斷，為改進教學、提升教學質量提供可靠的訊息和科學依據，最終促進學生的全面發展，也是對教學計劃實施效果的評估。

教學效果評估的分類，按功能及用途劃分，可分為診斷性評估、形成性評估和終結性評估；按評估方法劃分，可分為定性評估和定量評估；按

評估主體劃分，可分為他人評估和自我評估；按參照標準劃分，可分為相對評估、絕對評估和個體內差異評估。

一　教學效果評估的方法

》（一）教學效果評估的訊息收集

1.教師自評

教師自評是教學效果評估的重要方面，它不僅是收集必要訊息的途徑，而且是教師自我診斷的重要方面，是評定教學過程最充分的訊息來源。為了儘可能客觀和全面地自我評估，教師要採用多種手段獲取教學訊息，如錄音、錄影等資料，並從教學目標設定與完成情況、教學內容、教學組織、教學技術、師生互動等方面，認真設計自我評估表。

2.學生評估

學生是教學的對象，在學習的過程中對教學過程會產生切實的身心體驗，對教師人格、教學態度也會有真實的情感體驗，他們的評價也比較真實。

3.同行評估

同行包括校內同行和校外同行，比如教研組長、同行教師以及教育專家等，他們都比較瞭解本課程的課程標準、教學特點、教學要求和體育教育發展趨勢，能敏銳地發現任課教師教學中的不足，提出中肯的建議。

體育教師要重視同行教師的意見，改進教學過程和教學方法，提升教學效果。

》（二）教學評估的方法

1.測驗法

測驗法是透過考試、評級和達標等形式蒐集學生學習行為的綜合結果

的重要手段。它是有組織、有計劃地、針對性較強地定量化獲取教學訊息的工具。身體運動功能測試內容可以包括理論知識測試、動作能力測試、身體素質測試、體育情感行為測試等內容。

2. 觀察法

觀察法是對教學中的行為進行觀察而收集訊息資料的方法。當前，觀察法被越來越多地應用在教學研究領域。教學觀察法按觀察方式可以分為臨場觀察、實驗觀察、追蹤觀察、錄影觀察等。

3. 成長記錄袋

學生成長記錄袋或檔案袋即是指用以顯示有關學生學習成就或持續進步訊息的一連串表現、評價結果以及其他相關記錄和資料的彙集。

二　教學效果評估方案的設計

一般來說，一個完整的評價方案包括以下幾個方面的內容：

①評價的目的：確定評估方案的目的，預測評估方案的評價結果和用途。

②評價的準則：確定評估的方面和內容。

③各準則的權重：確定各評估方面和內容所占的比重。

④量表和標準：提供必要的測量尺度和評判依據。

⑤各種表格：根據實際的需要，可以增加必要的內容，或刪去某些內容。

第四節　不同類型課程教案示例

身體功能性訓練課程按照課程目的可分為：主教材教學類型和輔助教材教學類型。主教材教學課程類型中，身體功能性訓練作為主要內容在課程中呈現。輔助教材教學課程類型中，身體功能性訓練主要促進學生對課程基本內容的學習與掌握，提升教學效果和學生技能水準。

一　主教材教學教案示例

三年級體育立定跳遠教學

授課教師：＿＿＿＿＿＿＿＿　　　　　　　授課對象：＿＿＿＿＿＿＿＿

課程名稱	體育教學	課程類型	
授課內容	立定跳遠	授課形式	講授、實踐
授課時間		週次／課次	
教學目的任務	（1）認識目標：熟練掌握雙腳立定跳遠的技術動作 （2）技能目標：使學生能夠掌握正確的雙腳起跳動作模式，提升下肢爆發力 （3）情感目標：透過集體活動，使學生體驗集體的學習興趣，培養集體意識和責任感		
重點、難點	（1）教學重點：掌握核心穩定與發力，以及蹬擺配合動作和落得緩衝 （2）教學難點：發力順序		

教學過程設計（內容安排與要求、組織形式、時間分配等）

課的部分	時間	教學內容與組織教法、手段	備註
開始部分	5 分鐘	1. 體委整隊，報告人數 2. 師生問好 3. 宣佈課的內容、要求，安排見習生	
準備部分	10 分鐘	1. 韻律操：數鴨子 2. 臀部激活： 　（1）迷你帶——深蹲 　組次：一組每組 10 次 　（2）迷你帶——橫向軍步走 　組次：一組每組左側移動、右側移動各 10 次 3. 動態拉伸 　（1）行進間抱膝提踵 　目的：拉伸前弓步腿一側的臀大肌和膕繩肌，同時提升單腿平衡能力	

課的部分	時間	教學內容與組織教法、手段	備註
準備部分	10 分鐘	組次：一組每組左右側各 3 次 （2）行進間腳鬥士抱腿 目的：拉伸前腿髖關節外側肌群 組次：一組，每組左右側各 3 次 （3）行進間屈膝提踵 目的：拉伸大腿前側股四頭肌等肌群 組次：一組，每組左右側各 3 次 （4）行進間相撲式深蹲 目的：拉伸膕繩肌 組次：一組，每組 6 次 （5）毛毛蟲爬 目的：全身性拉伸 組次：一組，每組 6 次 4. 動作技能整合 （1）擺臂下蹲 動作要點： ①直立姿寬站位，雙腳開立比肩略寬，腹部收緊，背部挺直，雙臂伸直舉過頭頂，掌心相對 ②雙臂快速下擺至髖關節位置，髖關節向後移動，呈基本運動姿態，膝蓋不要過腳尖，膝蓋屈伸方向為腳尖方向，始終保持背部平直 組次：兩組，每組 6 次 （2）擺臂跳蹲 動作要點：快速變化時雙臂快速向下擺動，身體跳起，落地呈穩定雙腿基本運動姿態 組次：一組，每組 6 次 5. 神經激活 （1）原地快速碎步 組次：兩組，每組 10 秒	

課的部分	時間	教學內容與組織教法、手段	備註
準備部分	10分鐘	（2）雙腿前後跳 組次：兩組，每組10秒	
基本部分	20分鐘	一、立定跳遠教學 1. 坐位跳遠 　方法：雙腳分開與肩同寬，坐在凳上，雙臂後引，站立後起跳向前落地，採用分組練習形式 	
基本部分	20分鐘	2. 遊戲：種荷花 　方法：分組進行比賽，從起點開始，手托荷花（毽子）於頭上，用雙腳跳躍的方法跳入圓圈內，將荷花種下之後，再雙腳跳出圈外 　要求：手托舉毽子，不能抓握，練習過程中毽子不能掉落，雙腳起跳，雙腳落地，落地要屈膝緩衝 3. 立定跳遠比賽 二、胸前推球——藥球——站立姿（上下肢平衡發展） 動作： ① 站立姿態，面向牆壁，軀幹與牆壁保持0.9～1.2公尺距離，雙手持藥球於胸前，盡最大力量快速度向牆壁推出藥球 ② 當球反彈至手時，抓住藥球，回到起始姿勢，重複動作 組次：兩組，每組10次	

課的部分	時間	教學內容與組織教法、手段	備註
結束部分	10 分鐘	一、再生恢復 1. 軟組織再生——泡沫滾筒 主要針對下肢肌肉：①小腿肌群②脛骨前肌③膕繩肌④股四頭肌⑤臀部肌群⑥髂脛束⑦大腿內收肌 2. 拉伸——靜態主動拉伸（每塊肌肉拉伸時間20～30秒） 這要針對下肢肌肉：①腓腸肌②脛骨前肌③膕繩肌④股四頭肌⑤臀大肌⑥髂腰肌⑦大腿內收肌 二、課堂小結，對課上內容進行總結，對課上表現優秀的學生進行表揚，對下次課內容進行簡單介紹	
運動負荷 （量、強度）	中等量、中等強度		
場地器材	田徑場　迷你帶　跳箱　實心藥球		
課後 小結	1. 總結本次課堂內容 2. 針對學生的喜愛程度及訓練熱情對自身教法進行反思 3. 根據課上練習進度對課程安排進行適當調整		

二　輔助教材教學教案示例

授課教師：＿＿＿＿＿＿＿　　　　　　　授課對象：＿＿＿＿＿＿＿

課程名稱	體育教學	課程類型	
授課內容	籃球行進間肩上投籃	授課形式	講授、實踐
授課時間		週次／課次	
教學目的 任務	（1）認識目標：籃球（略） （2）技能目標：籃球（略） 身體功能性訓練：輔助學習籃球行進間肩上投籃技術，訓練正確動作模式，提升籃球技術穩定性和效率 （3）情感目標：籃球（略）		

重點、難點	（1）教學重點： （2）教學難點：		
教學過程設計（內容安排與要求、組織形式、時間分配等）			
課的部分	**時間**	**教學內容與組織教法、手段**	**備註**
開始部分	5分鐘	一、體委整隊，報告人數 二、師生問好 三、宣佈課的內容、要求，安排見習生	
準備部分	10分鐘	1. 韻律操：數鴨子 2. 臀部激活： 　（1）迷你帶——深蹲 　組次：一組，每組10次 　（2）迷你帶——橫向軍步走 　組次：一組，每組左側移動、右側移動各10次 3. 動態拉伸 　（1）行進間抱膝提踵 　目的：拉伸前弓步腿一側的臀大肌和膕繩肌，同時提升單腿平衡能力 　組次：一組，每組左右側各3次 　（2）行進間腳鬥士抱腿 　目的：拉伸前腿髖關節外側肌群 　組次：一組，每組左右側各3次 　（3）行進間屈膝提踵 　目的：拉伸大腿前側股四頭肌等肌群 　組次：一組，每組左右側各3次 　（4）行進間相撲式深蹲 　目的：拉伸膕繩肌 　組次：一組，每組6次 　（5）毛毛蟲爬 　目的：全身性拉伸	

課的部分	時間	教學內容與組織教法、手段	備註
準備部分	10 分鐘	組次：一組，每組 6 次 4. 動作技能整合 　（1）徒手四方位弓箭步 　組次：兩組，每套動作為一組 　（2）雙手托舉籃球四方位弓箭步練習 　組次：兩組，每套動作為一組 　（3）雙手持籃球跳躍成單腳穩定支撐練習 　組次：兩組，每組左右側各 3 次 　（4）單腳起跳，單手肩上持球，保持單手持球落地成單腳穩定支撐 5. 神經激活 　（1）原地快速碎步 　組次：兩組，每組 10 秒 　（2）雙腿前後跳 　組次：兩組，每組 10 秒	
基本部分	20 分鐘	主要分為籃球技術教學和身體功能訓練中的動作模式教學 1. 籃球運球行進間肩上投籃籃教學（略） 2. 身體功能性訓練 　（1）過頂下砸實心藥球 　①直立姿正常站立，雙臂直臂向上置於身體兩側，雙手托舉實心藥球置於頭部正上方 　②拉長腹部，將實心藥球舉至頭後，由髖部發力，帶動軀幹、肩部、手臂，把動力傳遞到球	

課的部分	時間	教學內容與組織教法、手段	備註
基本部分	20 分鐘	上，用最大力量把球砸下地面 ③當球反彈至手時，抓住藥球，回到起始姿勢，完成規定次數 組次：兩組，每組 10 次 （2）平行旋轉拋球 ①起始站立姿，面向牆壁，軀幹與牆面保持 0.6～1.2 公尺距離，雙手持藥球於腰間，手臂屈肘 ②向身體的後方旋轉軀幹，把藥球落下髖部後側 ③由髖部發力，帶動軀幹、肩部、手臂，把動力傳送到球上，盡最大力量將球扔向牆壁 ④當球反彈至手時，抓住藥球，回到起始姿勢，完成規定次數 組次：兩組，每組 10 次	
結束部分	10 分鐘	一、再生恢復 1. 軟組織再生——泡沫滾筒 主要針對下肢肌肉：①小腿肌群②脛骨前肌③膕繩肌④股四頭肌⑤臀部肌群⑥髂脛束⑦大腿內收肌 2. 拉伸——靜態主動拉伸（每塊肌肉拉伸時間 20～30 秒） 主要針對下肢肌肉：①腓腸肌②脛骨前肌③膕繩肌④股四頭肌⑤臀大肌⑥髂腰肌⑦大腿內收肌 二、課堂小結，對課上內容進行總結，對課上表現優秀的學生進行表揚，對下次課內容進行簡單介紹	
運動負荷 （量、強度）	中等量、中等強度		
場地器材	籃球場　籃球　迷你帶　實心藥球		

課的部分	時間	教學內容與組織教法、手段	備註
課後 小結		1. 總結本次課堂內容 2. 針對學生的喜愛程度及訓練熱情對自身教法進行反思 3. 根據課上練習進度對課程安排進行適當調整	

思考題

（1）如何確定身體功能訓練在中小學生體育課程教學中的課程目標？

（2）中小學生身體功能訓練的方法手段設計，應當具備什麼特點？

（3）對於中小學生身體功能訓練教學效果評估的重點內容是什麼？

參考文獻

〔1〕張新. 中學體育教育設計〔M〕. 北京：科學出版社，2012.

〔2〕楊雪芹，劉定一. 體育教學設計〔M〕. 北京：廣西師範大學出版社，2006.

PART

06 學校身體運動功能訓練場地器材的組織與管理

本章導語

　　場地的組織與管理是不同於體能訓練科學範疇的一門單獨的學問領域，涉及場地分區設計、區域設置規劃、器材佈置規劃、管理制度的建立、器材設備的維護保養、場地的安全保障和風險管理等諸多方面的知識。

　　作為體育教師，在日常工作過程中會經常碰到這些相關的問題，對於這方面的知識和經驗，應有一個整體的瞭解和基本的掌握。

第一節　身體運動功能訓練場地器材的組織

　　訓練場地是學校體育教學實施過程的載體，也是體育活動的基本保障條件。科學合理地規劃和設計訓練場地，對場地設施及器材設備進行規範管理和合理維護，同時加強場地的安全保障和風險管理，不但可以為身體運動功能訓練的教學提供實施和安全保障，也能夠更加有效地提升課堂教學效率。

　　身體運動功能訓練的課堂教學當中應該重視場地和器材的組織與管理工作，在課堂教學的開展上，不僅要運用體育教學課堂的器材組織規律，還要突出身體運動功能訓練特有的規律。

　　一般來說，應遵循以下原則：

　　第一，考慮空間佈局的美學因素和兒童、青少年的心理特徵；

　　第二，要符合教學內容的安排；第三，組織形式要充分提升上課的效率。

一 場地分區

對於學校的身體運動功能訓練場地來說，不論使用目的是用於平時課堂教學還是用於學校的運動隊訓練，不論是新建還是已啟用的訓練場所，在安置現有設備之前，都必須考慮和設計功能區域的劃分。

通常一個大型綜合性訓練中心，不僅涉及訓練，還包括其他康復、恢復、營養等多個功能環節，而對於一個完整的學校身體功能運動場地，也應做到五臟俱全，具備訓練、放鬆恢復和檢測等基礎區域，而且針對不同年齡學生的需求，根據兒童及青少年的身體發展特徵，還可以相關條件情況設置遊戲活動區（表 6-1）。

表 6-1　中小學訓練場地板塊分區設計

基礎分區	板塊分區	功能作用
訓練區	綜合力量區	科學合理的綜合力量訓練可以提升兒童及青少年的骨骼肌肉發展，增強四肢及核心力量，加強運動和自我保護能力，減小損傷發生概率
	有氧訓練區	長週期、中強度、有節奏的有氧運動訓練對兒童及青少年心血管功能、血液成分、呼吸功能、免疫功能有很大的改善，還可控制體重，對肥胖群體來說是最佳的運動處方
	速度靈敏區	兒童、青少年在其速度敏感期內接觸速度、靈敏性訓練提升他們大腦皮層的分化能力、空間感、時間感、肌肉用力控制能力
	功能訓練區	功能訓練可提升兒童及青少年動作的準確性、思維的合理性、動作變化的速率，使他們具有較好的運動協調能力，實現和發展正常的運動功能

基礎分區	板塊分區	功能作用
放鬆恢復區	拉伸練習區	拉伸可改善兒童及青少年關節周圍軟組織的伸展性以及肌肉的張力，進一步放鬆肌肉，並緩解短期內肌肉延遲性痠痛
	再生恢復區	透過物理方式放鬆肌肉，加快機體的血液和淋巴循環，促進代謝產物的排除和機體快速恢復
檢測區	身體體質測量區	透過學生體質監測國家標準，以動靜結合的形式，檢測兒童及青少年的身體形態、身體機能以及身體運動素質
	身體功能測量區	透過動作篩查、功能測試等方式，綜合評價青少年身體的穩定性和靈活性、身體動作的對稱性和均衡性等
遊戲活動區	趣味遊戲活動區	滿足兒童及青少年喜歡遊戲的天性，培養團隊合作能力，由團隊遊戲可以培養運動興趣、開拓大腦思維、提升社交能力，增加運動本身的魅力

二 場地規劃

》》（一）室內場地規劃

在確定體能訓練區的空間時，體育教師首先必須考慮到使用訓練場地的學生人數，一般來說，每位學生平均占地面積約 2～4 平方公尺。其次，還要考慮到必須的教學環境來安排訓練場地內容，包括功能區的劃分、器材的擺放以及學生的調動。

此外，學生的安全因素永遠居於首位，要特別注意場地及器材設備的位置、結構功能、附屬設施、環境因素以及安全監控等方面。具體來說，場地規劃設置要考慮以下常見要素：

1. 器材設備位置

基於學生安全和課堂教學安排考慮，一些較大的設備要儘可能選擇固定位置，不要來回移動，並且周圍有合理的安全活動空間，一些常用的輕巧的器材可以放置在專用的設備架或者設備箱內，便於日常取用及放回。

2. 監控裝置

為了保障場地安全，在具備條件的情況下，應在各個主要位置安裝監控攝影頭，並連接到管理室或辦公室的監控器上。

攝影設備要能夠清楚地監控場內的所有位置，並定期檢查保障運轉正常，便於體育教師或相關管理人員監控。

3. 通　道

場所內外必須為所有學生、教師及相關訓練人員提供方便的通道，包括所有的入口、出口和進出區域的通道。

通道設置應達到以下要求：所有通道、走廊暢通，沒有物品阻礙，可容許雙方向行走；考慮對殘疾人員的特殊通道設計，為輪椅提供無障礙通道，所有的門欄應清除，如不能清除，任何超過 1.5 公分高的門檻都要設置為斜坡，坡度每 2.5 公分要有 30 公分的坡長；通常門寬設計至少要達到 90 公分，大廳和通道的門寬最好達到 150 公分；緊急出口必須張貼醒目標識或指示牌，不可堆放雜物，保證時刻暢通。

4. 天花板

訓練場地的天花板的高度不同於教室，考慮到跳躍、藥球高拋、摸高測試等身體運動功能訓練因素，以及安裝懸吊訓練系統或者其他相關特殊要求設備，通常離地的高度至少為 3.7 公尺以上。

5. 牆　壁

牆壁的電器插座要安置在學生不易觸碰到的地方，並設有外置保護裝置；如果處於潮濕地域，牆壁要使用易清洗和防潮的材料；至少有一面牆

壁安裝較大的鏡子，便於學生觀察自我練習動作，還便於讓教師觀察到全隊學生的練習情況，保障課堂安全；牆壁的顏色看起來盡量令人賞心悅目，有一些景觀佈置因素設計，不要太沉悶單調，符合學校場所的活潑性。

6. 地　面

部分場館可選擇地毯地面，地毯的好處是廉價並且顏色多樣，但不耐髒，難以清潔，特別在有氧訓練區和拉伸區，不建議使用地毯地面；橡膠地面很適合快速伸縮複合練習和力量練習，通常一體式的橡膠地面最貴，組合式橡膠地面造價會低廉一些，但在接縫處灰塵和水容易進入，而且容易有氣味；實木地板是非常好的訓練地面，木地板需要光滑、平整、腳感好，但不易保養；大理石、地磚或水泥地面不適合做速度練習和力量訓練。無論哪種材質的地面，都要求水平面一致，無凸起或凹陷地帶。

7. 電源裝置

通常電器類訓練設備的電壓為 110V，一些功率較大的設備需要 380V 高壓插座（如部分腳踏自行車、跑步機、台階機等）；通常室內訓練區域所需要的插座數目要儘可能充裕，要合理地遍佈在場所內；另外地面故障循環斷路器是必須的安全裝置，當因水或絕緣問題產生短路時，可自動切斷電源來保障安全。

8. 環境因素

環境因素主要從照明度、溫度、濕度、通風和聲音等因素來考慮。

照明度：

基於安全和視覺感應考慮，場地要有適宜的照明亮度，光線太強或太弱都不利於學生的練習；練習區域的照明最好是可調式的，或者透過多開關設計來調節照明亮度；使用自然光時，需避免鍛鍊時直接照射，防止刺眼強光照射發生潛在傷害事故。

溫度和濕度：

訓練區溫度在 22～26℃為宜，整個空間需裝備空調及通風設施。此

外，盡量維持場地恆溫，溫度的多變會增加空氣水分的凝結，容易腐蝕地板或損壞訓練器材。場館內的最佳相對濕度應保持在 60%左右，必要時可使用除濕器來降低濕度，並且應有完善的排水設備，以防積水所造成的損壞。

通風：

空氣交換每小時至少需 8～12 次，最好是每小時交換 12～15 次。良好的空氣交換，可以有效減少體能訓練場所內的異味和保障學生身體健康。

聲音：

場館內的聲音不要超過 90 分貝，動感的音樂有時可用來提升學生的訓練熱情和氣氛，但是音量必須控制在合適水準，以便教師和學生交流。另外，為了保持訓練區域內音量均勻分佈，揚聲器應合理安置在各個區域。

9. 其他因素

其他因素包括飲水區、休息室、更衣室、衛生間、提示牌、告示牌、緊急救護設備等。

飲水區：

身體運動功能訓練有一定的訓練強度，需要科學合理補水。飲水機必須方便學生使用，最好將飲水機放在場所入口附近，若場地較大，可在不同位置多設計幾個飲水點，並在飲水機周圍放置防水墊和棄水桶。

休息室、更衣室及衛生間：

男女學生的休息室、更衣室及衛生間應標示清晰，而且盡量靠近訓練區域。

提示牌：

採用各種規格的提示牌來提示操作方法、場所規定和安全指導方針等，並清楚地標示入口、出口和行進路線。

告示牌：

告示牌用來顯示所要告示的事項，例如使用說明、安全須知和管理制度等，告示板的位置應設置在入口，讓學生及來訪者進入訓練區域時便可清楚可見。

緊急救護設備：

所有緊急救護設備應該處於完好運行狀態，並放置在訓練場地內或附近，方便快速獲取使用。相關工作人員或緊急救護人員必須提前接受合格培訓，體育教師也應熟悉每種緊急救護設備的功能和操作方式。

此外，應定期檢查和試用緊急救護設備，如有損壞的和已過時效的緊急救護設備應立即維修和更替，並且定期進行安全演練和產品質檢。

（二）室內器材佈局

1. 器材設備放置的原則

針對不同區域，器材設備的放置有以下原則：

安全第一，高效其次：

安全和高效是進行場地器材佈局的兩條基本原則。身體運動功能訓練場地的佈置須始終貫徹安全第一的原則，充分考慮學生練習時的安全隱患。主要從兩個方面考慮：首先要考慮到場地器材本身的安全因素；其次要考慮場地器材在運用和輪換過程中的安全因素。

要做到使用前仔細檢查，使用過程中組織得當，使用後妥善處理。比如，設置練習時要留有足夠間隔以保證安全，做速度靈敏性練習時，應充分估計到減速的距離，並採取防範措施。

因地制宜，設計器材：

體育課場地器材佈置要根據教學具體要求，發揮主觀能動性，充分利用學校現有的器材以及環境條件，挖掘潛力，創造性地完成場地器材保障任務。對於身體運動功能訓練器材的開發，要學會轉換視角和思維方式。例如：彈力帶可作為輕力量訓練器材，也可用做欄架的橫桿。

利於課堂組織與管理：

器材放置既要考慮教材特點，又要便於對全體學生的組織管理；既要保證充足的活動範圍，又要便於教師統一指揮，照看學生。例如，為使教師能夠看清全體學生，器材放置和練習位置應儘可能統一方向。

營造氛圍，激發興趣：

興趣是學生參與體育課的內在動力，場地器材佈置不只是用來完成課

堂教學的工具，更應該是激發學生對體育課感興趣的載體。這就需要體育教師利用學生的好奇心，設計符合學生興趣，同時又能夠高效率完成課堂教學任務的場地劃分及器材擺放。

2. 器材設備放置方式

通常有四種常用的器材設備放置方式：

第一種是按照強調不同身體部位劃分的區域，如上肢區域、下肢區域、核心區域等；

第二種是以訓練類型劃分的區域，如自由力量區域、速度靈敏區域、拉伸再生區域、有氧訓練區域等；

第三種是依照器材類型來設置訓練區域，比如有氧訓練器材、掛片式訓練器材、插片式訓練器材、無軌跡訓練器材、氣動式訓練器材、功能性訓練器材等；

第四種是根據練習時的流線來設計，比如先讓學生做動作準備，然後是核心練習和快速伸縮複合練習，根據不同的教學或練習要求和順序來設計器材位置。

四種方式各有其特點，要在使用功能上和佈置外觀上都予以充分考慮，通常是幾種方法相結合的方式，組合安排應以學校教學具體需求為依據。

3. 室內場地器材佈置需求

力量及爆發力訓練設備：

較高的器材或組合設備應沿著牆壁放置，並固定在地板上，以增加其穩定性；重量架（如深蹲架、史密斯架等）與槓鈴片相鄰擺放，以便取用，組合器材之間以及與其他設備之間，必須有至少 60 公分的間隔，最佳間隔距離為 90 公分；啞鈴架和壺鈴架通常也靠牆放置，與其他器材之間的放置距離至少也為 90 公分，方便移動且中間沒有障礙。

拉伸及熱身區域：

每位學生平均需要約 3～5 平方公尺的拉伸及熱身活動區域，如果考慮到同伴幫助的拉伸，區域可以設計得更大。

有氧訓練區域：

通常每台自行車和橢圓機約需要 2.5 平方公尺，跑步機約需要 4.5 平方公尺，這些面積包括器材與器材之間的空間考慮。

在佈置之前，可以按照器材尺寸比例做出場地平面或空間規劃圖，按不同放置方式多嘗試幾次，考慮到各種與實際相關的情況，最終來確定符合學生訓練計劃要求的空間，一旦發現不足或者有更優方案，及時調整更改。

▶▶（三）室外場地規劃

對於國內諸多中小學來說，室外場地主要就是操場，或者室外田徑場、籃球場、足球場等。室外場地大都是露天場所，場地種類根據修建材料可分為草坪場地、塑膠場地、水泥場地和土質場地等；根據用途可分為競賽場地、教學場地、訓練場地和健身場地等；根據運動項目不同可分為田徑場、足球場、籃球場、網球場等。

為了使體育老師能夠更方便地結合場地和課程內容的特點安排體育教學，同時更合理地使用各種場地，下面列出了幾種常見的體育場地及其使用注意事項。

1. 草坪場地

草坪場地分為人工天然草坪場地和人造合成草坪場地兩種。

人工天然草坪主要是用在高水準足球運動員訓練和比賽當中，具有腳感好、安全性高、彈性好等優點，同時也深受兒童及青少年學生的喜愛。但由於草坪生長的季節性較強，對日常養護的要求較高，需要澆水、施肥和修剪等工作程序，特別是北方區域要根據季節和草的生長情況來安排場地使用時間，同時對使用和養護的要求也較高。

人造合成草坪主要材質是聚丙烯和聚乙烯，透過人工製造紡織編製而成，其抗污染、抗雨水侵蝕能力較強，相較於人工草坪，天然草坪更耐踩、耐寒、抗旱和無需特殊保護，但是舒適度較低，而且材質選擇不當會對學生的安全和健康產生一定的影響。

2. 塑膠場地

　　塑膠場地可全天候使用，受雨雪天氣影響較小；彈性好，受力時緩衝性能好，具有一定的安全性，可減小中小學生意外摔倒造成的損傷風險；地面平整乾淨且易於清洗，有效地減少了揚塵對學生健康造成的影響；塑膠場地的豔麗顏色能夠吸引中小學生的注意力，使其對體育課產生更加濃厚的興趣。

　　但塑膠跑道中有部分有害化學成分在裡邊，絕大多數投入使用的塑膠跑道面層材料主要是聚氨酯，這種材料在高溫下易揮發有害氣體，因此，體育教師在安排室外場地體育課時，應避開一天中的高溫時段，在炎熱的夏季應盡量減少在塑膠跑道上的活動時間。

3. 水泥場地

　　水泥場地價格低廉，在國內中小學當中較為普遍。水泥場地受雨雪天氣的影響較小，不易損壞，易於維修；但是水泥場地硬度大、彈性差，對學生的關節造成一定的壓力，對於學生的高強度練習安全存在潛在風險；水泥場地很難做到絕對平整，一些地方會凹凸不平，使用久後易變光滑，學生跑動時易摔倒或造成運動損傷。

　　因此，在水泥場地上進行身體功能訓練課程教學時，盡量不安排大量的跳躍運動或靈敏反應性練習；運動前做好充分的準備活動，讓學生學會正確的落地姿勢和肌肉發力方式；要求學生穿鞋底稍厚、柔軟度適宜、彈性較好的運動鞋。強度較大的運動課程，應配備如護膝、護肘等保護用品，避免一旦摔倒出現的擦傷、挫傷風險。

4. 土質場地

　　土質場地的修建簡便、造價低廉，且便於體育活動的開展，特別是一些偏鄉地區的學校當中，仍然應用廣泛。但是土質場地受雨雪天氣影響嚴重，乾燥有風天氣會出現揚塵，對兒童青少年學生的身體健康會有一定的危害風險；教師和學生在進入土質場地時須穿運動鞋，禁止穿皮鞋、釘鞋等進入場地；土質場地土質鬆軟時，容易被大風吹起，應提前做好土質場

地的濕潤工作；另需保證場地的乾淨衛生和場地的平整性。

　　無論哪種材質的室外場地，體育課堂教學都有幾點要求：應選擇地勢較為開闊，集散方便，遠離污染，環境質量好，適合進行體育鍛鍊和課程開展的地方；應充分利用學校中現有的資源條件，如籃球場、教學樓廣場等，因地制宜靈活安排身體功能訓練的教學場地；應選擇與城市整體規劃相協調的地方，如避開人流量大的馬路等。

》》（四）室外器材佈局

　　室外場地器材佈置和室內的最大區別，就是室內的器材設備通常是固定的，而室外的佈置是根據每節身體功能動作訓練課程的具體教學內容，根據場地大小、器材數量、品種、學生人數和其他環境影響因素，臨時或隨機設定的佈局方法。

1. 佈置考慮因素

　　場外器材佈置也有一系列的影響因素，教師要對器材放置的具體地點、場地佈置時機等細節進行通盤考慮。比如學生的年齡特徵決定了他們的自我控制能力是比較薄弱的，學生會因為器材的「誘惑」而不自覺地「東張西望」或「躍躍欲試」，導致注意力不集中。任何器材的使用，只是教師達成教學目標的媒介或工具，不能喧賓奪主。

　　室外的空間一般都是在操場上，老師和學生施展的空間大，同時學生的分散面積也大，因此，在安排身體運動功能訓練課堂教學內容時要儘可能合理地安排練習順序，集中擺放器材，減少對學生的來回調度以提升教學效率。

　　師生在課堂的位置由於體育課的特殊性是在不斷變化的，教師的位置要儘可能多地將學生放到自己的視線之內，以便於觀察指導和講授內容。學生的位置應該擴散而有序，有利於老師的巡迴指導，也方便老師糾正、示範教學動作。此外，在器材放置時，還要注意氣候、聲音、光線等其他環境因素。

2. 常用佈置方法

身體運動功能訓練課程的教學涉及不同種類的器材，教學環節也會非常多，在安排兩項及以上教學內容時，器材安放一定要顧及下一項教學內容的進行。常用佈置方法有：

相鄰安置法：

是指進行兩項或以上教學內容練習時，所需用的器材安排在相鄰場地中。這種安排的優點是進行第一項教學內容時，已經考慮了下一項或幾項教學內容的器材使用，以便減少隊伍調動，避免時間浪費。

重疊安置法：

是指在同一場地內安排兩項或以上教學內容所需的器材，並相繼進行練習。這種安排的優點可以提升場地的使用率，缺乏場地和場地過小時可採用此法。

流水安置法：

是指一節課中要進行兩項以上的教學內容時，以流水作業的形式安排使用器材，這種安排方法適用於場地器材條件較為充裕的學校。

無論採用上述何種安置方法，體育課器材的佈局都要做到相對集中，將可以動的器材向固定器材靠攏，便於教師觀察、巡迴指導和全面照顧學生，又考慮到組織和調動隊伍的緊湊性和連續性。

第二節　身體運動功能訓練場地器材的管理

體育器材是進行體育教學的輔助工具，甚至是部分身體功能動作訓練內容教學的前提條件。

場地器材佈置是體育教學特有的組織工作。合理佈置場地器材，不僅能充分利用場地器材，提升學生鍛鍊效率，而且能創建優良的教學環境，利於保障安全，調動學生的學習積極性，從而提升教學效果。

一　管理制度的建立

要科學有效地組織學生班級團體從事身體運動功能訓練，合理高效地

安排空間和時間，就必須建立起規範的管理制度。應根據學校相關管理規定和具體情況來建立起身體運動功能訓練場地的管理制度，可設立班級使用負責管理制、帶班老師負責制和衛生值日負責制等。制度的合理性往往是視實際情況而變化的，針對每種情況都可能呈現出對制度的挑戰性，因而，制度要儘可能周密合理，最大限度地滿足教學需要。

場地管理者或體育教師最好能制定統一的檢查、維修和清潔時間表並予以執行，以確保訓練環境的安全運轉。此外，作為場地管理人員或體育教師，須具備高度的安全責任意識和一定的專業技能，熟悉訓練設備，掌握器材的基本使用和維修保養等方面知識。

具體到每個場地，制度的制定應該遵循因地制宜的原則，通常一個身體運動功能訓練場地需制定如下的管理制度：《場地日常管理制度》《器材設備登記使用及借用管理制度》《人員值班安排及責任制》《器材的購買申報制度》《日常保修流程及廠家聯繫程序》《人員業務培訓及考核制度》等。

❷ 器材設備維護

場地器材的維護保養是場地管理的重要組成部分。定期進行場地器材的保養和維修，不僅可保持場地正常運轉，更重要的是保證安全教學。因此，建立完善的維護保養機制也是落實場地器材維護工作的重要部分。

➤➤（一）器材使用的基本注意事項

體育教師要熟悉所有身體功能訓練器材設備的基本功能，掌握其基本特點；注意產品上的安全警告，瞭解其基本構造和易出現的問題；掌握基本保養維護方法，注意存留零件的備用件，零件脫落時，及時拾取保存；對於一些力量及有氧訓練設備，要定期保養，一旦發現卡殼等情況發生要及時停止使用；特殊器材一定要貼上正確使用的圖示告示牌及安全使用須知。

➤➤（二）器材設備保養週期和計劃安排

要以器材設備說明書和實用手冊為依據，建立起每台器材的維護保養

要求；落實每天、週、月、年的保養要求和保養計劃；詳細記錄每次保養情況，或者學校以服務承包的方式讓專業公司來進行保養服務。

三 安全風險管理

》（一）場地設施、器材的裝配標準

所有運動設備和器材，包括自由重量器材，必須按照製造商的說明書要求，進行重置組裝，放置在指定區域。對於特殊產品，要張貼佈告、警示，或放置產品標準通知，讓學生使用前注意。

器材設備投入使用之前，必須由體能訓練專業人員徹底檢查和測試，以確保它們正常工作運轉；器材投入使用後，必須由體育教師或場地工作人員，或者製造商和相關廠家進行定期檢查與維護；器材設備發生損壞時，須立即停止使用，並張貼器材停用告示，直到修理完畢並重新檢查，確保正常運轉後才可以恢復使用。

》（二）場地設施、器材安全保障的注意事項

體育教師及場地管理人員應盡量參與到場地設施器材設計和佈局的所有階段，這樣能從使用角度考慮更多問題；體育教師或場館管理人員應該為設施、設備的檢查、維護和維修制定書面的工作方案和規程；設備廠家提供的用戶手冊，保證條款和操作指南，以及其他相關記錄（如有關設備選型、採購、安裝、設置、檢查、維護和維修），都應保存在統一的檔案中，並且進行保管使用。

體育老師或場地使用人員應該明白「產品責任」的法律責任概念，指當有人主要因為產品設計和製造的缺陷受傷或遭受損害的時候，產品的製造商和供應商應承擔法律責任。儘管這是針對製造商和供應商的，但是有些行動和過程行為也增加了體育教師的責任風險，因此，體育教師必須具有風險意識和自我保護意識。

學校需從信譽良好的優質廠家購買設備，並確認購買的產品符合行業內的專業標準；應按照生產廠家的指令使用設備，不要隨意修改設備原始出售時的狀態；另製造商提供的用戶手冊、保修和操作指南應被保留，以

應對突發情況；特別要注意的是，不允許學生在無人監管下使用設備；避免損傷風險。

》》（三）風險管理的實踐標準

風險管理是一個主動管理的過程，它並不能消除訓練過程中出現的所有損傷風險和責任風險，但是，透過合理的風險管理策略，能夠有效減少這些風險。美國的艾柯夫博士提出 4 個步驟運用於訓練場地風險管理流程的實踐：

1. 界定風險管理的標準，學習相關知識，以及所有可適用的法律規定

各種機構組織出版了多種關於訓練器材、場館設施等的不同標準，對於體育教師來說，瞭解和甄別這些標準以及確定實施風險管理計劃具有一定的挑戰性，就參與者的安全而言，最保守、嚴格的標準應該是其行業中最廣為應用的標準。

2. 制定反映實踐標準和法律責任的風險管理程序

這涉及書寫工作程序，該程序是指工作人員在特定環境下執行時的具體職責和責任。

程序應該清楚、簡潔，缺乏細節性的描述將不能滿足從業者在特定情境下工作靈活性的需要，也使這些內容難以實施或不切實際。

3. 執行風險管理計劃

主要包括員工培訓，確保工作人員或體育教師的日常行為與書面政策、應對程序、實踐標準、相關規定和適用法律相一致。

安全須知或程序手冊應在員工培訓時認真強調，並在針對特殊情況的定期在職培訓和應急預案演練時配合使用。

4. 評估風險管理計劃

實踐的標準不是一成不變的，需要定期更新。風險管理計劃應至少每

年進行一次重新評估，同樣在每次事故或損失發生時核驗應對程序是否正確進行。

》》（四）應急預案和響應機制

應急預案是一份書面文件，詳細說明在出現設施損害或訓練受傷等緊急情況時的正確程序。儘管文件本身並不一定可以拯救生命，但身體功能訓練設施場所必須有這樣的準備，而且相關專業人員平時應適當演習和充分準備。

場地管理人員以及體育教師應該瞭解緊急預案和處理緊急情況的正確程序，如電話求助號碼、急救設備的使用、基本醫療服務、疏散通道和緊急撤離路徑、應急物資的位置等；定期複習、演練和培訓應急預案和執行程序；安裝由相關權威機構認證的自動體外除顫器，設備要獲得行業組織如國際紅十字會或衛生部等官方機構的認證。

相關工作人員的急救培訓和認證也是有必要的，如果醫務人員不能立即到位，要做好第一時間救護的準備。具體的應急預案有三個基本組成部分：緊急救護人員、救護聯絡和設備。

1. 緊急救護人員

與運動訓練和課堂教學相關的，緊急情況的第一響應者通常情況下應該是校醫、教練、教師或其他學校相關管理人員。

2. 緊急救護聯絡

發生相關運動損傷時，聯絡是及時提供緊急救護的關鍵，應確保學校與 120 或附近固定聯絡的急救中心有通暢的聯繫管道。

3. 緊急救護設備

緊急救護設備應該儲存在場地當中一個環境乾淨、可控的地方，當緊急情況發生，它應可被隨時發現並使用；緊急救護人員應該熟悉緊急救護設備的基本功能和操作方式，接受相關的操作培訓；場館管理人員應定期檢查和使用緊急救護設備，確保設備時刻處於良好的運轉狀態。

思考題

（1）結合自己學校的條件，設計一個室外課場地。

（2）如何在上課中和課後保障學生的安全？

（3）室外場地的常見分類及使用時的注意事項。

參考文獻

〔1〕N. Travis Triplett，Chat Williams，Patrick McHenry，et al. Strength & Conditioning Professional Standards and Guide lines〔Z〕. National Strength & Conditioning Assosciation，July 8，2009.

〔2〕Thomas R.Baechle，Roger Earle. Essentials of Strength Training & Conditioning Assosciation〔M〕. Human Kinetics，3rd Revised edition，2008.

〔3〕Michael Boyle. Designing Strength Training Programs and Facilities〔Z〕. 2009.

〔4〕NSCA. 體能訓練概論〔M〕. 朱學雷，等，譯．　上海三聯書店，2011.

PART

07 動作準備

本章導語

　　動作準備份為四個部分：臀部激活——動態拉伸——動作整合——神經激活。其與傳統熱身方式不同之處在於，動作準備不僅僅是一項簡單的熱身活動，而是把它看成一個整體性的訓練方式，動作遵循由簡單到複雜，由靜態到動態，由雙腳站立到單腳支撐，由動作的單一平面到多維度，由神經肌肉的單一反應到複合反應，包括關節、肌肉、韌帶等的針對性練習，使練習者在運動中能夠最大限度地合理發揮身體的各項能力。

第一節　臀大肌激活

➤➤（一）迷你帶——髖關節雙側開合

教學目標　激活臀部肌群和核心肌群。

動作要領　運動員呈基本站姿，迷你帶置於膝關節上方，雙腳與肩同寬或略寬於肩，雙膝微屈，雙手置於腰間，雙側膝外展保持 2 秒，恢復至起始姿勢（圖 7-1）。

教學重點　練習時單側髖關節要充分地外展，避免其他部位動作代償。

教學難點　練習時保持身體的中立位，避免由於髖關節移動而出現軀幹偏移。

易犯錯誤　①身體重心上下起伏或左右擺動；
　　　　　②臀大肌發力不協調。

圖 7-1　迷你帶──髖關節雙側開合

（糾正方法）①核心部位用力保持身體平衡與穩定；
　　　　　　②臀部肌肉發力，增大髖關節活動幅度。

（訓練方法）①練習時目光找準參照物，保持身體平衡；
　　　　　　②可要求學生按照教師口令節奏完成練習。

（注意事項）注意在屈膝時膝蓋不超過腳尖，兩腳尖向前。

》（二）迷你帶──運動姿縱向走

（教學目標）激活臀部肌群。

（動作要領）運動員呈基本運動姿，迷你帶置於膝關節上方，雙腳之間的距
　　　　　　離與肩同寬，左腳在前右腳在後，雙膝微屈，右腿發力蹬地，
　　　　　　左腿向前跟進，雙臂自然擺動。當向後移動時，前腳腳掌用力
　　　　　　蹬地，後面的腿跟退，雙臂自然擺動（圖 7-2）。

（教學重點）擺動動作幅度要小。

（教學難點）軀幹保持位置的穩定，避免左右移動。

圖 7-2　迷你帶──運動姿縱向走

易犯錯誤　在運動過程中軀幹出現過分的晃動。

糾正方法　臀部發力帶動擺動腿進行練習。

訓練方法　練習時目光找準參照物，保持身體平衡。

注意事項　注意在屈膝時膝蓋不超過腳尖，兩腳尖向前。

▶▶（三）迷你帶──運動姿橫向走

教學目標　激活臀部肌群。

動作要領　運動員呈基本運動姿，迷你帶置於膝關節上方，兩腳之間的距離與肩同寬，雙腳全腳掌著地，左腿充分蹬伸，左腿快速跟跨，右腳跟進保持起始姿勢的距離，雙臂自然擺動（圖 7-3）。

圖 7-3　迷你帶──運動姿橫向走

教學重點　軀幹保持位置的穩定，避免左右移動。

教學難點　練習過程中髖關節要保持穩定。

易犯錯誤　在運動過程中軀幹出現過分的晃動。

糾正方法　臀部發力帶動擺動腿進行練習。

訓練方法　練習時目光找準參照物，保持身體平衡。

注意事項　注意在屈膝時膝蓋不超過腳尖，兩腳尖向前。

▶▶（四）迷你帶──深蹲

教學目標　激活臀部肌群。

動作要領　運動員呈基本運動姿，迷你帶置於膝關節上方，兩腳之間的距離與肩同寬，兩臂放於身體腰部兩側，開始時下蹲，膝關節不要超過腳尖，再恢復至起始位置（圖 7-4）。

圖 7-4　迷你帶——深蹲

教學重點　臀部肌肉發力，下蹲至大腿與地面平行的位置。

教學難點　練習過程中髖關節要保持穩定。

易犯錯誤　在運動過程中軀幹出現過分的晃動。

糾正方法　降低迷你帶磅數提升髖關節運動的穩定性。

訓練方法　練習時目光找準參照物，保持身體平衡。

注意事項　注意在屈膝時膝蓋不超過腳尖，兩腳尖向前。

▶▶（五）迷你帶——直膝運動姿縱向走

教學目標　激活臀部肌群。

圖 7-5　迷你帶——直膝運動姿縱向走

動作要領　運動員呈基本運動姿勢，迷你帶置於膝關節上方，雙腳之間的
距離與肩同寬，開始時運動員雙手向上伸直，同時直膝向前左
右交替行走，腳尖著地腳後跟抬起（圖 7-5）。

教學重點　臀部肌肉發力，控制向前的運動幅度。

教學難點　練習過程中髖關節要保持穩定。

易犯錯誤　在運動過程中軀幹出現過分的晃動。

糾正方法　降低迷你帶磅數提升髖關節運動的穩定性。

訓練方法　練習時目光找準參照物，保持身體平衡。

注意事項　在運動過程中避免出現身體左右晃動。

第二節　動態拉伸

▶ （一）臀大肌拉伸

教學目標　拉伸臀大肌。

動作要領　運動員呈基本站立姿勢，開始時雙手抱右腿後盡力向上拉至胸
前，軀幹保持正直，保持 3 秒後下落，雙腳交替進行（圖 7-6）。

圖 7-6　臀大肌拉伸

教學重點　臀大肌拉伸時盡量保持屈曲髖關節到最大位置，同時保持勾腳
尖。

教學難點　運動過程中需要保持軀幹平衡，在單腿支撐時需要身體的中立
位。

易犯錯誤　①在單腿支撐時髖關節過分前伸；

②在踮腳尖單腿支撐後軀幹無法維持正常姿勢。

糾正方法　①語言提醒軀幹保持中立位；

②要求學生注意前腿大小腿夾角。

訓練方法　練習時目光找準參照物，保持身體平衡。

注意事項　在運動過程中避免出現身體左右晃動。

➤➤ （二）臀中肌拉伸

教學目標　拉伸臀中肌。

動作要領　運動員呈基本站立姿勢，開始時一手抱著膝關節，一手抱著踝關節，將大腿外旋，軀幹保持正直，保持 3 秒後下落，雙腳交替進行（圖 7-7）。

圖 7-7　臀中肌拉伸

教學重點　臀中肌拉伸時盡量保持外旋髖關節到最大位置，同時保持勾腳尖。

教學難點　運動過程中需要保持軀幹平衡，在單腿支撐時需要身體的中立位。

易犯錯誤　①在單腿支撐時髖關節過分前伸；

②在踮腳尖單腿支撐後軀幹無法維持正常姿勢。

糾正方法　①語言提醒軀幹保持中立位；

②要求學生注意前腿大小腿夾角。

訓練方法　練習時目光找準參照物，保持身體平衡。

注意事項　在運動過程中避免出現身體左右晃動。

>> （三）股四頭肌拉伸

教學目標　增加髖關節的動態活動幅度，拉伸大腿前側肌肉。

動作要領　以右腿為例，向前邁步後，右手握住右側腳背部位，雙腿併攏，保持髖部平直後左側踮腳尖，保持此姿勢 3 秒，然後換另一側，動作相同（圖 7-8）。

圖 7-8　股四頭肌拉伸

教學重點　練習時上身始終保持垂直同時控制髖部保持平直狀態。

教學難點　在做踮腳尖時要控制身體姿勢，避免出現過分晃動。

易犯錯誤　①每個動作銜接過程中易有重心起伏；

②練習過程中重心不穩練習腿易著地；

③在做動作過程中雙腿無法併攏。

糾正方法　①增強下肢的平衡能力；

②加強骨盆的控制能力。

訓練方法　兩條腿交替進行，每條腿 5～6 次。

注意事項　①動作幅度逐漸增加；

②注意練習學生能力，區別對待。

>> （四）內收肌拉伸

教學目標　增強膝關節的動態活動幅度，拉伸肩、背、臀、腿部後側肌群。

動作要領　運動員呈基本站姿，開始時一側腿向側方向邁出後，雙側腳尖朝前，臀部後坐，雙手水平伸出，保持此姿勢 3 秒，隨後站立

開始另一側（圖 7-9）。

(教學重點) 下蹲時維持軀幹平衡，膝關節不要超過腳尖。

(教學難點) 下蹲時支撐腿踝、膝、髖處於同一平面。

(易犯錯誤) ①腳尖沒有同時朝前；

②下蹲時膝關節易超過腳尖；

③腰背力量不夠易上身重心前傾。

(糾正方法) 訓練時多提醒動作要點。

(訓練方法) 進行 2～4 組，每組 5～6 個。

(注意事項) ①動作幅度逐漸增加；

②教學中注意個體差異，區別對待。

圖 7-9　內收肌拉伸

》》（五）膕繩肌群拉伸

(教學目標) 提升髖關節活動幅度和膕繩肌群的柔韌性。

(動作要領) 以右側臀部拉伸為例，運動員呈基本站立姿，向前邁出一步，左腿彎曲後右腿伸直，保持勾腳尖狀態，雙手摸腳尖後保持 3 秒，然後還原換另一側，動作相同（圖 7-10）。

圖 7-10　膕繩肌群拉伸

教學重點　整個拉伸過程中保持身體的穩定性，同時腳尖要保持伸直狀態。

教學難點　拉伸過程中後側支撐腿保持穩定性。

易犯錯誤　膕繩肌彈性不夠，導致大腿無法保持伸直從而整個拉伸動作變形。

糾正方法　練習時多提醒動作要點，加強局部肌肉彈性。

訓練方法　兩條腿交替進行，每條腿 5～6 次，每次動作保持 4～6 秒時間。

注意事項　①動作幅度逐漸增加；
　　　　　　②教學中注意個體差異，區別對待。

≫ （六）綜合拉伸（「最偉大」拉伸）

教學目標　提升肩關節、髖關節、膝關節和踝關節的活動幅度，以及各肌群的彈性。

動作要領　①以右腳在前為例，上體保持正直，一腳向前跨出一步，成直腿弓步。

　　　　　　②左側手著地，右側屈肘下壓於腳跟內側，保持 3 秒；右側手臂向上方翻轉，同時帶動脊柱，直臂外展，指尖向上，與支撐手臂呈直線。頭部轉動看上舉手臂指尖，保持 3 秒。

　　　　　　③雙手撐地將身體推起，雙腿伸直，勾腳尖，拉伸前腿後肌群，保持 6 秒；屈膝成弓步，還原成站立姿勢（圖 7-11）。

圖 7-11　綜合拉伸（「最偉大」拉伸）

教學重點　弓步時，前側腿膝關節不超過腳尖，大腿平行於地面；雙手支撐身體推起時軀幹與前側腿盡量貼近。

教學難點　腳尖與膝關節始終保持向前，直膝支撐動作時保持兩膝伸直。

易犯錯誤　由於局部關節活動幅度不夠，以及個別肌群缺乏彈性，導致整個拉伸動作穩定性不夠，出現代償。

糾正方法　練習時多提醒動作要點，可根據出現問題進行局部練習，加強局部關節活動幅度及肌肉彈性。

訓練方法　兩條腿交替進行，拉伸 4～6 次。

注意事項　①動作幅度逐漸增加，可先進行分解拉伸練習；
　　　　　②教學中注意個體差異，區別對待。

第三節　動作整合

▶▶（一）雙腳／單腳預擺起跳下蹲

教學目標　整合好各環節的用力，減少能量損耗。

動作要領　雙腳平行站立，腳尖向前，手臂快速預擺向下，全力向上跳，雙腳／單腳全腳掌落地，成穩定的深蹲姿勢，保持身體平衡（圖 7-12）。

教學重點　預擺需展體，動作要快速變換。

教學難點　膝蓋不要內扣，臀部和腿部發力。

易犯錯誤　預擺不充分，深蹲不能保證大腿與小腿的摺疊為 90°。

圖 7-12　雙腳／單腳預擺起跳下蹲

糾正方法 ①練習中要求預擺幅度，強調深蹲的位置；

②原地練習預擺動作，要求手臂上舉，然後迅速下蹲到 90° 位置。

訓練方法 練習 3 組，每組 5 次，間隔 30 秒。

注意事項 可根據具體的情況增加或者減少練習的強度。可由雙腳過渡到單腳。

》》（二）雙腳／單腳旋轉跳 90°、180°

教學目標 進一步強化雙腳／單腳起跳下蹲的正確動作模式。

動作要領 雙腳平行站立，與肩同寬，背部平直，腳尖向前，臂快速預擺向下，全力向上跳，身體向右（或向左）旋轉 90°；旋轉 180°（圖 7-13），雙腳／單腳全腳掌落地，保持身體平衡。

教學重點 整個動作的聯貫性。

教學難點 膝蓋不超過腳尖，落地時膝蓋不要出現晃動。

易犯錯誤 空中身體沒有充分伸展。

糾正方法 加強練習次數，循序漸進，以保證落地時的身體穩定。

圖 7-13　雙腳／單腳旋轉跳 90°、180°

訓練方法　練習 3 組，每組 5 次，間隔 30 秒。

注意事項　可根據具體的情況增加或者減少練習的強度。可由雙腳過渡到單腳。

》（三）雙腳墊步預擺起跳下蹲

教學目標　強化正確的動作模式，與專項力量結合，整合好各環節的用力。

動作要領　墊步保持雙腳平行站立，腳尖向前，髖關節與膝關節是屈位；手臂快速預擺向上，雙腳起跳向上，雙腳落地，成穩定的深蹲姿勢，背部要挺直，保持身體平衡（圖 7-14）。

教學重點　背部挺直，起跳時要保持身體正直，不能左右搖擺。

教學難點　膝蓋不超過腳尖，落地時保持身體平衡。

易犯錯誤　單腳落地，難以保持穩定。

糾正方法　加強練習次數，以保持落地時的身體穩定。

訓練方法　練習 3 組，每組 5 次，間隔 30 秒。

圖 7-14　雙腳墊步預擺起跳下蹲

注意事項　可根據具體的情況增加或者減少練習的強度。可增加小跳箱，由墊步變為從跳箱跳下。

▶▶ （四）縱向軍步走

教學目標　為正式進入準備活動打下基礎，使身體各個部分發揮更好的功能，以實現最佳的效果。

動作要領　起始位置站立；抬起右腿，大腿抬平與地面平行，腳尖勾起，自然擺臂，呈墊步姿勢；左右腿交換過程中，右腳落地要前腳用力蹬地，藉助地面對人體的反作用力，然後換左腿抬起，兩腿交換，循環進行（圖 7-15）。

圖 7-15　縱向軍步走

教學重點　前腳掌落地並向下用力蹬地。

教學難點　腿下落時要保證髖部充分伸展，運動從臀大肌發力。

易犯錯誤　發力點錯誤，身體不穩，腰背放鬆。

糾正方法　強調發力點由臀大肌開始，腹部收緊，要整個身體發力。

訓練方法 行進練習 2 組，距離 20 公尺。

注意事項 可根據具體的情況增加或者減少練習的強度，如行走難度大，可先進行原地的軍步走。

》（五）橫向軍步走

教學目標 為正式進入準備活動打下基礎，使身體各個部分發揮更好的功能，以實現最佳的效果。

動作要領 起始位置站立；抬起右腿，使大腿與地面平行，腳尖勾起；橫向移動時，從左側支撐腿的腳內側向外側蹬地發力，右腿抬起後向右側展髖，右腳的前腳掌落地，用力蹬地，藉助反作用力換左腿，兩腿交替，循環進行（圖 7-16）。

圖 7-16　橫向軍步走

教學重點 前腳掌落地並向下用力蹬地。

教學難點 腿下落時要保證髖部充分伸展，運動從臀大肌發力。

易犯錯誤 發力點錯誤，身體不穩，腰背放鬆。

糾正方法 強調發力點由臀大肌開始，腹部收緊，要整個身體發力。

訓練方法 行進練習 2 組，距離 20 公尺。

注意事項 可根據具體的情況增加或者減少練習的強度，如行走難度大，可先進行原地的軍步走。

第四節　神經系統激活

▶▶（一）快速交替點踏步

教學目標　喚醒全身肌肉參與動作，提升神經系統興奮性。

動作要領　運動員呈基本運動姿勢，開始時運動員雙腳用前腳掌快速交替點地，在點地的過程中手臂按著節奏進行前後擺動，運動至規定時間（圖 7-17）。

圖 7-17　快速交替點踏步

教學重點　練習時身體保持穩定，腰背部避免前屈。

教學難點　快速運動時重心交替及身體單側肌肉協調用力。

易犯錯誤　①交替快速點地的過程中重心上下起伏過大；
　　　　　　②在點踏步的過程中身體缺乏協調性。

糾正方法　練習中控制膝關節屈伸，避免多次屈伸造成的身體起伏。

訓練方法　以教師口令控制快速點踏步的速度，可在一次快速點踏步過程中嘗試不同速度或反口令練習以促進神經激活。

注意事項　①移動過程中保持重心及身體姿態穩定，關注學生是否出現脊柱側曲；
　　　　　　②注意練習負荷與學生年齡匹配程度，區別對待，隨時調整。

▶▶（二）快速同時點踏步

教學目標　喚醒全身肌肉參與動作，提升神經系統興奮性。

動作要領　運動員呈基本運動姿勢，開始時運動員雙腳用前腳掌快速同時

圖 7-18　快速同時點踏步

點地，在點地的過程中手臂按著節奏進行前後擺動，運動至規定時間（圖 7-18）。

教學重點　練習時身體保持穩定，腰背部避免前屈。

教學難點　快速運動時重心交替及身體單側肌肉協調用力。

易犯錯誤　①交替快速點地的過程中重心上下起伏過大；
②在點踏步的過程中身體缺乏協調性。

糾正方法　練習中控制膝關節屈伸，避免多次屈伸造成的身體起伏。

訓練方法　以教師口令控制快速點踏步的速度，可在一次快速點踏步過程中嘗試不同速度或反口令練習以促進神經激活。

注意事項　①移動過程中保持重心及身體姿態穩定，關注學生是否出現脊柱側曲；
②注意練習負荷與學生年齡匹配程度，區別對待，隨時調整。

▶▶（三）快速轉髖跳

教學目標　喚醒全身肌肉參與動作，提升神經系統興奮性。

動作要領　運動員呈基本運動姿勢，開始時運動員快速向一側轉動髖關節後制動，再向另外一側轉動髖關節，連續運動至規定時間（圖 7-19）。

教學重點　練習時身體保持穩定，腰背部避免前屈。

教學難點　快速轉髖運動時重心交替及身體單側肌肉協調用力。

易犯錯誤　①轉髖跳的過程中重心上下起伏過大；
②在轉髖跳的過程中身體缺乏協調性。

圖 7-19　快速轉髖跳

糾正方法 練習中維持髖關節的穩定性，避免多次轉動造成的身體起伏。

訓練方法 以教師口令控制快速點踏步的速度，可在一次快速點踏步過程中嘗試不同速度或反口令練習以促進神經激活。

注意事項 ①移動過程中保持重心及身體姿態穩定，關注學生是否出現脊柱側曲；

②注意練習負荷與學生年齡匹配程度，區別對待，隨時調整。

▶▶（四）俯地挺身前後快速移動

教學目標 喚醒全身肌肉參與動作，提升神經系統興奮性。

動作要領 運動員呈基本俯地挺身姿勢，開始時運動員兩手臂伸直後前後進行快速移動，連續運動至規定時間（圖 7-20）。

圖 7-20　俯地挺身前後快速移動

教學重點 練習時身體保持穩定，腰背部避免前屈。

教學難點 俯地挺身前後快速移動時重心交替及身體單側肌肉協調用力。

易犯錯誤 ①俯地挺身前後快速移動過程中重心上下起伏過大；

②俯地挺身前後快速移動過程中身體缺乏協調性。

糾正方法 練習中維持軀幹穩定性，避免多次轉動造成的身體起伏。

訓練方法 以教師口令控制快速俯地挺身前後移動的速度，可在一次俯地挺身前後快速移動過程中嘗試不同速度或反口令練習以促進神經激活。

注意事項 ①移動過程中保持重心及身體姿態穩定，關注學生是否出現脊柱側曲；

②注意練習負荷與學生年齡匹配程度，區別對待，隨時調整。

PART
08 基礎性力量訓練

本章導語

　　力量是人日常生活和活動表現的基礎素質，而力量訓練是身體運動功能訓練的重要組成部分。

　　本章以推、拉、旋轉等動作模式的形式，講解上肢、下肢和全身的基礎力量訓練。透過本章學習，能客觀認識和掌握上肢、下肢和全身基礎力量訓練的手段，為基礎力量的教學和訓練提供理論參考和實踐指導。

第一節　上肢基礎力量訓練

》》（一）俯地挺身——平地／瑞士球／懸吊帶

教學目標 發展胸部及上肢力量。

動作要領 練習者俯撐於平地／瑞士球／懸吊帶，保持軀幹豎直，雙臂屈曲後伸展將身體推起。

教學重點 正確的動作模式。

教學難點 建立正確的動作模式。

易犯錯誤 軀幹過伸，雙臂未能屈曲至標準位置。

糾正方法 軀幹豎直，雙臂屈曲至上臂與軀幹同一平面。

訓練方法 肌肉肥大——力量：每組 6～12 次，練習 3～6 組；肌肉耐力：每組 12 次以上，練習 2～3 組。

注意事項 穩定勻速。

圖 8-1

▶▶ （二）肩上推──站姿／半跪姿

教學目標　發展肩部及上肢力量。

動作要領　練習者以站姿／半跪姿手持啞鈴／槓鈴等器械於肩上，雙臂伸展將重物推過頭頂。

教學重點　正確的動作模式。

教學難點　建立正確的動作模式。

易犯錯誤　推起方向錯誤。

糾正方法　豎直向上推起。

圖 8-2

訓練方法 肌肉肥大——力量：每組 6～12 次，練習 3～6 組；肌肉耐力：
每組 12 次以上，練習 2～3 組。

注意事項 適宜負荷，穩定勻速。

▶▶（三）臥推——平面／瑞士球

教學目標 發展胸部及上肢力量。

動作要領 練習者持啞鈴／藥球等器械仰臥於臥推凳／瑞士球上，屈臂至
胸上方後推起。

教學重點 正確的動作模式。

教學難點 建立正確的動作模式。

易犯錯誤 動作失速。

糾正方法 勻速穩定。

訓練方法 爆發力：每組 1～6 次，練習 2～3 組；肌肉肥大——力量：每
組 6～12 次，練習 3～6 組；肌肉耐力：每組 12 次以上，練習
2～3 組。

注意事項 使用臥推凳時保持頭、背、臀、雙腳接觸凳子和地面。

圖 8-3

➤➤（四）啞鈴飛鳥——仰臥／俯身

（教學目標）發展胸部／背部及上肢力量。

（動作要領）練習者仰臥於臥推凳／站立俯身，雙手屈臂／直臂持啞鈴，雙
　　　　　臂內收／外展進行練習。

（教學重點）正確的動作模式。

（教學難點）建立正確的動作模式。

（易犯錯誤）站立俯身練習時聳肩。

（糾正方法）肩部放鬆肩胛骨內收。

（訓練方法）肌肉肥大——力量：每組 6～12 次，練習 3～6 組；肌肉耐力：
　　　　　每組 12 次以上，練習 2～3 組。

（注意事項）適宜負荷，穩定勻速。

圖 8-4

➤➤（五）俯身划船——槓鈴／啞鈴／橡皮帶

（教學目標）發展背部及上肢力量。

（動作要領）練習者站姿俯身直臂持槓鈴／啞鈴／橡皮帶，屈臂拉至胸骨下
　　　　　緣後還原。

（教學重點）正確的動作模式。

（教學難點）建立正確的動作模式。

（易犯錯誤）俯身角度過小。

（糾正方法）加大俯身角度。

訓練方法 肌肉肥大──力量：每組 6～12 次，練習 3～6 組；肌肉耐力：
每組 12 次以上，練習 2～3 組。

注意事項 適宜負荷，穩定匀速。可結合單腿支撐和單臂拉以提升難度。

圖 8-5

▶▶ （六）站姿／跪姿屈臂拉──橡皮帶／懸吊帶

教學目標 發展上肢力量。

動作要領 練習者以站姿／跪姿直臂手持橡皮帶／懸吊帶，屈臂拉橡皮帶
／懸吊帶。

教學重點 正確的動作模式。

教學難點 建立正確的動作模式。

易犯錯誤 軀幹鬆懈。

糾正方法 軀幹豎直。

訓練方法 肌肉肥大──力量：每組 6～12 次，練習 3～6 組；肌肉耐力：
每組 12 次以上，練習 2～3 組。

注意事項 緩慢匀速。

圖 8-6

第二節　下肢基礎力量訓練

》（一）徒手深蹲

教學目標　主要發展基本姿勢以及臀大肌、股四頭肌、股後肌群力量。

動作要領　兩腳開立與肩同寬或稍寬於肩，雙手叉腰深蹲，然後下肢發力
向上推或跳起，最後還原到初始姿勢。

教學重點　膝蓋不超過腳尖，軀幹挺直，臀大肌主導發力。

教學難點　臀大肌主導的發力順序的建立。

易犯錯誤　發力順序不對、腳尖位置不對。

糾正方法　個別糾正，注重動作規格和質量的糾正。

訓練方法　10～15 次為一組，3～6 組。

注意事項　臀大肌收緊、目視前方、膝蓋不超過腳尖、軀幹挺直。

圖 8-7

➤➤（二）彈力帶深蹲

教學目標　主要發展臀大肌、大腿前部肌群、股後肌群力量。

動作要領　兩手握住彈力帶兩頭，兩腳開立與肩同寬或稍寬於肩，雙腳將彈力帶踩到腳下並呈深蹲姿勢，然後兩腿伸直（或跳起）牽拉彈力帶呈站立姿勢，最後還原到初始姿勢。

教學重點　膝蓋不超過腳尖，軀幹挺直，臀大肌主導發力。

教學難點　臀大肌主導的發力順序的建立。

易犯錯誤　發力順序不對、腳尖位置不對、膝蓋內扣。

糾正方法　個別糾正，注重動作規格和質量的糾正。

訓練方法　6～10 次為一組，3～6 組。

注意事項　臀大肌收緊、目視前方、膝蓋不超過腳尖、軀幹挺直。

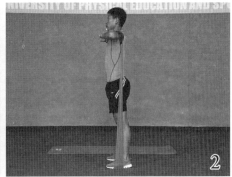

圖 8-8

➤➤（三）槓鈴半蹲／深蹲

教學目標　主要發展臀大肌、大腿前部肌群、股後肌群力量。

動作要領　首先槓鈴負重呈半蹲／深蹲姿勢（前蹲時將槓鈴放到胸前的肩膀上，後蹲時將槓鈴放在頸後肩膀上），然後快速站立，循環往復。

教學重點　膝蓋不超過腳尖，軀幹挺直，臀大肌主導發力。

教學難點　臀大肌主導的發力順序的建立。

易犯錯誤　發力順序不對、腳尖位置不對、身體傾斜、膝蓋內扣。

糾正方法 個別糾正，注重動作規格和質量的糾正。

訓練方法 6～8 次為一組，3～5 組。

注意事項 動作過程目視前方，軀幹挺直，兩腳尖始終向前，膝蓋不要超過腳尖；前蹲時採取兩手十字支撐或者平行支撐固定槓鈴，後蹲時手腕基本伸直支撐槓鈴。

圖 8-9

▶▶（四）槓鈴過頂深蹲

教學目標 主要發展臀大肌、大腿前部肌群、股後肌群、三角肌等力量。

動作要領 呈正常站立姿勢，雙手正握槓鈴直臂舉過頭頂，握距約為肩寬兩倍，運動員保持後背挺直，抬頭向前，然後屈膝下蹲至大腿與地面平行，最後快速站立，循環往復。

教學重點 肩部固定、臀大肌主導發力、目視前方，體會臀大肌主導下的大腿前部肌群、股後肌群的協同發力。

教學難點 臀大肌主導的發力順序的建立。

易犯錯誤 發力順序不對、肩部不固定、身體傾斜、膝蓋內扣。

糾正方法 個別糾正，注重動作規格和質量的糾正。

訓練方法 6～8 次為一組，3～5 組。

注意事項 可採用半蹲動作；可採用壺鈴、啞鈴等器材；根據訓練實際選擇重量；保持核心部位的穩定；注意對腰、肩部的保護。

圖 8-10

▶▶ （五）單腿羅馬尼亞硬拉

教學目標 主要發展臀部爆發力，腿部蹬地力量和全身協調用力，發展穩定性。

動作要領 雙手持槓鈴，單腿支撐稍微彎曲站立，軀幹挺直、非支撐腿伸直基本與地面平行，由臀肌的收緊和上體直體抬起，然後還原成起始姿勢。

教學重點 上體和腿部必須同步移動，前傾時由非支撐腿的蹬伸動作來動員臀部肌群共同參與運動。

教學難點 軀幹挺直、上下肢協同發力。

易犯錯誤 弓背、後腿腳尖繃直、發力模式不正確。

糾正方法 個別糾正，注重動作規格和質量的糾正。

訓練方法 6～10 次為一組，3～6 組。

注意事項 可採用啞鈴、壺鈴等器材；可以雙手或單手持啞鈴，單手持啞鈴時支撐腿可以是同側腿也可以是異側腿；適合各級別、各項目運動員，注意對腰部的保護。

圖 8-11

》》（六）俯臥屈膝提拉

教學目標　主要發展股後肌群、臀部肌群，發展穩定性。

動作要領　運動員俯姿直體臥在瑞士球上，將彈力帶繫在單腳／雙腳腳踝
　　　　　上，以臀部和股後肌群發力牽拉彈力帶至大小腿夾角為 90°，然
　　　　　後還原到初始姿勢。

教學重點　核心部位穩定、臀大肌和股後肌群協同發力。

教學難點　發力模式。

易犯錯誤　低頭、弓背、發力模式錯誤。

糾正方法　個別糾正，注重動作規格和質量的糾正。

訓練方法　10～15 次為一組，3～6 組。

注意事項　可以是雙腿、單腿或者交替練習；若要增加練習難度可使雙手
　　　　　伸直與地面平行。

圖 8-11

第三節　全身動力鏈訓練

▶▶（一）站／跪姿劈砍／提拉──繩動訓練器械、固定橡皮帶

教學目標　發展對側動力鏈傳遞效能、提升軀幹抗旋能力。

動作要領　練習者站姿／跪姿於器械同側，雙手持器械於體側；進行劈砍練習時髖部發力帶動軀幹由上向斜下方旋轉；進行提拉練習時臀部收緊，軀幹豎直，雙臂由下向斜上提拉。

教學重點　正確的發力順序。

教學難點　建立正確的發力順序。

易犯錯誤　動作順序錯誤（例如上身首先轉動），喪失正確的身體姿態。

糾正方法　提示正確的肌肉發力感覺。

訓練方法　發展動力鏈效能：6～8 次，3～6 組；發展抗旋能力：10～15 次，1～3 組。

注意事項　髖部帶動軀幹旋轉，中速漸快；臀部和軀幹收緊提拉，勻速保持。

圖 8-13

▶▶ （二）藥球上推／後拋／下拋

教學目標 發展動力鏈傳遞效能。

動作要領 練習者雙腳與肩同寬開立；藥球上推／後拋：雙手持藥球於胸前／腹部，快速屈髖、屈膝下降身體後迅速伸髖伸膝，同時將藥球推過頭頂／向後拋出。藥球下拋：雙手直臂持藥球於頭頂，充分伸髖、伸膝以伸展身體，迅速屈髖、屈膝下降身體同時將藥球向下拋出。

教學重點 正確的發力順序。

教學難點 建立高效的動力鏈傳遞效能。

易犯錯誤 發力順序錯誤（例如手臂先於下肢發力）。

糾正方法 著重提示動作規格，強調正確的發力順序。

訓練方法 適宜重量的藥球，練習 6～8 次，3～6 組。

注意事項 注重正確的發力順序。

圖 8-14

》（三）壺鈴擺

教學目標　發展動力鏈傳遞效能。

動作要領　練習者雙腳與肩同寬開立，雙手持壺鈴於雙腿間；屈髖、微屈膝使臀部後移至最遠端，伸髖、伸膝順勢上擺壺鈴。

教學重點　正確的動作模式，正確的發力順序。

教學難點 建立正確的發力順序，建立高效的動力鏈傳遞效能。

易犯錯誤 軀幹屈曲，過度屈膝，發力順序錯誤。

糾正方法 軀幹豎直，避免過度屈膝，伸髖主導。

訓練方法 適宜重量的壺鈴，練習 6～8 次，3～6 組。

注意事項 保持背部豎直，注重正確的發力順序。

圖 8-15

▶▶（四）槓鈴直臂拉

教學目標 發展動力鏈傳遞效能，提升下肢爆發力。

動作要領 練習者採用槓鈴硬拉的姿勢起始，快速伸膝、伸髖上提槓鈴，過程中保持直臂，肩部聳立緩衝。

教學重點 正確的動作模式，正確的發力順序。

教學難點 建立正確的動作模式，建立正確的發力順序。

易犯錯誤 軀幹屈曲，髖部過伸，槓鈴遠離身體。

圖 8-16

（糾正方法）軀幹豎直，向上發力，槓鈴貼近身體。

（訓練方法）根據 1RM 值百分比選取適宜重量的槓鈴，發展單次最大爆發力練習 1～2 次，3～5 組，發展多次最大爆發力練習 3～5 次，3～5 組。

（注意事項）動作聯貫，正確發力。

》（五）槓鈴高拉

（教學目標）發展動力鏈傳遞效能，提升下肢爆發力。

（動作要領）練習者採用槓鈴硬拉的姿勢起始，快速伸膝、伸髖上提槓鈴，過程中雙臂順勢屈曲上拉槓鈴至下頜。

（教學重點）正確的動作模式，正確的發力順序。

（教學難點）建立正確的動作模式，建立正確的發力順序。

（易犯錯誤）軀幹屈曲，髖部過伸，雙臂代償發力，槓鈴遠離身體。

圖 8-17

（糾正方法）軀幹豎直，向上發力，減少雙臂張力，槓鈴貼近身體。

（訓練方法）根據 1RM 值百分比選取適宜重量的槓鈴，發展單次最大爆發力練習 1～2 次，3～5 組；發展多次最大爆發力練習 3～5 次，3～5 組。

（注意事項）動作聯貫，正確發力。

＞＞（六）槓鈴高翻

（教學目標）發展動力鏈傳遞效能，提升下肢爆發力。

（動作要領）練習者採用槓鈴硬拉的姿勢起始，伸膝、伸髖提拉槓鈴，槓鈴過膝後充分伸髖，繼續保持快速伸髖、伸膝並屈曲踝關節；當下肢完全伸展時，槓鈴達到最高點；雙臂順勢屈曲抓槓，身體移至槓鈴下面同時屈髖、屈膝下蹲 1／4 位置減緩衝力。

（教學重點）正確的動作模式，正確的發力順序，聯貫的整體動作。

（教學難點）第一次提拉到第二次提拉時機的把握。

（易犯錯誤）軀幹屈曲，髖部未充分伸展，提拉時機錯誤，槓鈴遠離身體。

（糾正方法）軀幹豎直，強調伸髖，二次提拉階段充分、迅速，槓鈴貼近身體。

（訓練方法）根據 1RM 值百分比選取適宜重量的槓鈴，發展單次最大爆發力練習 1～2 次，3～5 組；發展多次最大爆發力練習 3～5 次，3～5 組。

（注意事項）動作聯貫，正確發力。

圖 8-18

》（七）分腿／雙腿槓鈴上推舉

（教學目標）發展動力鏈傳遞效能，提升下肢爆發力。

（動作要領）練習者採用槓鈴頸前蹲的姿勢起始，快速下蹲不超過 1／4 位置
後迅速伸膝、伸髖，同時利用推肘將槓鈴舉過頭頂，雙腿呈分
腿弓步或開立微屈。

（教學重點）正確的發力順序。

（教學難點）建立正確的發力順序。

（易犯錯誤）握槓手臂姿態錯誤，下蹲後停頓過長。

（糾正方法）屈肘、手臂平行握槓，下蹲後迅速伸展。

（訓練方法）根據 1RM 值百分比選取適宜重量的槓鈴，發展單次最大爆發力
練習 1～2 次，3～5 組；發展多次最大爆發力練習 3～5 次，
3～5 組。

（注意事項）動作聯貫，正確發力。

圖 8-19

》》（八）槓鈴抓舉

教學目標 發展動力鏈傳遞效能，提升下肢爆發力。

動作要領 練習者雙腳微外展開立與肩同寬，下蹲握槓，雙手握槓距離為兩肘間寬度；伸膝、伸髖提拉槓鈴，槓鈴過膝後充分伸髖，繼續保持快速伸髖、伸膝並屈曲踝關節；當下肢完全伸展時，槓鈴達到最高點；快速轉腕，身體移至槓鈴下面同時屈髖屈膝減緩衝力，雙臂直臂順勢將槓鈴舉過頭頂。

教學重點 正確的動作模式，正確的發力順序，聯貫的整體動作。

教學難點 第一次提拉到第二次提拉時機的把握。

易犯錯誤 軀幹屈曲，髖部未充分伸展，提拉時機錯誤，槓鈴遠離身體。

糾正方法 軀幹豎直，強調伸髖，二次提拉階段充分、迅速，槓鈴貼近身體。

訓練方法 根據 1RM 值百分比選取適宜重量的槓鈴，發展單次最大爆發力

圖 8-20

練習 1～2 次，3～5 組；發展多次最大爆發力練習 3～5 次，3～5 組。

(注意事項) 動作聯貫，正確發力。

▶▶（九）槓鈴蹲跳

(教學目標) 發展動力鏈傳遞效能，提升下肢爆發力。

(動作要領) 練習者以槓鈴背蹲姿勢起始，快速下蹲不超過 1／4 位置後迅速伸膝伸髖至身體完全伸展並順勢跳起。

(教學重點) 正確的動作規格，正確的動作節奏。

(教學難點) 快速伸展的動作節奏。

(易犯錯誤) 軀幹前屈，膝關節超過腳尖，下蹲後停頓過長。

(糾正方法) 軀幹豎直，髖部主導、膝關節不超過腳尖，下蹲後迅速伸展。

(訓練方法) 發展多次最大爆發力練習 3～5 次，3～5 組；發展爆發力耐力練習 8～12 次，3～6 組。

(注意事項) 軀幹豎直，動作聯貫，節奏鮮明。

圖 8-21

》》（十）抓舉姿槓鈴跳

教學目標　發展動力鏈傳遞效能，提升下肢爆發力。

動作要領　練習者雙腳開立與肩同寬，保持槓鈴貼近身體，直臂握槓，雙手握槓距離為兩肘間寬度；快速屈髖、微屈膝使臀部後移至最遠端，充分迅速伸髖、伸膝至身體完全伸展並順勢跳起。

教學重點　正確的動作規格，正確的動作節奏。

教學難點　快速伸髖的動作節奏。

易犯錯誤　軀幹前屈，膝關節過度屈曲，槓鈴遠離身體，下蹲後停頓過長。

糾正方法　軀幹豎直，膝關節微屈，槓鈴貼近身體，下蹲後迅速伸展。

訓練方法　發展多次最大爆發力練習 3～5 次，3～5 組；發展爆發力耐力練習 8～12 次，3～6 組。

注意事項　軀幹豎直，動作聯貫，節奏鮮明。

圖 8-22

思考題

（1）試述上肢、下肢、全身力量訓練的基本形式。

（2）試設計幾種上肢推、拉的力量練習。

（3）試設計幾種下肢推、拉的力量練習。

（4）試設計幾種全身動力鏈的練習。

參考文獻

〔1〕尹軍，張啟凌，陳洋。乒乓球運動員身體運動功能訓練〔M〕。北京：北京體育大學出版社，2013

〔2〕張英波。現代體能訓練方法〔M〕。北京：北京體育大學出版社，2006

〔3〕尹軍。身體運動功能訓練〔M〕。北京：高等教育出版社，2015

〔4〕國家體育總局體能訓練中心。身體功能訓練動作手冊〔M〕。北京：人民體育出版社，2014

PART

09 軀幹支柱力量訓練

本章導語

　　軀幹支柱力量訓練的核心任務是提升運動支柱的穩定性，同時也是提升動力鏈傳遞的重要訓練手段。

　　它不僅包括雙肩、軀幹和髖部，而且包括對四肢動作的控制，軀幹支柱力量強調的是保持正確的身體姿態下對動作的控制。它是一個更加綜合的概念，是對所有動作控制的一種整合。

第一節　軀幹支柱力量訓練的概念與分類

一　軀幹支柱力量訓練的概念

　　軀幹支柱力量訓練是身體運動功能訓練的核心內容，是肩部、軀幹和髖部共同參與的力量訓練，強調的是做動作時保持正確的身體姿態，並對四肢動作達到有效控制，是對所有動作控制的一種整合。與傳統的核心力量訓練不同之處在於軀幹支柱力量訓練是在身體核心部位和髖關節力量訓練的同時，強化了肩關節部位的力量訓練，實現肩部、軀幹和髖部三位一體的訓練。

　　透過加強軀幹支柱力量訓練不僅可降低軀幹運動的損傷，還可提升軀幹動作的效率、提升軀幹動力鏈傳遞的效率，有效地預防能量的洩漏，促進能量的高效傳遞和轉移。

二 軀幹支柱力量訓練的部位

隨著在運動訓練實踐和理論研究過程中對軀幹支柱力量的不斷認識，人們研究和發展了多種多樣的軀幹支柱力量訓練方法。這些訓練方法可根據身體部位的不同分為肩部訓練、軀幹訓練和髖部訓練；根據訓練界面條件的不同，分為穩定支撐訓練和非穩定支撐訓練。訓練過程中在負荷安排上應整體遵守循序漸進、負荷漸增的原則（圖 9-1）。

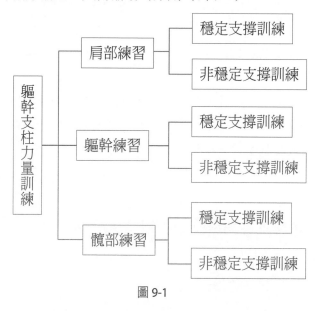

圖 9-1

第二節 軀幹支柱力量訓練的方法與手段

為增強軀幹支柱力量，我們可以採用很多種鍛鍊方法。下面我們根據負重與否分為徒手鍛鍊與持器械鍛鍊；根據動作形式分為在穩定條件下的支撐與非穩定支撐。在負荷安排上整體遵守循序漸進、負荷漸增的原則。

一 肩部練習

1. 俯姿—I 字

教學目標 發展肩帶及上背部肌肉力量。

動作要領　俯臥於墊上，雙臂伸直貼近耳朵，與軀幹形成「Ｉ」字，雙側
　　　　　肩胛骨向內向下收緊，雙臂抬起 2～3 公分，保持 3～5 秒，回
　　　　　到起始姿勢。

教學重點　腹肌收緊，肩胛骨收緊後抬起手臂。

教學難點　自然呼吸，不憋氣，動作協調用力。

易犯錯誤　腹肌不收緊，肩胛骨沒有收緊就抬起手臂。

糾正方法　語言提示練習者收緊腹肌和肩胛骨後再抬起手臂。

訓練方法　每組練習 10 次，練習 2～3 組。

注意事項　採用腹式呼吸方式，腹肌收緊，拇指向上，肩胛骨收緊後抬起
　　　　　手臂。

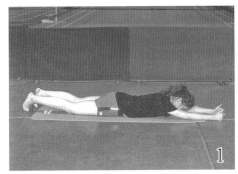

圖 9-2

圖 9-3　站姿─Ｉ字

圖 9-4　俯姿—I 字

2. 俯臥—T 字

教學目標　發展肩帶及上背部肌肉力量。

動作要領　俯臥於墊上，雙臂外展 90° 與軀幹形成「T」字，雙側肩胛骨向內向下收緊，雙臂抬起 2～3 公分，保持 3～5 秒，回到起始姿勢。

教學重點　腹肌收緊，肩胛骨收緊後抬起手臂。

教學難點　自然呼吸，不憋氣，動作協調用力。

易犯錯誤　腹肌不收緊，肩胛骨沒有收緊就抬起手臂。

糾正方法　語言提示練習者收緊腹肌和肩胛骨後再抬起手臂。

訓練方法　每組練習 10 次，練習 2～3 組。

注意事項　採用腹式呼吸方式，腹肌收緊，拇指向上，肩胛骨收緊後抬起手臂。

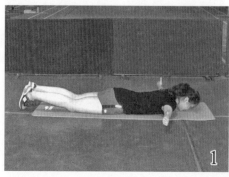

圖 9-5

圖9-6　站姿—T 字

圖9-7　俯姿—T 字

3. 俯臥—W 字

（教學目標）發展肩帶及上背部肌肉力量。

（動作要領）俯臥於墊上，雙肘打開，屈肘 90° 與軀幹形成「W」字，雙側肩胛骨向內向下收緊，雙臂抬起 2～3 公分，保持 3～5 秒，回到起始姿勢。

（教學重點）腹肌收緊，肩胛骨收緊後抬起手臂。

（教學難點）自然呼吸，不憋氣，動作協調用力。

（易犯錯誤）腹肌不收緊，肩胛骨沒有收緊就抬起手臂。

（糾正方法）語言提示練習者收緊腹肌和肩胛骨後再抬起手臂。

（訓練方法）每組練習 10 次，練習 2～3 組。

（注意事項）採用腹式呼吸方式，腹肌收緊，拇指向上，肩胛骨收緊後抬起手臂。

圖 9-8

圖 9-9　站姿—W 字

圖 9-10　俯姿—W 字

4. 站姿—L－Y 字

教學目標　發展肩帶及上背部肌肉力量。

動作要領　運動基本姿勢站立，挺胸抬頭，背部平直，雙手臂自然放於身體兩側。雙側肩胛骨向內向下收緊，肘部上抬至屈肘 90°，然後前臂向上抬起形成「L」字，然後向上伸直與軀幹形成「Y」

字，回到起始姿勢。

教學重點 保持背部平直，肩胛骨收緊後抬起手臂。

教學難點 自然呼吸，不憋氣，動作協調用力。

易犯錯誤 背部不直，肩胛骨沒有收緊就抬起手臂。

糾正方法 語言提示練習者挺直背部和收緊肩胛骨後再抬起手臂。

訓練方法 每組練習 10 次，練習 2～3 組。

注意事項 採用腹式呼吸方式，保持背部平直，拇指向上，肩胛骨收緊後
抬起手臂。

圖 9-11

5. 瑞士球—L—Y 字

教學目標 發展肩帶及上背部肌肉力量。

動作要領 俯臥於瑞士球上，背部平直，雙臂伸直，放於瑞士球兩側，雙
側肩胛骨收緊，然後屈肘向上抬起，屈肘達 90° 時，前臂向上
抬起，直至與軀幹成一個平面，與上臂形成「L」字，然後向上
伸直與軀幹形成「Y」字，回到起始姿勢。

教學難點　自然呼吸，不憋氣，動作協調用力。

易犯錯誤　腹肌不收緊，肩胛骨沒有收緊就抬起手臂。

糾正方法　語言提示練習者收緊腹肌和肩胛骨後再抬起手臂。

訓練方法　每組練習 10 次，練習 2～3 組。

注意事項　採用腹式呼吸方式，胸不貼瑞士球，腹肌收緊，拇指向上，肩胛骨收緊後抬起手臂。

圖 9-12

二　軀幹練習

》》（一）穩定支撐的軀幹支柱力量練習

1.膝支撐俯橋

教學目標　發展腹部力量。

動作要領　練習者以雙膝和雙肘撐於地面，腹部收緊，軀幹從膝到頭在一直線上。

教學重點　腹部和臀部收緊，從膝到頭成一條直線。

教學難點　自然呼吸，無需憋氣。

易犯錯誤　憋氣，髖關節下沉或臀部翹起。

糾正方法　語言提示練習者自然呼吸，收緊臀肌，或協助練習者使其軀幹在一條直線上。

建議負荷　每組練習 30～60 秒，1～3 組，間歇時間 10～30 秒。

注意事項　採用腹式呼吸，自然呼吸放鬆。

圖 9-13

2. 併腿／分腿、腳撐俯橋

教學目標　發展腹部力量。

動作要領　練習者雙腿合併／分開，以雙腳和雙肘撐於地面，練習時要保持臀肌、腹肌收緊；身體從頭到腳在一條直線上。

教學重點　腹部和臀部收緊，從腳到頭成一條直線。

教學難點　自然呼吸，無需憋氣。

易犯錯誤　憋氣，髖關節下沉或臀部翹起。

糾正方法　語言提示練習者自然呼吸，臀部收緊，或協助練習者使其軀幹在一條直線上。

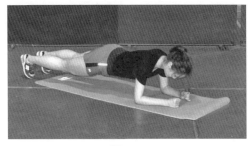

圖 9-13

建議負荷　每組練習 30～60 秒，1～3 組，間歇時間 10～30 秒。如若負重
　　　　　練習，則相應減少練習時間。

注意事項　採用腹式呼吸，腳跟後蹬。

3. 雙臂／雙腳交替支撐俯橋

教學目標　發展腹部力量。

動作要領　練習者在分腿俯橋的基礎上，雙臂／雙腳有節奏地交替上抬或
　　　　　側展並保持 3～5 秒。練習時要始終保持身體呈直線。

教學重點　腹部和臀部收緊，從腳到頭成一條直線。

教學難點　自然呼吸，無需憋氣，控制身體的平衡。

易犯錯誤　憋氣，髖關節下沉或臀部翹起。

糾正方法　語言提示練習者自然呼吸，臀部收緊，或協助練習者使其軀幹
　　　　　在一條直線上。

建議負荷　每組 30 秒，動態練習：每組 10～15 次，1～3 組，間歇時間
　　　　　30～60 秒。

注意事項　採用腹式呼吸，控制身體的平衡。

雙臂交替支撐俯橋

雙腳交替支撐俯橋

圖 9-15

4. 單臂／單腳支撐俯橋

教學目標　發展肩部、軀幹支柱力量。

動作要領　練習者在分腿俯橋的基礎上單肘（單手）／單腳撐於地面，另一手臂／腳靜止上抬至水平位置，練習時要始終保持身體呈直線。

教學重點　腹部和臀部收緊，從腳到頭成一條直線。

教學難點　自然呼吸，無需憋氣，控制身體的平衡。

易犯錯誤　憋氣，髖關節下沉或臀部翹起，身體晃動。

糾正方法　語言提示練習者自然呼吸，收緊臀肌，或協助練習者使其軀幹在一條直線上。

建議負荷　每組 30 秒，動態練習：每組 10～15 次，1～3 組，間歇時間 30～60 秒。

注意事項　採用腹式呼吸，控制身體的平衡。

單臂支撐俯橋　　　　　　　　　　　單腳支撐俯橋

圖 9-16

5. 手腳對側交替支撐俯橋——靜止或動態

教學目標　發展肩部、腹部力量。

動作要領　練習者以對側單肘單腳支撐於地面，身體呈橋的姿勢，保持靜止或節奏性轉換交替上抬。

教學重點　腹部和臀部收緊，從腳到頭成一條直線。

教學難點　自然呼吸，無需憋氣，控制身體的平衡。

易犯錯誤　憋氣，髖關節下沉或臀部翹起，身體晃動。

（糾正方法）語言提示練習者自然呼吸，收緊臀肌，或協助練習者使其軀幹在一條直線上。

（建議負荷）每組 30 秒，動態練習：每組 10～15 次，1～3 組，間歇時間 30～60 秒。

（注意事項）採用腹式呼吸，控制身體的平衡。

圖 9-17

6. 膝肘側撐

（教學目標）發展腹側肌力量。

（動作要領）練習者以肘、膝支撐，雙腿自然彎曲，髖部抬起，從膝到頭成直線。

（教學重點）腹部收緊，髖部頂起，從膝到頭成一條直線。

（教學難點）自然呼吸，無需憋氣。

（易犯錯誤）憋氣，屈髖。

（糾正方法）語言提示練習者自然呼吸，收緊臀肌，或協助練習者使其髖關節頂起。

圖 9-18

建議負荷　腹部收緊，軀幹整體發力。每組練習 30～60 秒，1～3 組，間歇時間 10～30 秒。

注意事項　採用腹式呼吸，自然呼吸放鬆。

7. 分腳側橋／併腳──肘撐或手撐

教學目標　發展腹側肌力量。

動作要領　練習者雙腳前後開置／併腳支撐，以肘或手和雙腳支撐，髖部抬起，身體呈直線。

教學重點　腹部收緊，髖部頂起，從腳到頭成一條直線。

教學難點　自然呼吸，無需憋氣，控制身體的平衡。

易犯錯誤　憋氣，屈髖，身體晃動。

糾正方法　語言提示練習者自然呼吸，收緊臀肌，或協助練習者使其髖關節頂起。

建議負荷　每組練習 30～60 秒，1～3 組，間歇時間 10～30 秒。

注意事項　採用腹式呼吸，自然呼吸放鬆，髖部頂起。

分腿肘側橋撐

分腿手側橋撐

併腳肘側橋撐

併腳手側橋撐

併腳動態側橋準備姿勢　　　　　　　　　併腳手側橋撐

圖 9-19

8. 靜態／動態分腿側橋

教學目標　發展臀中肌、腹側肌力量。

動作要領　練習者在併腳側橋的基礎上，另側腿向上抬起並保持靜止或有節奏地外展。

教學重點　腹部收緊，髖部頂起，從腳到頭成一條直線。

教學難點　自然呼吸，無需憋氣，控制身體的平衡。

易犯錯誤　憋氣，屈髖，支撐腳的小腿著地，身體晃動。

糾正方法　語言提示練習者自然呼吸，收緊臀肌，或協助練習者建立正確的動作。

建議負荷　腹部、臀肌收緊，軀幹整體發力。將迷你彈力帶置於腳踝或膝關節處，以增加練習強度。每組練習 30～60 秒，1～3 組，間歇時間 60～90 秒。如若使用迷你帶則相應減少練習時間。

注意事項　採用腹式呼吸，自然呼吸放鬆，髖部頂起，控制身體平衡。

靜態分腿側橋

動態分腿側橋撐　　　　　　　　　　動態分腿側橋撐

圖 9-20

9. 靜態／動態側橋──橡皮帶

教學目標　發展肩背部、腹側部力量。

動作要領　練習者在併腳側橋或前後開腳側橋的基礎上使用橡皮帶以增加練習難度，可將橡皮帶拉開保持靜止，也可節奏性地伸展手臂。

教學重點　腹部收緊，髖部頂起，從腳到頭成一條直線。

教學難點　自然呼吸，無需憋氣，控制身體的平衡。

易犯錯誤　憋氣，屈髖，支撐腳的小腿著地，身體晃動。

糾正方法　語言提示練習者自然呼吸，收緊臀肌，或協助練習者建立正確的動作。

建議負荷　腹部收緊，身體呈直線，保持穩定。每組練習 30～60 秒，1～3 組，間歇時間 30～60 秒。

注意事項　採用腹式呼吸，髖部頂起，控制身體平衡。

靜態側橋　　　　　　　　　併腳肘側支撐側橋拉彈力帶

圖 9-21

▶▶ (二) 非穩定支撐的軀幹支柱力量練習

1. 上肢支撐的非穩定俯橋

教學目標 發展腹部力量。

動作要領 練習者雙腳置於泡沫軸、重力球、瑞士球或懸吊帶上,完成俯橋動作。

教學重點 臀部、腹部收緊,從膝到頭成一條直線。

教學難點 自然呼吸,無需憋氣。

易犯錯誤 憋氣,屈髖或髖部下垂,身體晃動。

糾正方法 語言提示練習者自然呼吸,收緊臀肌,或協助練習者建立正確的動作。

建議負荷 整個身體繃緊,身體呈直線。每組練習 30～60 秒,1～3 組,間歇時間 30～60 秒。

注意事項 採用腹式呼吸,自然呼吸放鬆,控制身體的平衡。

圖 9-22

2. 下肢支撐的非穩定俯橋

教學目標 發展肩部、軀幹支柱力量。

動作要領 練習者雙手或雙肘撐於瑞士球上,或手撐於重力球、懸吊帶上完成雙腳支撐的俯橋動作。

教學重點 臀部、腹部收緊,從膝到頭成一條直線。

教學難點 自然呼吸,無需憋氣。

（易犯錯誤）憋氣，屈髖或髖部下垂，身體晃動。

（糾正方法）語言提示練習者自然呼吸，收緊臀肌，或協助練習者建立正確的動作。

（建議負荷）整個身體繃緊，身體呈直線。每組練習 30～60 秒，1～3 組，間歇時間 30～60 秒。

（注意事項）採用腹式呼吸，自然呼吸放鬆，控制身體的平衡。

雙肘瑞士球支撐俯橋　　　　　　　　　雙手瑞士球支撐俯橋

圖 9-23

3. 瑞士球俯橋──單側收腿

（場地器材）瑞士球。

（教學目標）發展肩部、腹部力量。

（動作要領）練習者雙肘撐或直臂撐於瑞士球上，在分腳俯橋的基礎上單腿向上或雙側交替收腿。

（教學重點）臀部、腹部收緊，從膝到頭成一條直線。

（教學難點）自然呼吸，無需憋氣。

（易犯錯誤）憋氣，屈髖或髖部下垂，身體晃動。

圖 9-24

(糾正方法) 語言提示練習者自然呼吸，收緊臀肌，或協助練習者建立正確
的動作。

(建議負荷) 整個身體繃緊，身體呈直線。每組練習 30～60 秒，1～3 組，
間歇時間 30～60 秒。

(注意事項) 採用腹式呼吸，自然呼吸放鬆，控制身體的平衡。

4. 瑞士球俯橋──旋轉（收腹）

(場地器材) 瑞士球。

(教學目標) 發展軀幹支柱力量。

(動作要領) 練習者雙肘撐於地面，雙腳夾住瑞士球，下身緩慢勻速轉體。

(教學重點) 臀部、腹部收緊，從膝到頭成一條直線。

(教學難點) 自然呼吸，無需憋氣。

(易犯錯誤) 憋氣，屈髖或髖部下垂，身體晃動。

(糾正方法) 語言提示練習者自然呼吸，收緊臀肌，或協助練習者建立正確
的動作。

(建議負荷) 整個身體繃緊，身體呈直線。每組練習 30～60 秒，1～3 組，
間歇時間 30～60 秒。

(注意事項) 採用腹式呼吸，自然呼吸放鬆，控制身體的平衡。

圖 9-25

5. 下肢穩定的非穩定支撐側橋

(場地器材) 榴槤球、瑞士球、重力球或懸吊帶。

(教學目標) 發展腹側肌力量和控制能力。

動作要領　一側手臂置於瑞士球、榴槤球、重力球上，雙腳前後接觸成側橋。

教學重點　臀部、腹部收緊，從膝到頭成一條直線。

教學難點　自然呼吸，無需憋氣。

易犯錯誤　憋氣，屈髖或髖部下垂，身體晃動。

糾正方法　語言提示練習者自然呼吸，收緊臀肌，或協助練習者建立正確的動作。

建議負荷　整個身體繃緊，身體呈直線。每組練習 30～60 秒，1～3 組，間歇時間 30～60 秒。

注意事項　採用腹式呼吸，自然呼吸放鬆，控制身體的平衡。

圖 9-26

三　髖部練習

1. 雙腿臀肌橋

教學目標　發展以髖關節為主的軀幹支柱力量。

動作要領　身體呈仰臥姿，兩手置於體側，雙腿與肩同寬並彎曲成 90°角，腳跟著地，腳尖勾起；開始時肩關節位置保持不變，髖關節用力向上方頂起，保持 2 秒後恢復至起始位置。

教學重點　腹肌收緊，在髖關節上抬至最高位置時，保持髖關節平直狀態。

教學難點　在髖關節上抬過程中，要保持臀大肌隨時處於緊張狀態。

易犯錯誤　腹肌不收緊，同時在做臀肌橋的過程中，髖關節上挺時出現過分弓腰狀態。

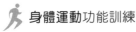

糾正方法 語言提示練習者腹肌收緊和髖關節保持平直。

訓練方法 8～12 次為 1 組，練習 3～4 組，每組間隔時間為 1～2 分鐘。

注意事項 在訓練過程中，避免出現動作過於快速而無法保持動作質量。

圖 9-27

圖 9-28　迷你帶—雙腿臀肌橋

圖 9-29　藥球—雙腿臀肌橋

圖 9-30　瑞士球—雙腿臀肌橋

2. 上體抬高式臀肌橋

教學目標 發展以髖關節為主的軀幹支柱力量。

動作要領 身體呈仰臥姿放置於臥推凳上方，兩手置於臥推凳兩側，臀部著地，雙腿與肩同寬並彎曲，腳跟著地，腳尖勾起；開始時肩關節位置保持不變，髖關節用力向上方頂起，雙腿用力下壓，保持髖關節與地面平行，2 秒後恢復至起始位置。

教學重點 腹肌收緊，在髖關節上抬至最高位置時，保持髖關節平直狀態。

教學難點 在髖關節上抬過程中，要保持臀大肌隨時處於緊張狀態。

易犯錯誤 腹肌不收緊，同時在做臀肌橋的過程中，髖關節上挺時出現過分弓腰狀態。

糾正方法 語言提示練習者腹肌收緊、髖關節保持平直和膝關節保持正確姿勢。

訓練方法 8～12 次為 1 組，練習 3～4 組，每組間隔時間為 1～2 分鐘。

注意事項 在訓練過程中，避免出現動作過於快速而無法保持動作質量。

圖 9-31

3. 單腿臀肌橋

教學目標 發展以髖關節為主的軀幹支柱力量。

動作要領 身體呈仰臥姿，兩手置於體側，單腿保持彎曲成 90° 角，另一條腿保持伸直狀態，腳跟著地，雙腳尖勾起；開始時肩關節位置保持不變，髖關節用力向上方頂起，保持 2 秒後恢復至起始位置。

(教學重點) 腹肌收緊，在髖關節上抬至最高位置時，保持髖關節平直狀態。

(教學難點) 在髖關節上抬過程中，要保持臀大肌隨時處於緊張狀態。

(易犯錯誤) 腹肌不收緊，同時在做臀肌橋的過程中，髖關節上挺時出現過分弓腰狀態。

(糾正方法) 語言提示練習者腹肌收緊和髖關節保持平直。

(訓練方法) 8～12 次為 1 組，練習 3～4 組，每組間隔時間為 1～2 分鐘。

(注意事項) 在訓練過程中，避免出現動作過於快速而無法保持動作質量。

圖 9-32

圖 9-33　抱膝─單腿臀肌橋

圖 9-34　單側屈膝外展─單腿臀肌橋

圖 9-35 瑞士球—單腿臀肌橋

4. 上體抬高式——單腿臀肌橋

教學目標 發展以髖關節為主的軀幹支柱力量。

動作要領 身體呈仰臥姿放置於臥推凳上方，兩手置於臥推凳兩側，臀部
著地，一側腿彎曲，腳跟著地，腳尖勾起，同時另一側腿伸直
保持懸空狀態；開始時肩關節位置保持不變，髖關節用力向上
方頂起，穩定腿用力下壓，保持髖關節與地面平行，懸空腿保
持與地面平行狀態，2 秒後恢復至起始位置。

教學重點 腹肌收緊，在髖關節上抬至最高位置時，保持髖關節平直狀
態。

教學難點 在髖關節上抬過程中，要保持臀大肌隨時處於緊張狀態。

易犯錯誤 腹肌不收緊，同時在做臀肌橋的過程中，髖關節上挺時出現過
分弓腰狀態。

糾正方法 語言提示練習者腹肌收緊、髖關節保持平直和膝關節保持正確
姿勢。

訓練方法 8～12 次為 1 組，練習 3～4 組，每組間隔時間為 1～2 分鐘。

圖 9-36

注意事項 在訓練過程中，避免出現動作過於快速而無法保持動作質量。

5. 仰臥姿——手腳支撐

教學目標 發展以髖關節為主的軀幹支柱力量。

動作要領 身體呈仰臥姿，坐在墊上，雙腿彎曲，腳跟觸地，腳尖勾起，雙手置於身體兩側撐地；髖部向上頂起，腳跟和雙手支撐身體，頭、肩、軀幹和大腿成一條直線，臀肌、腹肌收緊，身體保持穩定相應時間後恢復至起始位置。

教學重點 腹肌收緊，在髖關節上抬至最高位置時，保持髖關節平直狀態。

教學難點 在髖關節上抬過程中，要保持臀大肌隨時處於緊張狀態，同時肩關節需要保持垂直狀態。

易犯錯誤 腹肌不收緊，同時在做手腳支撐的過程中，髖關節上挺時無法保持髖關節平直狀態。

圖 9-37

圖 9-38　單腿—仰臥姿—手腳支撐

糾正方法 語言提示練習者腹肌收緊和髖關節保持平直。

訓練方法 8～12 次為 1 組，練習 3～4 組，每組間隔時間為 1～2 分鐘。

注意事項 在訓練過程中，避免出現由於關節靈活性的限制而無法保持動作質量。

6. 跪撐伸髖

教學目標 發展以髖關節為主的軀幹支柱力量。

動作要領 身體呈雙肘伸直且雙膝跪於地面姿勢，腹部收緊；雙臂推起軀幹，保持雙膝屈膝，向上抬起一條腿，保持 2 秒後恢復至起始姿勢，換另外一側。

教學重點 腹肌收緊，在伸展髖關節至最高位置時，保持臀大肌緊張狀態。

教學難點 在髖關節上抬過程中，軀幹部位避免出現弓背塌腰現象。

易犯錯誤 腹肌不收緊，同時在做跪撐伸髖的過程中，髖關節伸展時無法保持髖關節達到穩定的最大狀態。

糾正方法 語言提示練習者腹肌收緊和髖關節保持平直。

訓練方法 8～12 次為 1 組，練習 3～4 組，每組間隔時間為 1～2 分鐘。

注意事項 在訓練過程中，避免出現由於關節靈活性的限制而出現背部弓形。

圖 9-39

7. 跪撐展髖

教學目標 發展以髖關節為主的軀幹支柱力量。

動作要領 身體呈雙肘伸直且雙膝跪於地面姿勢，腹部收緊；雙臂推起軀

幹，保持雙膝屈膝，側向慢慢抬起一條腿至最大位置後，保持
2 秒再恢復至起始姿勢，換另外一側。

(教學重點) 腹肌收緊，在伸展髖關節至最高位置時，保持臀大肌緊張狀
態。

(教學難點) 在髖關節上抬過程中，軀幹部位避免出現弓背塌腰現象。

(易犯錯誤) 腹肌不收緊，同時在做跪撐展髖的過程中，髖關節伸展時無法
保持髖關節達到穩定的最大狀態。

(糾正方法) 語言提示練習者腹肌收緊和髖關節保持平直。

(訓練方法) 8～12 次為 1 組，練習 3～4 組，每組間隔時間為 1～2 分鐘。

(注意事項) 在訓練過程中，避免出現由於關節靈活性的限制而出現背部弓
形。

圖 9-40

8. 瑞士球——雙腳伸髖

(教學目標) 發展以髖關節為主的軀幹支柱力量。

(動作要領) 雙手雙腳撐地，俯臥於瑞士球上，腹部臀部收緊，頭部背部及
腳跟在一條直線上，雙腳腳跟併攏並且雙肘伸直，臀部收緊且
屈肘，使雙腳抬起至更高高度，保持背部平直，雙腿一直保持
伸直與併攏狀態，控制 2 秒後再恢復至起始姿勢。

(教學重點) 腹肌收緊，保持背部平直，雙腿一直保持伸直與併攏。

(教學難點) 在整個軀幹上抬過程中，臀部要保持發力狀態，避免出現屈髖
現象。

(易犯錯誤) 臀部不收緊，同時在做瑞士球——雙腳伸髖的過程中，髖關節
常會出現屈曲狀態，而無法達到訓練效果。

糾正方法 語言提示練習者腹肌收緊和髖關節保持平直。

訓練方法 8～12 次為 1 組，練習 3～4 組，每組間隔時間為 1～2 分鐘。

注意事項 在訓練過程中，避免出現由於臀部發力錯誤的限制而出現髖關節屈曲。

圖 9-41

第三節　軀幹支柱力量訓練應注意的幾個問題

　　良好的軀幹支柱力量不僅能提升人體對動作的控制能力，提升運動成績，而且能降低運動損傷的概率，延長運動壽命。因此在開展軀幹支柱力量訓練時要注意以下問題：

一　訓練方法具有針對性

　　在制訂訓練計劃前，應先對學生進行 FMS 篩查，明確學生的薄弱環節、識別學生處於較高受傷風險可能的危險信號或補償動作，從而根據學生的薄弱環節安排不同的練習方法，並在訓練過程中系統地加以堅持和落實，從而改善薄弱環節，降低受傷風險。

二 結合運動項目

不同的運動項目需訓練對象軀幹支柱力量發揮的作用亦不相同，因而須結合專項需要來制訂訓練計劃。例如，在足球課課堂中更多的是需要學生做一些髖部練習，乒乓球課堂中則多做一些肩部練習，這些動作設計都與運動專項分不開。

要透過個性化的軀幹支柱力量訓練，使每名學生都能建立一個穩定的基礎，保障學生能在正確的身體姿態條件下有效地完成四肢動作（無疼痛感），並在練習過程中提升動作的質量和效率。

三 保持正確的呼吸方式

呼吸是人體必須的一種運動方式，在姿態控制中起重要作用，與軀幹穩定性密切相關。

正確的呼吸方式可以提升感知水準，加強對軀幹的控制。紊亂的呼吸或憋氣不僅會導致不協調的動作和較次的動作質量，影響訓練效果；而且過度的憋氣也會引發身體肺循環困難、造成靜脈血回心不利，出現頭暈、眼冒金花等不良反應。因而在訓練時須先學會熟練掌握正確的呼吸方式，學會呼吸控制。

四 保持正確的身體姿態

在進行軀幹支柱力量訓練時，身體應保持正確的姿態，尤其注意保持正常的脊柱生理曲線，防止脊柱定形於異常狀態。脊柱長期處於異常狀態時，不僅易產生姿勢代償，而且長期擠壓脊柱時，易引發椎間盤突出，另外當脊柱位置不對時，其他部位的穩定性也會隨之降低。因而在訓練時保持正確的身體姿態，對預防損傷起到至關重要的作用。

五 提升訓練專注力

人體本體感覺是由感覺回饋系統產生關節與身體位置或動作的知覺。軀幹支柱力量訓練不僅要提升學生的軀幹支柱力量，更重要的是強化和提升學生的本體感覺。

　　本體感覺可以透過不斷地練習來提升，需要學生在動作和動作模式中保持一個平衡狀態，這就需要學生在練習過程中提升專注力，將注意力集中在工作的肌肉上，從而提升正確完成動作的能力。

PART

10 旋轉力量訓練

本章導語

　　所有運動項目的運動員在完成技術動作過程中都會涉及軀幹的旋轉（Rotation）和對抗旋轉（Anti-rotation）。軀幹的旋轉發力相較於軀幹的屈伸發力，參與的肌群更多，參與收縮的肌肉初長度更長，運動員透過旋轉發力也可以獲得更大的加速度和動作表現力。

　　本章共三節內容，系統介紹了旋轉力量的訓練理論和練習方法。透過本章的學習，希望學習者能夠對旋轉力量訓練的理論和練習方法有客觀的認識，掌握旋轉力量訓練的正確方法。

第一節　旋轉力量訓練的概念與分類

　　人們的日常生活、生產勞動、軍事訓練或體育運動等，都是在中樞神經系統參與下實現的肌肉活動，其具體表現就是肌肉力量。力量是身體素質的一種表現形式，是人體神經肌肉系統在工作時克服或對抗阻力的能力。依力量素質與運動專項的關係，可分為一般力量與專項力量；依力量素質與運動員體重的關係，可分為絕對力量和相對力量；依力量素質與身體部位的關係，可分為上肢力量、下肢力量和軀幹旋轉力量。

　　本節針對運動訓練和大眾健身的實踐需要，重點對軀幹旋轉力量的訓練方法予以論述。

　　旋轉力量訓練可以分為兩類：旋轉穩定性訓練（Rotational stability training）和旋轉爆發力訓練（Rotational explosive training）。

　　旋轉穩定性是指：在動作過程中，軀幹支柱部位（肩關節、脊柱和髖關節）保持正常解剖位置而不出現相對移動的能力。旋轉爆發力是指在保持腰椎和腰骶關節面穩定的前提下，由髖關節和胸椎的旋轉快速發揮肌肉力量的能力。

　　旋轉穩定性訓練的目的是提升軀幹支柱的穩定性，訓練目標是軀幹支柱部位的深層肌肉；旋轉爆發力訓練的目的是提升軀幹支柱部位的爆發力，訓練目標是軀幹支柱部位的淺層肌肉。前者是後者的基礎，而後者是前者的昇華。

　　由內（深層肌肉）到外（淺層肌肉）是發展旋轉爆發力的首要原則。深層肌肉多由慢肌纖維構成，是維持軀幹姿勢的主要動力源，應透過低負荷和慢動作頻率的練習方式來提升其保持關節穩定性的能力；淺層肌肉多由快肌纖維構成，應採用向心和離心收縮的方式提升其參與身體大幅度運動和對抗高負荷的能力，動作速度快、負荷強度高是訓練淺層肌肉的典型特徵。

　　同樣的動作，因為負重量不同往往會得到不同的訓練效果。當外在負荷小於 40%MVC（最大肌肉力量）時，中樞神經系統將動員深層肌肉參與運動；相反，如果缺少該環節的準備，或直接藉助外在負荷（大於40%MVC）進行旋轉爆發力量訓練，中樞神經系統將動員淺層肌肉參與運動。當淺層肌肉產生的肌肉力量超過深層肌肉所能承受的範圍時，也就是運動員損傷發生的時候。

　　這種情況可以用一輛超級跑車來舉例：淺層肌肉象徵著跑車的高馬力引擎，而深層肌肉則代表著跑車的剎車系統。強勁的動力可以讓跑車在很短的時間內達到最高速度，但糟糕的剎車系統卻可以瞬間導致車毀人亡的悲慘事故。這也解釋了為什麼旋轉穩定性訓練是旋轉爆發力訓練的基礎，離開旋轉穩定性訓練談旋轉爆發力訓練如同無源之水、無本之木，違背了運動訓練循序漸進的原則。

　　在設計旋轉爆發力訓練方法與手段時應考慮以下兩個方面的內容：第一，優先進行穩定訓練而後進行非穩定訓練；第二，優先動員少量關節參與運動而後增加參與運動關節數。

優先進行穩定訓練而後進行非穩定訓練

不管是籃球的後仰跳投，還是羽毛球的魚躍救球，運動員很多時候需要在非穩定條件下完成相應的技術動作。因此，在體能訓練過程中，應儘可能真實地模擬運動員在這種非穩定條件下的比賽場景，以提升他們的體能儲備，而不是坐而論道式的盲目訓練。

旋轉力量的非穩定訓練就是對這種比賽環境的一種模擬。在非穩定訓練條件下，參與運動肌肉的數量、動員程度以及肌肉之間的協作能力和穩定條件下有著明顯的區別。Behm 等人對三種不同穩定條件下的負重深蹲進行了研究，結果表明：受試者在蹲起同等重量槓鈴的情況下比目魚肌、豎脊肌等肌肉的肌電活動出現了顯著的不同。

站在兩個充氣墊上深蹲的肌電活動最大，站在地面上的深蹲次之，站在地面上並有槓鈴牽引保護槽的深蹲最小，這說明在非穩定條件下參與深蹲的肌肉不僅要用力將槓鈴蹲起，同時還要由肌肉之間的協調用力來克服非穩定狀態，以保持身體姿勢的穩定。類似的結果在其他研究成果中也有發現。這說明：非穩定條件下的旋轉力量訓練，可以在不增加外在負重的前提下，提升訓練的負荷強度。

與穩定條件下的旋轉力量訓練相比，非穩定環境可以提升以下幾個方面的訓練效果：

①可以募集到更多的肌纖維參與運動，特別是在自身體重條件下的非穩定訓練能夠更加充分地動員深層肌肉參與維持身體的平衡；

②可以反射性增加肌纖維的收縮力量，在同等負重的情況，非穩定條件下的肌電活動明顯增加；

③可以提升肌肉間的協同工作能力，不同關節和部位的肌肉（如上肢與下肢）、不同大小和位置的肌肉（如深層肌肉和淺層肌肉）和不同功能的肌肉（如原動肌、對抗肌和固定肌），都會在非穩定條件下改變其原來在穩定條件下業已形成的工作關係，而逐漸建立一種在非穩定條件下的協同工作能力。

可以從以下兩個方面考慮營造非穩定的訓練環境：

第一，在穩定條件下透過阻力矩、支撐面或透過限制神經反射調節通

路以增加非穩定的因素，如單側負重、單腿支撐和阻斷視覺回饋通路等練習；

第二，將穩定支撐改為非穩定支撐，如在平衡盤和瑞士球上的練習，見表 10-1。

表 10-1　非穩定訓練手段分類

方法	示例
1. 改變阻力矩	肢體或負重位置的變化
2. 改變支撐面的大小	單腿站立
3. 限制一個或幾個回饋刺激	閉眼
4. 改變支撐面的穩定性	在平衡盤和瑞士球上的練習
5. 施加未預期的外力	人為破壞練習者的穩定狀態
6. 以上 5 個途徑的組合	非穩定支撐下改變阻力矩

㊂ 優先動員少量關節參與運動而後增加參與運動關節數

槓鈴桿和鏈條（如自行車鏈條）的區別之一在於前者屬於「剛體結構」，後者屬於「非剛體結構」。剛體結構的特點是：任意兩點的連線在平動中是平行且相等的。簡而言之，槓鈴桿是整體運動，其運動方向是可控的，而鏈條屬於非整體運動，其運動方向難以控制。自行車鏈條由不同的環節構成，每一個環節本身是一個剛體。這種構成方式和人體骨骼與關節的關係是一致的。

自行車鏈條的環節可以看作是人體骨骼，而環節與環節間的連接則構成了關節。鏈條的環節數越多，其運動軌跡就越難以控制，同理，在人體運動過程中，參與運動的關節數目越多，對身體姿勢和動作軌跡的控制就顯得愈發的困難。

脊柱由頸椎、胸椎、腰椎、骶骨和尾骨 5 部分構成，共 26 塊，各椎骨之間以平面關節相連接，這樣的構造使脊柱成為人體關節數最多的區域，關節數目越多，該區域的動作軌跡越難以控制，所以，身體姿勢控制的重點在脊柱。

肩關節和髖關節作為人體兩個靈活性最好的關節，進一步提升了對軀

幹支柱部位的控制難度。因此，身體姿勢控制的好壞，能量傳遞效率的高低主要取決於肩關節、脊柱和髖關節三者之間的協同配合。基於軀幹支柱部位的解剖特點，在旋轉力量訓練過程中，應按照：「坐姿—雙膝跪姿—半跪姿—前後分腿姿—站立姿」的順序逐一增加軀幹支柱部位參與運動的關節數，進而提升中樞神經系統對身體姿勢的控制能力以及能量傳遞過程中各部位間的協同工作能力。

第二節　旋轉爆發力訓練方法與手段

　　古人云：授之以魚不如授之以漁。在旋轉力量訓練方法手段設計過程中同樣如此。真理只有一個，方法則千變萬化。

　　旋轉力量的訓練方法眾多，從外部環境看，包括穩定狀態下訓練和非穩定狀態下訓練；從參與運動時的身體姿態來看（或參與運動關節數），包括坐姿、雙膝跪姿、半跪姿、前後分腿姿和站立姿。基於此，本節以運動時身體姿態的變化為例從旋轉穩定性和旋轉爆發力兩個方面對旋轉力量訓練方法手段進行介紹，以起到拋磚引玉的作用。

● 旋轉穩定性練習方法

≫（一）坐姿旋轉穩定性練習方法

1. 坐姿側向胸部推起

教學目標 發展軀幹深層肌肉力量，提升坐姿狀態下身體姿態的控制能力。

動作要領 練習者身體側向彈力帶，兩腿分開坐於凳子上，軀幹收緊，大腿下壓以保持身體重心的平穩；身體右側對彈力帶，雙手合十握住彈力帶於胸前；將把手向前沿水平方向推出至雙臂伸直。

教學重點 脊柱保持正常生理彎曲。

教學難點 軀幹部位姿勢的控制能力。

易犯錯誤 軀幹晃動；腰椎部位過度前傾或後傾。

糾正方法 運用個別糾正法為主，著重提示動作規格和動作質量。

圖 10-1

訓練方法 每側練習 8～10 次，練習 3～4 組。

注意事項 動作過程中挺胸直背，腰腹收緊，身體不要晃動。

2. 坐姿穩定性下砍

教學目標 加強身體的旋轉穩定性和身體姿態的控制能力，主要發展腹直肌、腹內斜肌、腹外斜肌和腹橫肌等。

動作要領 練習者身體側向彈力帶，兩腿分開坐於凳子上，軀幹收緊，大腿下壓以保持身體重心的平穩；雙手握彈力帶於頭頂右上方，距離略比肩寬，右臂伸直；雙臂向左側腰際下拉彈力帶，至左側手臂伸直後，再伸直右側手臂。

教學重點 脊柱保持正常生理彎曲。

圖 10-2

（教學難點）軀幹部位姿勢的控制能力。

（易犯錯誤）軀幹晃動；腰椎部位過度前傾或後傾。

（糾正方法）運用個別糾正法為主，著重提示動作規格和動作質量。

（訓練方法）每側練習 8～10 次，練習 3～4 組。

（注意事項）保持挺胸直背，腹部收緊，身體不要晃動；旋轉時，始終保持
髖部向前。

3. 坐姿穩定性推舉

（教學目標）加強身體的旋轉穩定性和身體姿態的控制能力，主要發展腹直
肌、腹內斜肌、腹外斜肌和腹橫肌等。

（動作要領）練習者身體側向彈力帶，兩腿分開坐於凳子上，軀幹收緊，大
腿下壓以保持身體重心的平穩；雙手握彈力帶於右側腰際，距
離略比肩寬，右臂伸直；雙臂向左肩上方拉彈力帶，至左手臂
伸直；保持左手臂不動，右手將彈力帶沿水平方向推出至右臂
伸直。

（教學重點）脊柱保持正常生理彎曲。

（教學難點）軀幹部位姿勢的控制能力。

（易犯錯誤）軀幹晃動；腰椎部位過度前傾或後傾。

（糾正方法）運用個別糾正法為主，著重提示動作規格和動作質量。

（訓練方法）每側練習 8～10 次，練習 3～4 組。

（注意事項）保持挺胸直背，腹部收緊，身體不要晃動；旋轉時，始終保持
髖部向前。

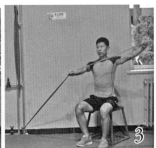

圖 10-3

4. 坐姿肩上輪擺壺鈴

教學目標 加強身體的旋轉穩定性和身體姿態的控制能力，主要發展腹直肌、腹內斜肌、腹外斜肌和腹橫肌等。

動作要領 練習者兩腿分開坐於練習凳上，軀幹收緊，大腿下壓以保持身體重心的平穩，雙手握住壺鈴手柄於胸前。練習開始時，腰部保持穩定，胸椎充分旋轉，雙手持壺鈴從胸前經左側肩上、頭頂、右側肩上到胸前結束。

教學重點 脊柱保持正常生理彎曲。

教學難點 軀幹部位姿勢的控制能力。

易犯錯誤 軀幹晃動；腰椎部位過度前傾或後傾。

糾正方法 運用個別糾正法為主，著重提示動作規格和動作質量。

訓練方法 每側練習 8～10 次，練習 3～4 組。

注意事項 動作過程中挺胸直背，腰腹收緊，身體不要晃動。

圖 10-4

≫ （二）雙膝跪姿旋轉穩定性練習方法

1. 雙膝跪姿側向胸部推起

教學目標 加強身體的旋轉穩定性和身體姿態的控制能力，主要發展腹直肌、腹內斜肌、腹外斜肌和腹橫肌等。

動作要領 身體右側對彈力帶呈直立伸髖雙膝跪姿，雙手合十握住彈力帶

置於胸前；將彈力帶向前沿水平方向推出至雙臂伸直；收回手臂，回到起始姿勢。

教學重點　脊柱保持正常生理彎曲。

教學難點　膝關節以上部位身體姿勢的控制能力。

易犯錯誤　軀幹晃動；腰椎部位過度前傾或後傾。

糾正方法　運用個別糾正法為主，著重提示動作規格和動作質量。

訓練方法　每側練習 8～10 次，練習 3～4 組。

注意事項　動作過程中挺胸直背，腰腹和臀部收緊，身體不要晃動。

圖 10-5

2. 雙膝跪姿穩定性下砍

教學目標　加強身體的旋轉穩定性和身體姿態的控制能力，主要發展腹直肌、腹內斜肌、腹外斜肌和腹橫肌等。

動作要領　身體右側對彈力帶呈直立伸髖雙膝跪姿，雙手握彈力帶置於頭頂右上方，距離略寬於肩，右臂伸直；雙臂向左側腰際下拉彈力帶，至左側手臂伸直後，再伸直右側手臂。

教學重點　脊柱保持正常生理彎曲。

教學難點　膝關節以上部位身體姿勢的控制能力。

易犯錯誤　軀幹晃動；腰椎部位過度前傾或後傾。

糾正方法　運用個別糾正法為主，著重提示動作規格和動作質量。

訓練方法　每側練習 8～10 次，練習 3～4 組。

注意事項　動作過程中挺胸直背，腰腹和臀部收緊，身體不要晃動。

圖 10-6

3. 雙膝跪姿穩定性推舉

教學目標 加強身體的旋轉穩定性和身體姿態的控制能力，主要發展腹直肌、腹內斜肌、腹外斜肌和腹橫肌等。

動作要領 練習者身體側向彈力帶，兩腿分開坐於凳子上，軀幹收緊，大腿下壓以保持身體重心的平穩；雙臂向左肩上方拉彈力帶，至左手臂伸直；保持左手臂不動，右手將彈力帶沿水平方向推出至右臂伸直。

教學重點 脊柱保持正常生理彎曲。

教學難點 膝關節以上部位身體姿勢的控制能力。

易犯錯誤 軀幹晃動；腰椎部位過度前傾或後傾。

糾正方法 運用個別糾正法為主，著重提示動作規格和動作質量。

訓練方法 每側練習 8～10 次，練習 3～4 組。

注意事項 動作過程中挺胸直背，腰腹和臀部收緊，身體不要晃動。

圖 10-7

≫ （三）半跪姿旋轉穩定性練習方法

1. 半跪姿側向胸部推起

（教學目標）加強身體的旋轉穩定性和身體姿態的控制能力，主要發展腹直肌、腹內斜肌、腹外斜肌和腹橫肌等。

（動作要領）練習者身體側向彈力帶呈半跪姿，右腿在前，雙手合十握住彈力帶置於胸前；將彈力帶向前沿水平方向推出至雙臂伸直；收回手臂，回到起始姿勢。

（教學重點）脊柱保持正常生理彎曲。

（教學難點）膝關節以上部位身體姿勢的控制能力。

（易犯錯誤）軀幹晃動；腰椎部位過度前傾或後傾；前側腿膝關節內扣、外展或超過腳尖。

（糾正方法）運用個別糾正法為主，著重提示動作規格和動作質量。

（訓練方法）每側練習 8～10 次，練習 3～4 組。

（注意事項）動作過程中挺胸直背，腰腹和臀部收緊，身體不要晃動；前側腿膝關節位於矢狀面。

圖 10-8

2. 半跪姿穩定性下砍

（教學目標）加強身體的旋轉穩定性和身體姿態的控制能力，主要發展腹直肌、腹內斜肌、腹外斜肌和腹橫肌等。

（動作要領）練習者身體側向彈力帶呈半跪姿，右腿在前，雙手握彈力帶置

於頭頂右上方，距離略寬於肩，右臂伸直；雙臂向左側腰際下拉彈力帶，至左側手臂伸直後，再伸直右側手臂。

(教學重點) 脊柱保持正常生理彎曲。

(教學難點) 膝關節以上部位身體姿勢的控制能力。

(易犯錯誤) 軀幹晃動；腰椎部位過度前傾或後傾；前側腿膝關節內扣、外展或超過腳尖。

(糾正方法) 運用個別糾正法為主，著重提示動作規格和動作質量。

(訓練方法) 每側練習 8～10 次，練習 3～4 組。

(注意事項) 動作過程中挺胸直背，腰腹和臀部收緊，身體不要晃動；前側腿膝關節位於矢狀面。

圖 10-9

3. 半跪姿穩定性推舉

(教學目標) 加強身體的旋轉穩定性和身體姿態的控制能力，主要發展腹直肌、腹內斜肌、腹外斜肌和腹橫肌等。

(動作要領) 練習者身體側向彈力帶呈半跪姿，左腿在前，雙手握拉桿置於右側腰際，距離略寬於肩，右臂伸直；雙臂向左肩上方拉彈力帶，至左手臂伸直；保持左手臂不動，右手將彈力帶沿水平方向推出至右臂伸直。

(教學重點) 脊柱保持正常生理彎曲。

(教學難點) 膝關節以上部位身體姿勢的控制能力。

(易犯錯誤) 軀幹晃動；腰椎部位過度前傾或後傾；前側腿膝關節內扣、外展或超過腳尖。

圖 10-10

糾正方法 運用個別糾正法為主，著重提示動作規格和動作質量。

訓練方法 每側練習 8～10 次，練習 3～4 組。

注意事項 動作過程中挺胸直背，腰腹和臀部收緊，身體不要晃動；前側腿膝關節位於矢狀面。

≫ （四）前後分腿姿旋轉穩定性練習方法

1. 前後分腿姿側向胸部推起

教學目標 加強身體的旋轉穩定性和身體姿態的控制能力，主要發展腹直肌、腹內斜肌、腹外斜肌和腹橫肌等。

動作要領 練習者身體側向彈力帶呈前後分腿姿（右腿在前，左腿在後，且膝關節不觸地，該姿勢又可分為低分腿姿和高分腿姿）；雙手合十握住彈力帶置於胸前；將把手向前沿水平方向推出至雙臂伸直；收回手臂，回到起始姿勢。

教學重點 脊柱保持正常生理彎曲。

教學難點 動作過程中身體姿勢的控制能力。

易犯錯誤 軀幹晃動；腰椎部位過度前傾或後傾；前側腿膝關節內扣、外展或超過腳尖。

糾正方法 運用個別糾正法為主，著重提示動作規格和動作質量。

訓練方法 每側練習 8～10 次，練習 3～4 組。

注意事項 動作過程中挺胸直背，腰腹和臀部收緊，身體不要晃動；前側腿膝關節位於矢狀面。

圖 10-11

2. 前後分腿姿穩定性下砍

教學目標 加強身體的旋轉穩定性和身體姿態的控制能力，主要發展腹直肌、腹內斜肌、腹外斜肌和腹橫肌等。

動作要領 練習者身體側向彈力帶呈前後分腿姿（右腿在前）；雙手握彈力帶置於頭頂右上方，距離略寬於肩，右臂伸直；雙臂向左側腰際下拉彈力帶，至左側手臂伸直後，再伸直右側手臂。

教學重點 脊柱保持正常生理彎曲。

教學難點 動作過程中身體姿勢的控制能力。

易犯錯誤 軀幹晃動；腰椎部位過度前傾或後傾；前側腿膝關節內扣、外展或超過腳尖。

糾正方法 運用個別糾正法為主，著重提示動作規格和動作質量。

圖 10-12

訓練方法 每側練習 8～10 次，練習 3～4 組。

注意事項 動作過程中挺胸直背，腰腹和臀部收緊，身體不要晃動；前側
腿膝關節位於矢狀面。

3. 前後分腿姿穩定性推舉

教學目標 加強身體的旋轉穩定性和身體姿態的控制能力，主要發展腹直
肌、腹內斜肌、腹外斜肌和腹橫肌等。

動作要領 練習者身體側向彈力帶呈前後分腿姿，左腿在前，雙手握彈力
帶置於右側腰際，距離略寬於肩，右臂伸直；雙臂向左肩上方
拉彈力帶，至左手臂伸直；保持左手臂不動，右手將彈力帶沿
水平方向推出至右臂伸直。

教學重點 脊柱保持正常生理彎曲。

教學難點 動作過程中身體姿勢的控制能力。

易犯錯誤 軀幹晃動；腰椎部位過度前傾或後傾；前側腿膝關節內扣、外
展或超過腳尖。

糾正方法 運用個別糾正法為主，著重提示動作規格和動作質量。

訓練方法 每側練習 8～10 次，練習 3～4 組。

注意事項 動作過程中挺胸直背，腰腹和臀部收緊，身體不要晃動；前側
腿膝關節位於矢狀面。

圖 10-13

▶▶（五）站立姿旋轉穩定性練習方法

1. 站立姿側向胸部推起

(教學目標) 加強身體的旋轉穩定性和身體姿態的控制能力。

(動作要領) 練習者身體側向彈力帶呈運動基本姿站立；雙手合十握住彈力帶置於胸前；將彈力帶向前沿水平方向推出至雙臂伸直；收回手臂，回到起始姿勢。

(教學重點) 脊柱保持正常生理彎曲。

(教學難點) 動作過程中身體姿勢的控制能力；臀部後移參與身體姿勢的控制。

(易犯錯誤) 軀幹晃動；腰椎部位過度前傾或後傾；腿膝關節內扣、外展或超過腳尖；臀部沒有後移。

(糾正方法) 運用個別糾正法為主，著重提示動作規格和動作質量。

(訓練方法) 每側練習 8～10 次，練習 3～4 組。

(注意事項) 動作過程中挺胸直背，身體不要晃動；膝關節位於矢狀面。

圖 10-14

2. 站立姿穩定性下砍

(教學目標) 加強身體的旋轉穩定性和身體姿態的控制能力。

(動作要領) 練習者身體側向彈力帶呈運動基本姿站立；雙手握彈力帶置於頭頂右上方，距離略寬於肩，右臂伸直；雙臂向左側腰際下拉

彈力帶，至左側手臂伸直，然後伸直右側手臂。

教學重點　脊柱保持正常生理彎曲。

教學難點　動作過程中身體姿勢的控制能力；臀部後移參與身體姿勢的控制。

易犯錯誤　軀幹晃動；腰椎部位過度前傾或後傾；腿膝關節內扣、外展或超過腳尖；臀部沒有後移。

糾正方法　運用個別糾正法為主，著重提示動作規格和動作質量。

訓練方法　每側練習 8～10 次，練習 3～4 組。

注意事項　動作過程中挺胸直背，身體不要晃動；膝關節位於矢狀面。

圖 10-15

3. 站立姿穩定性推舉

教學目標　加強身體的旋轉穩定性和身體姿態的控制能力。

動作要領　練習者身體側向彈力帶呈運動姿站立；雙手握彈力帶置於右側腰際，距離略寬於肩，右臂伸直；雙臂向左肩上方拉彈力帶，至左手臂伸直；保持左手臂不動，右手將彈力帶沿水平方向推出至右臂伸直。

教學重點　脊柱保持正常生理彎曲。

教學難點　動作過程中身體姿勢的控制能力；臀部後移參與身體姿勢的控制。

易犯錯誤　軀幹晃動；腰椎部位過度前傾或後傾；腿膝關節內扣、外展或超過腳尖；臀部沒有後移。

圖 10-16

糾正方法 運用個別糾正法為主,著重提示動作規格和動作質量。

訓練方法 每側練習 8～10 次,練習 3～4 組。

注意事項 動作過程中挺胸直背,身體不要晃動;膝關節位於矢狀面。

簡而言之,上述練習方法分別按照如下兩個標準進行分類:第一,按照參與運動關節數的多少（或者稱之為身體姿勢）,分為坐姿、雙膝跪姿、半跪姿、前後分腿姿和站立姿;第二,按照動作模式,分為靜力性對抗,下砍和推舉三種基本動作模式。以上練習分類在此僅起到拋磚引玉的作用,練習者可根據實際需要設計其他練習手段,如在腳下放置平衡盤將穩定訓練環境改變為非穩定訓練環境等;或者是改變練習器材,如將彈力帶換為氣動阻力訓練器,以提升動作難度;抑或是增加動作模式,如在水平推舉的基礎上增加向上的垂直推舉動作模式等。

二 旋轉爆發力練習方法

》》（一）坐姿旋轉爆發力練習方法

1. 坐姿斜下拉

教學目標 加強身體的旋轉爆發力,提升動力鏈能量傳遞效率。

動作要領 練習者身體側向彈力帶,兩腿分開坐於凳子上,軀幹收緊,大

腿下壓以保持身體重心的平穩，雙手握住彈力帶於內側肩上，身體向內側扭緊。練習開始時，髖關節保持穩定，胸椎充分旋轉，雙手沿著身體轉動的趨勢向斜下方快速下拉彈力帶。

教學重點 脊柱保持正常生理彎曲。

教學難點 軀幹部位姿勢的控制能力。

易犯錯誤 軀幹晃動；腰椎部位過度前傾或後傾。

糾正方法 運用個別糾正法為主，著重提示動作規格和動作質量。

訓練方法 每側練習 8～10 次，練習 3～4 組。

注意事項 動作過程中挺胸直背，腰腹收緊；軀幹不要前傾或後仰。

圖 10-17

2. 坐姿斜上拉

教學目標 加強身體的旋轉爆發力，提升動力鏈能量傳遞效率。

動作要領 練習者身體側向彈力帶，兩腿分開坐於凳子上，軀幹收緊，大腿下壓以保持身體重心的平穩，雙手握住彈力帶於內側腰際，身體向內側扭緊。練習開始時，髖關節保持穩定，胸椎充分旋轉，雙手沿著身體轉動的趨勢向斜上方快速上拉彈力帶。

教學重點 脊柱保持正常生理彎曲。

教學難點 軀幹部位姿勢的控制能力。

易犯錯誤 軀幹晃動；腰椎部位過度前傾或後傾。

糾正方法 運用個別糾正法為主，著重提示動作規格和動作質量。

圖 10-18

訓練方法　每側練習 8～10 次，練習 3～4 組。

注意事項　動作過程中挺胸直背，腰腹收緊；軀幹不要前傾或後仰。

3. 坐姿推拉

教學目標　加強身體的旋轉爆發力，提升動力鏈能量傳遞效率。

動作要領　練習者身體側向彈力帶，兩腿分開坐於練習凳上，軀幹收緊，大腿下壓以保持身體重心的平穩，一隻手握住彈力帶於身前，另一隻手握住彈力帶於身後。練習開始時，髖關節保持穩定，胸椎充分旋轉，雙手沿著身體轉動的趨勢向對側快速推拉彈力帶，練習過程中身體姿態保持穩定。

圖 10-19

（教學重點）脊柱保持正常生理彎曲。

（教學難點）軀幹部位姿勢的控制能力。

（易犯錯誤）軀幹晃動；肩部過度旋轉。

（糾正方法）運用個別糾正法為主，著重提示動作規格和動作質量。

（訓練方法）每側練習 8～10 次，練習 3～4 組。

（注意事項）動作過程中挺胸直背，腰腹收緊；軀幹不要前傾或後仰。

4. 坐姿正對斜拋實心球

（教學目標）加強身體的旋轉爆發力，提升動力鏈能量傳遞效率。

（動作要領）練習者身體正對投擲牆，距牆約 1 公尺，坐在練習凳上。雙手握住實心球，旋轉軀幹並將實心球擺至髖關節外側，使軀幹形成扭緊姿勢。練習開始時，以軀幹發力為主，雙手藉助身體轉動的慣性順勢把球拋向牆面，球回彈後雙手接球利用球的反彈力扭緊身體還原成基本準備姿勢，重複上一動作。

（教學重點）脊柱保持正常生理彎曲。

（教學難點）軀幹部位姿勢的控制能力。

（易犯錯誤）軀幹晃動；腰椎部位過屈或過伸。

（糾正方法）運用個別糾正法為主，著重提示動作規格和動作質量。

（訓練方法）每側練習 8～10 次，練習 3～4 組。

（注意事項）動作過程中挺胸直背，腰腹收緊；軀幹不要前傾或後仰。

圖 10-20

5. 坐姿側對斜拋實心球

教學目標 加強身體的旋轉爆發力，提升動力鏈能量傳遞效率。

動作要領 練習者身體側對投擲牆，距牆約 1 公尺，坐在練習凳上。雙手握住實心球，旋轉軀幹並將實心球擺至髖關節外側，使軀幹形成扭緊姿勢。練習開始時，以軀幹發力為主，雙手藉助身體轉動的慣性順勢把球拋向牆面，球回彈後雙手接球利用球的反彈力扭緊身體還原成基本準備姿勢，重複上一動作。

教學重點 脊柱保持正常生理彎曲。

教學難點 軀幹部位姿勢的控制能力。

易犯錯誤 軀幹晃動；腰椎部位過屈或過伸。

糾正方法 運用個別糾正法為主，著重提示動作規格和動作質量。

訓練方法 每側練習 8～10 次，練習 3～4 組。

注意事項 動作過程中挺胸直背，腰腹收緊；軀幹不要前傾或後仰；拋球時手臂伸直。

圖 10-21

6. 坐姿背對斜拋實心球

教學目標 加強身體的旋轉爆發力，提升動力鏈能量傳遞效率。

動作要領 練習者身體背對投擲牆，距牆約 1 公尺，坐在練習凳上。雙手握住實心球，旋轉軀幹並將實心球擺至髖關節外側，使軀幹形成扭緊姿勢。練習開始時，以軀幹發力為主，雙手藉助身體轉

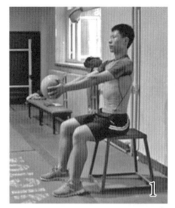

圖 10-22

動的慣性順勢把球拋向牆面，球回彈後雙手接球利用球的反彈力扭緊身體還原成基本準備姿勢，重複上一動作。

教學重點 脊柱保持正常生理彎曲。

教學難點 軀幹部位姿勢的控制能力。

易犯錯誤 軀幹晃動；腰椎部位過屈或過伸。

糾正方法 運用個別糾正法為主，著重提示動作規格和動作質量。

訓練方法 每側練習 8～10 次，練習 3～4 組。

注意事項 動作過程中挺胸直背，腰腹收緊；軀幹不要前傾或後仰；拋球時手臂伸直。

》》（二）雙膝跪姿旋轉爆發力練習方法

1. 雙膝跪姿斜下拉

教學目標 加強身體的旋轉爆發力，提升動力鏈能量傳遞效率。

動作要領 身體側向彈力帶，呈基本跪姿。雙手握住彈力帶於身體內側肩上方，身體向內側扭緊。練習開始時，髖關節保持穩定，胸椎向外側充分旋轉，雙手沿著身體轉動的趨勢向斜下方快速下拉彈力帶。練習過程中，挺胸抬頭後背收緊，髖關節保持穩定。

教學重點 脊柱保持正常生理彎曲。

教學難點 動態環境下，膝關節以上部位身體姿勢的控制能力。

圖 10-23

（易犯錯誤）軀幹晃動；腰椎部位過屈或過伸。

（糾正方法）運用個別糾正法為主，著重提示動作規格和動作質量。

（訓練方法）每側練習 8～10 次，練習 3～4 組。

（注意事項）動作過程中挺胸直背，腰腹和臀部收緊；軀幹不要前傾或後仰。

2. 雙膝跪姿旋轉推舉

（教學目標）加強身體的旋轉爆發力，提升動力鏈能量傳遞效率。

（動作要領）身體右側對彈力帶，呈基本跪姿；雙手握住彈力帶於身體內側髖部，雙臂伸直；雙臂提舉彈力帶至胸部，同時，快速轉向正面；雙臂向左肩上方提舉彈力帶，至頭頂左上方，雙臂伸直，同時，胸部快速轉向左側。

（教學重點）脊柱保持正常生理彎曲。

（教學難點）動態環境下，膝關節以上部位身體姿勢的控制能力。

（易犯錯誤）軀幹晃動；腰椎部位過屈或過伸；臀部沒有收緊。

（糾正方法）運用個別糾正法為主，著重提示動作規格和動作質量。

（訓練方法）每側練習 8～10 次，練習 3～4 組。

（注意事項）動作過程中挺胸直背，腰腹和臀部收緊；軀幹不要前傾或後仰。

圖 10-24

3. 雙膝跪姿正對斜拋實心球

教學目標 加強身體的旋轉爆發力，提升動力鏈能量傳遞效率。

動作要領 練習者身體正對投擲牆，距牆約 1 公尺，雙腿呈跪姿。雙手握住實心球，旋轉軀幹並將實心球擺至髖關節外側，使軀幹形成扭緊姿勢。練習開始時，以扭緊一側臀肌發力為主，雙手藉助身體轉動的慣性順勢把球拋向牆面，球回彈後雙手接球利用球的反彈力扭緊身體還原成基本準備姿勢。

教學重點 脊柱保持正常生理彎曲。

教學難點 動態環境下，膝關節以上部位身體姿勢的控制能力。

易犯錯誤 軀幹晃動；腰椎部位過屈或過伸；臀部沒有收緊。

圖 10-25

(糾正方法) 運用個別糾正法為主，著重提示動作規格和動作質量。

(訓練方法) 每側練習 8～10 次，練習 3～4 組。

(注意事項) 動作過程中挺胸直背，腰腹和臀部收緊；軀幹不要前傾或後仰。

4. 雙膝跪姿側對斜拋實心球

(教學目標) 加強身體的旋轉爆發力，提升動力鏈能量傳遞效率。

(動作要領) 練習者身體側對投擲牆，距牆約 1 公尺，雙腿呈跪姿。雙手握住實心球，旋轉軀幹並將實心球擺至髖關節外側，使軀幹形成扭緊姿勢。練習開始時，以扭緊一側臀肌發力為主，雙手藉助身體轉動的慣性順勢把球拋向牆面，球回彈後雙手接球利用球的反彈力扭緊身體還原成基本準備姿勢。

(教學重點) 脊柱保持正常生理彎曲。

(教學難點) 動態環境下，膝關節以上部位身體姿勢的控制能力。

(易犯錯誤) 軀幹晃動；腰椎部位過屈或過伸；臀部沒有收緊。

(糾正方法) 運用個別糾正法為主，著重提示動作規格和動作質量。

(訓練方法) 每側練習 8～10 次，練習 3～4 組。

(注意事項) 動作過程中挺胸直背，腰腹和臀部收緊；軀幹不要前傾或後仰。拋球時手臂伸直。

圖 10-26

5. 雙膝跪姿背對斜拋實心球

教學目標 加強身體的旋轉爆發力，提升動力鏈能量傳遞效率。

動作要領 練習者身體背對投擲牆，距牆約 1 公尺，雙腿呈跪姿。雙手握住實心球，旋轉軀幹並將實心球擺至髖關節外側，使軀幹形成扭緊姿勢。練習開始時，以扭緊一側臀肌發力為主，雙手藉助身體轉動的慣性順勢把球拋向牆面，球回彈後雙手接球利用球的反彈力扭緊身體還原成基本準備姿勢。

教學重點 脊柱保持正常生理彎曲。

教學難點 動態環境下，膝關節以上部位身體姿勢的控制能力。

易犯錯誤 軀幹晃動；腰椎部位過屈或過伸；臀部沒有收緊。

糾正方法 運用個別糾正法為主，著重提示動作規格和動作質量。

訓練方法 每側練習 8～10 次，練習 3～4 組。

注意事項 動作過程中挺胸直背，腰腹和臀部收緊；軀幹不要前傾或後仰。

圖 10-27

》》（三）半跪姿旋轉爆發力練習方法

1. 半跪姿斜下拉

教學目標 加強身體的旋轉爆發力，提升動力鏈能量傳遞效率。

動作要領 身體側向彈力帶呈半跪姿，右腿在前，髖部朝前，胸部轉向右

側，雙手握彈力帶置於軀幹右上方，雙臂伸直；雙手沿著身體轉動的趨勢向斜下方快速下拉彈力帶，練習過程中身體姿態保持穩定。

（教學重點）脊柱保持正常生理彎曲。

（教學難點）動態環境下，膝關節以上部位身體姿勢的控制能力。

（易犯錯誤）軀幹晃動；腰椎部位過度前傾或後傾；前側腿膝關節內扣、外展或超過腳尖。

（糾正方法）運用個別糾正法為主，著重提示動作規格和動作質量。

（訓練方法）每側練習 8～10 次，練習 3～4 組。

（注意事項）動作過程中挺胸直背，腰腹和臀部收緊，身體不要晃動；前側腿膝關節位於矢狀面。

圖 10-28

2. 半跪姿斜上拉

（教學目標）加強身體的旋轉爆發力，提升動力鏈能量傳遞效率。

（動作要領）身體側向彈力帶呈半跪姿，左腿在前，胸部轉向右側，雙手握彈力帶置於體前，雙臂伸直；雙臂提舉彈力帶至胸部，同時，快速轉向正面；雙臂向左肩上方提舉彈力帶，至頭頂左上方，雙臂伸直，同時，胸部快速轉向左側。

（教學重點）脊柱保持正常生理彎曲。

（教學難點）動態環境下，膝關節以上部位身體姿勢的控制能力。

（易犯錯誤）軀幹晃動；腰椎部位過度前傾或後傾；前側腿膝關節內扣、外展或超過腳尖。

糾正方法 運用個別糾正法為主，著重提示動作規格和動作質量。

訓練方法 每側練習 8～10 次，練習 3～4 組。

注意事項 動作過程中挺胸直背，腰腹和臀部收緊，身體不要晃動；前側腿膝關節位於矢狀面。

圖 10-29

3. 半跪姿正對斜拋實心球

教學目標 加強身體的旋轉爆發力，提升動力鏈能量傳遞效率。

動作要領 練習者身體正對投擲牆，距牆約 1 公尺，兩腿前後分開呈半跪姿勢，前後支撐腿的大小腿夾角均為 90° 左右。雙手握住實心球，身體向後支撐腿方向扭轉，將實心球擺至髖關節外側，使軀幹形成扭緊姿勢。練習開始時，以軀幹發力為主，雙手藉助身體轉動的慣性順勢把球拋向牆面，球回彈後雙手接球利用球的反彈力扭緊身體還原成基本準備姿勢。

教學重點 脊柱保持正常生理彎曲。

教學難點 動態環境下，膝關節以上部位身體姿勢的控制能力。

易犯錯誤 軀幹晃動；腰椎部位過度前傾或後傾；前側腿膝關節內扣、外展或超過腳尖。

糾正方法 運用個別糾正法為主，著重提示動作規格和動作質量。

訓練方法 每側練習 8～10 次，練習 3～4 組。

注意事項 動作過程中挺胸直背，腰腹和臀部收緊，身體不要晃動；前側腿膝關節位於矢狀面。

圖 10-30

4. 半跪姿下擲藥球

教學目標　加強身體的旋轉爆發力，提升動力鏈能量傳遞效率。

圖 10-31

動作要領 練習者呈半跪姿；同伴持藥球站立於練習者左側方向。同伴向
地面擲藥球；待藥球從地面反彈起來後，練習者雙手接藥球；
練習者雙手將藥球擲向地面，待藥球從地面反彈起來後，同伴
雙手接藥球。

教學重點 脊柱保持正常生理彎曲。

教學難點 動態環境下，膝關節以上部位身體姿勢的控制能力。

易犯錯誤 軀幹晃動；腰椎部位過度前傾或後傾；前側腿膝關節內扣、外
展或超過腳尖。

糾正方法 運用個別糾正法為主，著重提示動作規格和動作質量。

訓練方法 每側練習 8～10 次，練習 3～4 組。

注意事項 動作過程中保持軀幹平直；膝關節不能超過腳尖。

5. 半跪姿側對斜拋實心球

教學目標 加強身體的旋轉爆發力，提升動力鏈能量傳遞效率。

動作要領 練習者身體側對投擲牆，距牆約 1 公尺，兩腿前後分開呈半跪
姿勢，前後支撐腿的大小腿夾角均為 90° 左右。雙手握住實心
球，身體向後支撐腿方向扭轉，將實心球擺至髖關節外側，使
軀幹形成扭緊姿勢。練習開始時，以軀幹發力為主，雙手藉助
身體轉動的慣性順勢把球拋向牆面，球回彈後雙手接球利用球
的反彈力扭緊身體還原成基本準備姿勢。

圖 10-32

(教學重點) 脊柱保持正常生理彎曲。

(教學難點) 動態環境下，膝關節以上部位身體姿勢的控制能力。

(易犯錯誤) 軀幹晃動；腰椎部位過度前傾或後傾；前側腿膝關節內扣、外展或超過腳尖。

(糾正方法) 運用個別糾正法為主，著重提示動作規格和動作質量。

(訓練方法) 每側練習 8～10 次，練習 3～4 組。

(注意事項) 動作過程中保持軀幹平直；膝關節不能超過腳尖。

》》（四）前後分腿姿旋轉爆發力練習方法

1. 前後分腿姿擲藥球

(教學目標) 加強身體的旋轉爆發力，提升動力鏈能量傳遞效率。

(動作要領) 練習者身體側對投擲牆，距牆約 1 公尺，兩腿前後分開呈前後分腿姿勢，前後支撐腿的大小腿夾角均為 90° 左右。雙手握住藥球於身體右側髖部；練習開始時，以軀幹發力為主，雙手藉助身體轉動的慣性順勢把球拋向牆面。

(教學重點) 脊柱保持正常生理彎曲。

(教學難點) 動態環境下身體姿勢的控制能力。

圖 10-33

易犯錯誤　軀幹晃動；腰椎部位過度前傾或後傾；前側腿膝關節內扣、外展或超過腳尖。

糾正方法　運用個別糾正法為主，著重提示動作規格和動作質量。

訓練方法　每側練習 8～10 次，練習 3～4 組。

注意事項　動作過程中保持軀幹平直；膝關節不能超過腳尖。

2. 前後分腿姿下砍擲藥球

教學目標　加強身體的旋轉爆發力，提升動力鏈能量傳遞效率。

動作要領　基本站立姿；同伴持藥球站立於練習者左側方向。同伴從左側方向拋出藥球，練習者右腳向前邁出一步，呈前後分腿姿勢接藥球；練習者將藥球擲向同伴並回到起始基本站立姿。

教學重點　脊柱保持正常生理彎曲。

教學難點　動態環境下身體姿勢的控制能力。

圖 10-34

易犯錯誤　軀幹晃動；腰椎部位過度前傾或後傾；前側腿膝關節內扣、外展或超過腳尖。

糾正方法　運用個別糾正法為主，著重提示動作規格和動作質量。

訓練方法　每側練習 8～10 次，練習 3～4 組。

注意事項　動作過程中保持軀幹平直；膝關節不能超過腳尖。

3. 前後分腿姿前擲藥球

教學目標　加強身體的旋轉爆發力，提升動力鏈能量傳遞效率。

動作要領　基本站立姿；練習者雙手將藥球置於右肩上方，軀幹稍向右側方向旋轉；左腿向前邁出呈前後高分腿姿，同時右側手臂藉助軀幹的旋轉力量快速地將藥球擲向前方牆壁。

教學重點　脊柱保持正常生理彎曲。

教學難點　動態環境下身體姿勢的控制能力。

易犯錯誤　軀幹晃動；腰椎部位過度前傾或後傾；前側腿膝關節內扣、外展或超過腳尖。

糾正方法　運用個別糾正法為主，著重提示動作規格和動作質量。

訓練方法　每側練習 8～10 次，練習 3～4 組。

注意事項　動作過程中保持軀幹平直；膝關節不能超過腳尖。

圖 10-35

4. 前後分腿姿推拉組合

教學目標　加強身體的旋轉爆發力，提升動力鏈能量傳遞效率。

動作要領 練習者左腿在前，右腿在後呈前後高分腿姿站立；左手握住彈力帶於身前，右手握住彈力帶於身後。練習開始時，髖關節保持穩定，胸椎充分旋轉，雙手沿著身體轉動的趨勢向對側快速推拉彈力帶，練習過程中身體姿態保持穩定。

教學重點 脊柱保持正常生理彎曲。

教學難點 動態環境下身體姿勢的控制能力。

易犯錯誤 軀幹晃動；腰椎部位過度前傾或後傾；前側腿膝關節內扣、外展或超過腳尖。

糾正方法 運用個別糾正法為主，著重提示動作規格和動作質量。

訓練方法 每側練習 8～10 次，練習 3～4 組。

注意事項 動作過程中保持軀幹平直；膝關節不能超過腳尖。

圖 10-36

5. 前後分腿姿推舉

教學目標 加強身體的旋轉爆發力，提升動力鏈能量傳遞效率。

動作要領 身體右側對彈力帶呈前後分腿姿，左腿在前，胸部轉向右側，雙手握彈力帶置於體前，距離略比肩寬，右臂伸直；雙臂向左肩上方提舉彈力帶，至頭頂左上方，雙臂伸直，同時，胸部快速轉向左側。

教學重點 脊柱保持正常生理彎曲。

教學難點 動態環境下身體姿勢的控制能力。

易犯錯誤 軀幹晃動；腰椎部位過度前傾或後傾；前側腿膝關節內扣、外展或超過腳尖。

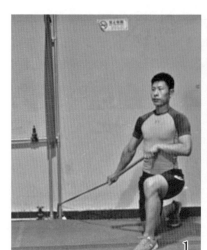

圖 10-37

糾正方法　運用個別糾正法為主，著重提示動作規格和動作質量。

訓練方法　每側練習 8～10 次，練習 3～4 組。

注意事項　動作過程中保持軀幹平直；膝關節不能超過腳尖。

6. 前後分腿姿下砍

教學目標　加強身體的旋轉爆發力，提升動力鏈能量傳遞效率。

動作要領　身體側向彈力帶，兩腿呈前後分腿姿，前後支撐腿的大小腿夾角均為 90° 左右，內側臀大肌收緊，外側大腿下壓以保持骨盆水平面的平穩，雙手握住彈力帶於內側肩上方，身體向內側扭緊。練習開始時，髖關節保持穩定，胸椎充分旋轉，雙手沿著身體轉動的趨勢向斜下方快速下拉彈力帶。

教學重點　脊柱保持正常生理彎曲。

教學難點　動態環境下身體姿勢的控制能力。

易犯錯誤　軀幹晃動；腰椎部位過度前傾或後傾；前側腿膝關節內扣、外展或超過腳尖。

糾正方法　運用個別糾正法為主，著重提示動作規格和動作質量。

訓練方法　每側練習 8～10 次，練習 3～4 組。

注意事項　動作過程中保持軀幹平直；膝關節不能超過腳尖。

圖 10-38

》》（五）站立姿旋轉爆發力練習方法

1. 站姿推拉組合

教學目標　加強身體的旋轉爆發力，提升動力鏈能量傳遞效率。

動作要領　將彈力帶一前一後固定，練習者基本運動姿站立，雙手分別持彈力帶，軀幹收緊，右手握住彈力帶於身前，左手握住彈力帶於身後。練習開始時，髖關節保持穩定，胸椎充分向右旋轉，雙手沿著身體轉動的趨勢快速推拉彈力帶，即左手向前推至水平，右手向後拉至腰間，練習過程中身體姿態保持穩定。

圖 10-39

教學重點　脊柱保持正常生理彎曲。

教學難點　動態環境下身體姿勢的控制能力。

易犯錯誤　軀幹晃動；腰椎部位過度前傾或後傾；膝關節超過腳尖。

糾正方法　運用個別糾正法為主，著重提示動作規格和動作質量。

訓練方法　每側練習 8～10 次，練習 3～4 組。

注意事項　動作過程中保持軀幹平直；臀部後移。

2. 站姿斜下拉

教學目標　加強身體的旋轉爆發力，提升動力鏈能量傳遞效率。

動作要領　身體側向彈力帶，呈基本準備姿勢站立。雙手握住彈力帶於內側肩上方，身體向內側扭緊，練習開始時，雙手沿著身體轉動的趨勢向斜下方快速下拉彈力帶，練習過程中身體姿態保持穩定。

教學重點　脊柱保持正常生理彎曲。

教學難點　動態環境下身體姿勢的控制能力。

易犯錯誤　軀幹晃動；腰椎部位過度前傾或後傾；膝關節超過腳尖。

糾正方法　運用個別糾正法為主，著重提示動作規格和動作質量。

訓練方法　每側練習 8～10 次，練習 3～4 組。

注意事項　動作過程中保持軀幹平直；臀部後移。

圖 10-40

3. 站姿斜上拉

教學目標 加強身體的旋轉爆發力，提升動力鏈能量傳遞效率。

動作要領 身體側向彈力帶，呈基本準備姿勢站立。外側手握住彈力帶並置於內側膝關節上方，身體向內側扭緊。練習開始時，以內側臀肌發力為主，下肢做快速蹬地、轉髖和伸髖等動作，髖關節、膝關節、踝關節快速充分蹬直，外側手沿著下肢轉動的軌跡順勢向斜上方提拉彈力帶至外側腰部，練習過程中身體姿態保持穩定。

教學重點 脊柱保持正常生理彎曲。

教學難點 動態環境下身體姿勢的控制能力；由膝關節的蹬伸動作體會能量的傳遞過程。

易犯錯誤 軀幹晃動；腰椎部位過度前傾或後傾；膝關節未充分伸展。

糾正方法 運用個別糾正法為主，著重提示動作規格和動作質量。

訓練方法 每側練習 8～10 次，練習 3～4 組。

注意事項 體會轉體動而不是手臂發力。

圖 10-41

4. 站姿正對拋實心球

教學目標 加強身體的旋轉爆發力，提升動力鏈能量傳遞效率。

動作要領 練習者身體正對投擲牆，距牆約 1 公尺，呈基本準備姿勢站立。雙手握住實心球，旋轉軀幹並將實心球擺至髖關節外側，使軀幹形成扭緊姿勢。練習開始時，以扭緊一側臀肌發力為主，下肢做快速蹬地、轉髖和伸髖等動作，雙手藉助身體轉動的慣性順勢把球拋向牆面，球回彈後雙手接球利用球的反彈力扭緊身體還原成基本準備姿勢。

教學重點 脊柱保持正常生理彎曲。

教學難點 動態環境下身體姿勢的控制能力；由膝關節的蹬伸動作體會能量的傳遞過程。

易犯錯誤 軀幹晃動；腰椎部位過度前傾或後傾；膝關節未充分伸展或超過腳尖。

糾正方法 運用個別糾正法為主，著重提示動作規格和動作質量。

訓練方法 每側練習 8～10 次，練習 3～4 組。

注意事項 強調髖關節發力，髖、膝、踝關節充分伸展，旋轉過程中保持腰椎穩定，胸椎旋轉充分，拋球時手臂伸直。

圖 10-42

5. 站姿側對拋實心球

教學目標 加強身體的旋轉爆發力，提升動力鏈能量傳遞效率。

動作要領 練習者身體側對投擲牆，距牆約 1 公尺，雙手握住實心球，旋轉軀幹並將球擺至外側髖關節，使軀幹形成扭緊姿勢。練習開始時，以扭緊一側臀肌發力為主，下肢做快速蹬地、轉髖和伸

髖等動作，雙手藉助身體轉動的慣性順勢把球拋向牆面，球回彈後雙手接球利用球的反彈力扭緊身體還原成基本準備姿勢。

教學重點 脊柱保持正常生理彎曲。

教學難點 動態環境下身體姿勢的控制能力；由膝關節的蹬伸動作體會能量的傳遞過程。

易犯錯誤 軀幹晃動；腰椎部位過度前傾或後傾；膝關節未充分伸展或超過腳尖。

糾正方法 運用個別糾正法為主，著重提示動作規格和動作質量。

訓練方法 每側練習 8～10 次，練習 3～4 組。

注意事項 強調髖關節發力，髖、膝、踝關節充分伸展，旋轉過程中保持腰椎穩定，胸椎旋轉充分，拋球時手臂伸直。

圖 10-43

6. 站姿背對拋實心球

教學目標 加強身體的旋轉爆發力，提升動力鏈能量傳遞效率。

動作要領 背對牆壁，雙手持實心球置於身體右側，兩腳左右開立。軀幹向右側旋轉，雙手將實心球舉至身體右側前方；左腳後撤一步；軀幹快速轉向左側，雙手將實心球擲向牆壁。

教學重點 脊柱保持正常生理彎曲。

教學難點 動態環境下身體姿勢的控制能力；由膝關節的蹬伸動作體會能量的傳遞過程。

易犯錯誤 軀幹晃動；腰椎部位過度前傾或後傾；膝關節未充分伸展或超

過腳尖。

(糾正方法) 運用個別糾正法為主，著重提示動作規格和動作質量。

(訓練方法) 每側練習 8～10 次，練習 3～4 組。

(注意事項) 動作過程中保持軀幹平直，兩腿屈膝；體會軀幹旋轉和下肢的蹬伸動作。

圖 10-44

7. 單腿站姿斜上拉

(教學目標) 加強身體的旋轉爆發力，提升動力鏈能量傳遞效率。

(動作要領) 身體側向彈力帶，內側腿單腿屈膝支撐站立，軀幹正直，肩關節放鬆下沉，雙手握住彈力帶於內側腰際，身體向內側扭緊。練習開始時，下肢以支撐腿臀肌發力並向外旋轉軀幹，雙手沿著身體轉動的趨勢向斜上方快速上拉彈力帶。

(教學重點) 脊柱保持正常生理彎曲。

教學難點 非穩定環境下身體姿勢的控制能力。

易犯錯誤 軀幹晃動；腰椎部位過度前傾或後傾。

糾正方法 運用個別糾正法為主，著重提示動作規格和動作質量。

訓練方法 每側練習 8～10 次，練習 3～4 組。

注意事項 動作過程中保持軀幹平直；體會軀幹旋轉動作。

圖 10-45

8. 單腿站姿斜下拉

教學目標 加強身體的旋轉爆發力，提升動力鏈能量傳遞效率。

動作要領 身體側向彈力帶，外側腿單腿支撐站立，內側腿抬離地面維持平衡，軀幹正直，肩關節放鬆下沉，雙手握住彈力帶於內側肩上方，身體向內側扭緊。練習開始時，下肢以支撐腿臀肌發力並向外旋轉軀幹，雙手沿著身體轉動的趨勢向斜下方快速下拉彈力帶，練習過程中身體姿態保持穩定。還原成起始姿勢後，再重複上一次動作。

教學重點 脊柱保持正常生理彎曲。

教學難點 非穩定環境下身體姿勢的控制能力。

易犯錯誤 軀幹晃動；腰椎部位過度前傾或後傾。

糾正方法 運用個別糾正法為主，著重提示動作規格和動作質量。

訓練方法 每側練習 8～10 次，練習 3～4 組。

注意事項 動作過程中保持軀幹平直；體會軀幹旋轉動作。

圖 10-46

9. 單腿站姿下拋實心球

教學目標　加強身體的旋轉爆發力，提升動力鏈能量傳遞效率。

圖 10-47

動作要領 練習者單腳站立，兩手持實心球於右肩上方，由軀幹旋轉，兩臂將實心球快速地擲向地面，同伴接反彈球後將球擲向地面，練習者接反彈球再次擲出。

教學重點 脊柱保持正常生理彎曲。

教學難點 非穩定環境下身體姿勢的控制能力。

易犯錯誤 軀幹晃動；腰椎部位過度前傾或後傾。

糾正方法 運用個別糾正法為主，著重提示動作規格和動作質量。

訓練方法 每側練習 8～10 次，練習 3～4 組。

注意事項 動作過程中保持軀幹平直；體會軀幹旋轉動作。

第三節　旋轉爆發力訓練的相關注意事項

一　選擇有效的訓練手段

應根據專項的需要，正確地選擇有效的訓練手段，規範並明確正確的動作要求。如，在發展羽毛球項目運動員的旋轉爆發力訓練時，可側重於單腳支撐類的旋轉力量練習，以滿足該項目單腳起跳殺球的專項技術需要。

二　處理好負荷與恢復的關係

①在一個訓練階段中，負荷安排應大中小結合，循序漸進地提升負荷量度。

②在小週期訓練中，應使各種不同性質的力量訓練交替進行。如在每週一、三、五可安排發展爆發力或最大力量為主的訓練。

③在每組重複練習中，注意組間的休息。一般來講，訓練水準低的運動員組間休息時間要長些。

④旋轉力量訓練後，要特別注意使肌肉放鬆。肌肉在力量訓練後會產生酸脹感，肌肉酸脹是肌纖維增粗現象的反映，也是力量增長的必然。但應採取積極措施消除肌肉的酸脹感，以利於減少能量消耗，並更好地保持肌肉彈性。

三　注意激發練習的興趣

肌肉工作力量的大小與中樞神經系統發射的神經衝動的強度有著密切的關係。神經衝動的強度越大，肌纖維參與工作的數量越多，衝動越集中，運動單位工作的同步化程度也就越高，表現出的力量也就越大。因此，在運動訓練中應注意有意識地提升運動員練習的興趣與積極性，以求提升力量訓練的效果。

進行旋轉爆發力訓練對神經系統興奮性要求更高。

四　根據生物年齡安排適宜運動負荷

生物年齡是根據正常人體生理學和解剖學的發育狀態所推斷出來的年齡，表明人體的組織結構和生理功能的實際狀態。日曆年齡是按照人的出生年月的日曆計算的年齡或者說是從時間的推移上來計算的年齡。

研究表明，同樣年齡（日曆年齡）的受試者在生物年齡上可以相差 6 年。因此，在青少年訓練過程中，對於同年齡段的運動員是否可以採用同樣的負荷量進行練習是一個值得商榷的命題。

一種比較科學的做法是透過記錄運動員身高的變化情況來推算出他們的生長速度，進而確定生物年齡，最後根據他們的生物年齡來安排適宜的運動負荷量。

思考題

（1）旋轉力量的概念與分類並舉例說明。

（2）為什麼要優先進行穩定訓練後進行非穩定訓練？

參考文獻

〔1〕尹軍，兵乓球運動員身體運動功能訓練〔M〕。北京：北京體育大學出版社，2013

〔2〕尹軍，身體運動功能診斷與訓練〔M〕。北京：高等教育出版社，2015

〔3〕尹軍，身體運動功能訓練〔M〕。北京：高等教育出版社，2015

〔4〕田麥久，運動訓練〔M〕。北京：人民體育出版社，2000

〔5〕尹軍，軀幹支柱力量與動力鏈的能量傳遞〔J〕。中國體育教練員，2012，3：16－18

〔6〕辰錚，尹軍。功能動作篩查的應用研究〔J〕。山東體育科技，2015，37（6）：75－79

〔7〕辰錚，尹軍。對「功能動作訓練」之「功能動作篩查」的審視與思考〔J〕。山東體育學院學報，2013，29（3）：62－70

〔8〕Istavan Balyij, Richard Way, Colin Higgs. Long term athlete. development〔M〕. United States：Human Kinetics, 2013

〔9〕STUART MGGILL. Low back disorders〔M〕. Human Kinetcs, 2007.

〔10〕STUART MGGILL. Ultimate back fitness and performance〔M〕. Human Kinetcs, 2010.

〔11〕BOYLE M. Advances in functional training：training. Techniques for coaches, personal. Trainers and athletes〔M〕. Lotus Publishing, 2011.

〔12〕BOYLE M. Functional training for sports：superior conditioning for today's athlete〔M〕. Human Kinetics, 2003.

〔13〕SHIRLEY SAHRMANN. Diagnosis and treatment of movement impairment syndromes〔M〕. Mosby, 2001.

〔14〕NORRIS, C.M. Functional load abdominal training：Parrt 1〔J〕. Body Work Mov. Ther. 1999, 3：150－158.

〔15〕AKUTHOTA V. Core strengthening〔J〕. Arch. Phys Med Rehabil, 2004, 85（3）：supply 1.

PART

11 快速伸縮複合訓練

本章導語

　　快速伸縮複合訓練是發展運動員爆發力的重要方法。適宜的快速伸縮複合訓練有助於塑造運動項目所需要的專項爆發力、有助於提升神經肌肉調控能力等。快速伸縮複合訓練透過提升彈性能量的使用效率以及神經肌肉控制效能提升爆發力輸出效果。

　　快速伸縮複合訓練可以提升運動員局部和整體爆發力、提升身體靈活性、提升身體協調性、提升動作效率。快速伸縮複合訓練使神經肌肉控制得到積極適應，提升爆發力訓練的實效性。

第一節　快速伸縮複合訓練的概念及分類

　　肌肉在離心（拉長）收縮之後緊接著進行向心（縮短）收縮的力量練習稱為快速伸縮複合訓練，如投擲前的「引槍」「團身」，足球射門前的「預擺」等動作。快速伸縮複合訓練的目的是利用肌肉與肌腱的自然彈性成分與牽張反射，增加後續動作的輸出功率。

　　從機械模型來看，肌肉和肌腱產生的彈性勢能會因為快速伸展而增加並暫時儲存，然後在緊接著的向心收縮階段中釋放出來，增加整體輸出能量。

　　從神經生理模型來看，快速伸縮複合訓練利用牽張反射引發的向心收縮增強作用，肌梭快速偵測出肌肉伸展的速率和長度變化後，激發形成反射性肌肉動作，增加力量輸出。

快速伸縮複合訓練可以提升動作速度和整體爆發力；提升運動過程中能量使用效率（跑步經濟性）；將最大力量轉化為爆發力最好的方式；整合全身力量，形成「整勁」。

快速伸縮複合訓練依負荷強度的等級而分類。最大強度快速伸縮複合訓練包含超高強度的激烈肌肉收縮形式，一般由跳深和其不同變化所組成。非最大強度快速伸縮複合訓練由低到中等強度的訓練組成，包括除了跳深以外的大部分訓練動作。

另外，快速伸縮複合訓練可以是以衝擊為導向的訓練（跳躍、蹦跳、跨步跳、增強式伏地起身），此時肌肉與地面或其他物體的接觸，可對肌肉的收縮形式做可逆的刺激；也可以是非衝擊導向的（沒有先前的接球動作即做打擊、猛推、投擲、傳、拋）等動作，此種訓練屬於開鏈訓練。換句話說，離心時相和向心時相併沒有直接地與其他的物體接觸而增加。兩種形式都被包含在快速伸縮複合訓練的計劃裡。

第二節　快速伸縮複合訓練方法與手段

1. 單／雙腳縱跳／前跳

教學目標 發展下肢快速伸縮能力。

動作要領 練習者雙腳與肩同寬開立／單腿站立，預先快速屈髖屈膝下蹲後，充分伸髖伸膝向上／向前跳躍，雙臂上擺或無擺動。

教學重點 正確的動作模式。

教學難點 建立正確的動作模式。

易犯錯誤 軀幹前屈，下蹲和／或緩衝時屈膝主導。

糾正方法 軀幹豎直，下蹲和／或緩衝時屈髖主導。

訓練方法 訓練頻率每週 1～3 次；結合其他練習，單次訓練課累積量（次數）：初級 60～100、中級 100～120、高級 120～140；次間休息 5～10 秒，組間休息 2～3 分鐘。

注意事項 此練習可以做單次練習和多次連續練習，採用多次連續練習時應減少每組練習次數，增加組間休息時間。

圖 11-1

2. 單／雙腳屈膝跳

教學目標 發展下肢快速伸縮能力。

動作要領 練習者雙腳與肩同寬開立／單腿站立，預先快速屈髖屈膝下蹲後迅速向上跳起，起跳至最高處單／雙膝拉向胸部，雙手快速

抱膝並在落地前鬆開。

教學重點　正確的動作模式。

教學難點　建立正確的動作模式。

易犯錯誤　軀幹前屈，下蹲和／或緩衝時屈膝主導。

糾正方法　軀幹豎直，下蹲和／或緩衝時屈髖主導。

訓練方法　訓練頻率每週 1～3 次；結合其他練習，單次訓練課累積量（次數）：初級 60～100、中級 100～120、高級 120～140；次間休息 5～10 秒，組間休息 2～3 分鐘。

注意事項　此練習可以做單次練習和多次連續練習，採用多次連續練習時應減少每組練習次數，增加組間休息時間。

圖 11-2

3. 分腿蹲跳／循環分腿跳

教學目標　發展下肢快速伸縮能力。

動作要領　練習者以前後開立屈髖屈膝約 90° 呈弓步姿勢起始，充分向上跳起並雙臂協助上擺，保持起始姿勢或空中交換腿落地。

教學重點　快速的起跳節奏。

教學難點　合理的弓步幅度，適當的緩衝時間。

易犯錯誤 軀幹前傾，弓步幅度過大，緩衝時間過長。

糾正方法 軀幹豎直，合理安排弓步幅度，減緩緩衝時長。

訓練方法 訓練頻率每週 1～3 次；結合其他練習，單次訓練課累積量（次數）：初級 60～100、中級 100～120、高級 120～140；次間休息 5～10 秒，組間休息 2～3 分鐘。

注意事項 若弓步幅度過大或過度緩衝將減緩伸長——縮短週期（SSC）對後續跳躍的效應。此練習採用多次連續練習為佳，多次連續練習時應減少每組練習次數，增加組間休息時間。

圖 11-3

4. 跨步跳

教學目標 發展下肢快速伸縮能力。

動作要領 練習者單腿微蹲後向前上方跳出，同時對側腿屈曲上抬以協助跳躍，雙臂交互或同時擺動，單腿屈曲緩衝落地。

教學重點 強調跨步的效率。

教學難點 正確的動作模式，合理的動作節奏。

易犯錯誤 緩衝時間過長。

糾正方法 減緩緩衝時長。

訓練方法　訓練頻率每週 1～3 次；結合其他練習，單次訓練課累積量（次
　　　　　數）：初級 60～100、中級 100～120、高級 120～140；組間休
　　　　　息 2～3 分鐘。

注意事項　此練習採用多次連續練習為佳，多次連續練習時應減少每組練
　　　　　習次數，增加組間休息時間。

圖 11-4

5. 單／雙腳跳越障礙——欄架

教學目標　發展下肢快速伸縮能力。

動作要領　練習者雙腳與肩同寬開立／單腳站立，預先快速屈髖、屈膝下
　　　　　蹲後，充分伸髖、伸膝上跳越過欄架，雙臂上擺協助。

教學重點　正確的動作模式。

教學難點　建立正確的動作模式。

易犯錯誤　軀幹前屈，下蹲和／或緩衝時屈膝主導。

糾正方法　軀幹豎直，下蹲和／或緩衝時屈髖主導。

訓練方法　訓練頻率每週 1～3 次；結合其他練習，單次訓練課累積量（次

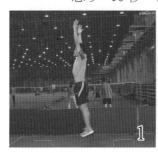

圖 11-5

數）：初級 60～100、中級 100～120、高級 120～140；次間休
息 5～10 秒，組間休息 2～3 分鐘。

注意事項 此練習可以做單次練習和多次連續練習，採用多次連續練習時
應減少每組練習次數，增加組間休息時間。可以改變障礙高度
以改變訓練強度。

6. 雙腳側向／Z 形蹦跳──欄架

教學目標 發展側向跳躍能力。

動作要領 練習者雙腳與肩同寬開立於欄架外側，預先快速屈髖屈膝下蹲
後，側向／呈 Z 字形跳躍，雙臂上擺協助。

教學重點 正確的動作模式。

教學難點 建立正確的動作模式。

易犯錯誤 軀幹前屈，下蹲和／或緩衝時屈膝主導。

糾正方法 軀幹豎直，下蹲和／或緩衝時屈髖主導。

訓練方法 訓練頻率每週 1～3 次；結合其他練習，單次訓練課累積量（次
數）：初級 60～100、中級 100～120、高級 120～140；次間休
息 5～10 秒，組間休息 2～3 分鐘。

圖 11-6

注意事項 此練習可以做單次練習和多次連續練習，採用多次連續練習時
應減少每組練習次數，增加組間休息時間。可以利用改變障礙
高度和距離以改變訓練強度。

7. 正向／側向跳上跳箱

教學目標 發展下肢快速伸縮能力。

動作要領 練習者雙腳與肩同寬開立於跳箱正面／外側，預先快速屈髖屈
膝下蹲後跳上跳箱，雙臂上擺協助，屈髖屈膝緩衝。

教學重點 正確的動作模式。

教學難點 建立正確的動作模式。

圖 11-7

(易犯錯誤) 下蹲和／或緩衝時屈膝主導、膝關節內扣。

(糾正方法) 下蹲和／或緩衝時屈髖主導、膝關節向前。

(訓練方法) 訓練頻率每週 1～3 次；結合其他練習，單次訓練課累積量（次數）：初級 60～100、中級 100～120、高級 120～140；次間休息 5～10 秒，組間休息 2～3 分鐘。

(注意事項) 此練習利用改變跳箱高度以改變訓練強度。

8. 單腿／換腿推蹬跳躍

(教學目標) 發展下肢快速伸縮能力。

(動作要領) 練習者一腳置於跳箱，另側腳置於地面，箱上的腳推蹬以向上跳起，相同腳／換腳落下，雙臂上擺協助。

(教學重點) 正確的發力部位。

(教學難點) 推蹬腿為主導。

(易犯錯誤) 地面腿代償發力，半腳掌推蹬。

(糾正方法) 箱上腿主導發力，全腳掌推蹬。

(訓練方法) 訓練頻率每週 1～3 次；結合其他練習，單次訓練課累積量（次數）：初級 60～100、中級 100～120、高級 120～140；組間休息 2～3 分鐘。

(注意事項) 此練習採用多次連續練習為佳，多次連續練習時應減少每組練習次數，增加組間休息時間。練習者可位於跳箱外側進行側向推蹬跳躍練習。

圖 11-8

9. 跳深跳遠／上跳／移動

(教學目標) 發展下肢快速伸縮能力，提升動作速度。

(動作要領) 練習者雙腳與肩同寬開立於跳箱上，跨出箱面後水平跳遠／向上縱跳／側向移動，雙臂擺動協助。

(教學重點) 正確的動作模式，接地時間短促，動作速度快速。

(教學難點) 建立正確的動作模式，減少接地時間，提升動作速度。

(易犯錯誤) 下蹲和／或緩衝時屈膝主導、膝關節內扣，緩衝時間過長。

(糾正方法) 下蹲和／或緩衝時屈髖主導、膝關節向前，減緩緩衝時間。

(訓練方法) 訓練頻率每週 1～3 次；結合其他練習，單次訓練課累積量（次

數）：初級 60～100、中級 100～120、高級 120～140；次間休
息 5～10 秒，組間休息 3～5 分鐘。

注意事項　跨出箱面時不要上跳，否則會改變練習高度；減少緩衝時間；
利用改變跳箱高度以改變訓練強度。

圖 11-9

10. 阻力助力跳——彈力帶

教學目標　發展下肢快速伸縮能力，提升動作速度。

動作要領　練習者雙腳與肩同寬開立，雙手持彈力帶於頸前或將彈力帶固
定於腰間，預先快速屈髖屈膝下蹲後，充分伸髖伸膝向上跳
起，雙臂上擺或無擺動。

教學重點　接地時間短促，動作速度快。

教學難點　減少接地時間，提升動作速度。

易犯錯誤　下蹲和／或緩衝時屈膝主導，緩衝時間過長。

糾正方法　下蹲和／或緩衝時屈髖主導，減緩緩衝時間。

訓練方法　訓練頻率每週 1～3 次；結合其他練習，單次訓練課累積量（次
數）：初級 60～100、中級 100～120、高級 120～140；組間休
息 5～10 分鐘。

圖 11-10

(注意事項) 利用彈力帶助力加速下落,以增加伸長——縮短週期(SSC)的
效益。

11. 藥球前推

(教學目標) 發展上肢快速伸縮能力。

(動作要領) 練習者以站姿或跪姿持藥球於胸前,手肘外展;預先反向運動
後爆發性向前推球,可原地維持身體姿態或跨步以產生動力。

(教學重點) 正確的動作模式。

(教學難點) 建立正確的動作模式。

(易犯錯誤) 軀幹屈曲。

圖 11-11

(糾正方法) 軀幹豎直。

(訓練方法) 訓練頻率每週 1～3 次；每組練習 8～12 次，3～6 組；組間休
息 2～3 分鐘。

(注意事項) 可以利用牆面、彈網或同伴配合。

12. 藥球過頂擲球

(教學目標) 發展上肢快速伸縮能力。

(動作要領) 練習者雙腳與肩同寬開立，手持藥球於胸前，預先將藥球舉過
頭頂並充分伸展身體，跨步向前時將藥球擲出。

(教學重點) 正確的動作模式。

(教學難點) 建立正確的動作模式。

(易犯錯誤) 手臂代償發力。

(糾正方法) 軀幹主導發力。

(訓練方法) 訓練頻率每週 1～3 次；每組練習 8～12 次，3～6 組；組間休
息 2～3 分鐘。

(注意事項) 可以利用牆面、彈網或同伴配合。可以以跪姿進行改變。

圖 11-12

13. 爆發性下墜——藥球

（教學目標）發展上肢快速伸縮能力。

（動作要領）練習者手肘伸直仰臥於地面，雙肩屈曲約 90°，同伴持藥球站於高處將球墜下，練習者雙臂屈曲接球移至胸口，爆發性地向上推球。

（教學重點）接球——推球時機。

（教學難點）恰當的接球——推球時機。

（易犯錯誤）接球後停頓時間過長。

（糾正方法）縮短接球後停頓時間。

圖 11-13

(訓練方法) 訓練頻率每週 1～3 次；每組練習 8～12 次，3～6 組；組間休息 3～5 分鐘。

(注意事項) 改變藥球的重量或站立高度以改變訓練強度。

14. 增強式推撐

(教學目標) 發展上肢快速伸縮能力。

(動作要領) 練習者直臂撐起呈俯撐姿勢，手臂屈曲下降重心後迅速伸展手肘快速推撐。

(教學重點) 下落——推起節奏。

(教學難點) 正確的下落——推起節奏。

(易犯錯誤) 軀幹過伸，下落重心後停頓時間過長。

(糾正方法) 軀幹豎直，縮短下落重心後停頓時間。

(訓練方法) 訓練頻率每週 1～3 次；每組練習 8～12 次，3～6 組；組間休息 5～10 分鐘。

(注意事項) 可以利用推上踏板或跳箱以提升訓練強度。

圖 11-14

15. 增強式仰臥起坐——藥球

(教學目標) 發展軀幹快速伸縮能力。

(動作要領) 練習者雙腿屈曲坐於地面，軀幹和髖部屈曲約 45°，同伴持球面對；同伴將球拋出後，練習者接球緩衝，伸展軀幹並將球推出。

(教學重點) 正確的動作節奏。

(教學難點) 把握正確的動作節奏。

（易犯錯誤） 軀幹屈曲，接球後停頓時間過長。

（糾正方法） 軀幹豎直，縮短接球後停頓時間。

（訓練方法） 訓練頻率每週 1～3 次；每組練習 8～10 次，3～6 組；組間休息 5～10 分鐘。

（注意事項） 推球的力量由軀幹首先發出，較小的動作範圍有利於牽張反射效益、增加腹肌收縮。利用改變藥球重量以改變訓練強度，需要同伴配合多次練習。

圖 11-13

第三節　快速伸縮複合訓練的相關注意事項

制訂快速伸縮負荷訓練計劃時，需要考慮到其他因素對訓練安全性、訓練效應以及訓練個性化的影響。這些因素包括熱身、年齡、基礎力量、平衡能力、訓練狀態、地面與可用的設備等。

一　熱　身

所有的快速伸縮複合訓練計劃的開始之前都必須要安排適當的熱身。包括一般的熱身方式（如慢跑 5～10 分鐘），靜態拉伸、動態拉伸、動作模式訓練、神經激活等。

系統的熱身運動可以使運動員在生理上做好準備以積極應對訓練，並且幫助運動員發展基礎運動技能和協調性，並轉移到快速伸縮複合訓練，保證訓練的安全性和有效性。

二　年　齡

一般認為快速伸縮複合訓練主要適用於成年人。然而大量的研究表明，青少年和老年人也能從科學的快速伸縮複合訓練中獲得益處。青少年和老年人在進行快速伸縮複合訓練時應根據個人需求，制訂合理的訓練方案，以實現訓練安全性和個性化。

建議對青少年和老年人以中低強度訓練為主，遵循循序漸進原則。對下肢訓練來說，以雙腳支撐下的訓練為主，單腳相關訓練為輔，保證訓練的安全性是最基本要求。

三　訓練狀態

快速伸縮複合訓練計劃的設計依據運動員的訓練狀態而定。新手運動員在剛開始時以低強度動作的基礎計劃進行即可。隨著肌力與協調能力的提升，再逐漸過渡到高強度動作。訓練有素的運動員有較大的耐受度，可以做高強度訓練和較大的訓練量。

歐洲教練建議運動員必須要有基礎的力量，譬如要求深蹲的重量是體重的 1.5～2.5 倍，才能進行中高等快速伸縮複合訓練。還有專家認為運動員背蹲重量為體重的 1.5 倍，臥推的重量為體重的 1.2 倍是進行中等負荷快速伸縮複合訓練的基礎。

此外，運動員的平衡能力、協調能力、瞬間爆發力、速度與敏捷性等也影響快速伸縮複合訓練。因為快速伸縮複合訓練對體能的所有要素均有益，肌力較小和體能狀況較差的運動員可以在低到中強度的快速伸縮複合訓練中得到較大的訓練效益。

四　訓練地面

快速伸縮複合訓練可以在不同的場地上進行。選擇有彈性的訓練界面，可以減少關節壓力，訓練地面不要彈性太大。對快速伸縮複合訓練而言，在草地上進行訓練是普遍的選擇，作為開放性的運動場，有益於進行較長距離的訓練。地面如果鋪墊子，太厚會過度地增加緩衝期，且不能有效地增加 SSC。水泥和硬木地面不具備吸收衝擊力的能力，並且可能導致

運動員受傷。

在水中進行訓練有利於跳躍時增加阻力（依據水的深度），但缺點是水的浮力減少了離心訓練（ECC）的負荷。Stemm 與 Jacobson、Martel 皆指出水中快速伸縮複合訓練可以增加垂直跳表現。因此水中快速伸縮複合訓練是有效的，尤其是單腳運動。上坡的快速伸縮複合訓練增加代謝與力量的需求，而下坡訓練增加離心訓練（ECC）的組成要素與負荷強度，並導致較大的運動後肌肉痠痛。

五　快速伸縮負荷訓練的器材選擇

進行快速伸縮複合訓練常見的器材包括圓錐、訓練箱、跳繩、小欄架、橡皮繩、訓練袋、負重背心、藥球、極限運動球、核心訓練球等。

圓錐可以用來作為障礙物，或是移動路徑的指示，或作為各種跳躍訓練時的障礙物。

訓練箱用在跳箱、跳深及各種不同跳躍訓練時使用。快速伸縮複合訓練使用的訓練箱可以有不同的大小，但必須是堅固的，足以承受激烈的快速伸縮複合訓練。大部分的訓練箱是木製的或鐵製的，可以承受相當大的重量。跳躍可以使用小訓練箱，而跳箱和跳深都可以使用大訓練箱。另外選擇訓練箱表面的材質也很重要。訓練箱表面應採用防滑橡膠，運動員跳上去時具有較大的摩擦力和穩定性。

六　快速伸縮負荷訓練與安全的考慮

如果訓練計劃都遵循基本訓練知識，並在訓練中給予適當的監督，那麼快速伸縮複合訓練對於所有年齡的運動員是安全的。在進行快速伸縮複合訓練時，會導致受傷的大部分原因是：

①違反了訓練指導方針；②熱身不足；③訓練過程進展過於快速；④缺乏技巧；⑤選擇較差的地面；⑥不合適的訓練量或強度；⑦不明原因容易受傷的傾向。

違反訓練指導方針，加上訓練量過多和強度過高（或進展太快），可能導致訓練超量和隨之而來的過度訓練，而過度訓練的運動員容易發生運動傷害。對快速伸縮複合訓練本身而言，重要的是訓練品質，而非單獨考

慮訓練量，尤其是進行跳深訓練時。訓練量與訓練頻率必須依據訓練階段進行謹慎的設計。熱身不足的運動員在沒有適當的生理身體準備就從事激烈、爆發性肌肉收縮的運動，會因而增加受傷的風險。

七 快速伸縮負荷訓練與其他訓練形式結合

在整個訓練的循環中，快速伸縮複合訓練通常與其他的訓練形式一起進行，以有效地提升運動員的表現。訓練計劃可以同時包含快速伸縮複合訓練與抗阻訓練。

例如，每週兩天的快速伸縮複合訓練可以較容易結合抗阻計劃。快速伸縮複合訓練可以安排在和抗阻訓練不同天或同一天。如果在同一天，則須先進行快速伸縮複合訓練，抗阻訓練在之後進行。每個訓練動作所訓練的肌群都很重要。如果當天僅有上半身是抗阻訓練，那麼下半身就可以不受約束地進行快速伸縮複合訓練，且先後順序可以不同。不建議下半身抗阻訓練與下半身快速伸縮複合訓練在一天內進行，以免導致過度疲勞。快速伸縮複合訓練亦可結合於重量訓練，譬如複合式訓練。

快速伸縮複合訓練也可以與衝刺和敏捷訓練一起進行，並設計出有效的整合訓練計劃。這些訓練形式具有相似的生理學基礎和作用，將其串聯起來操作可使神經肌肉表現最佳化，所以將這些形式的訓練整合於訓練中是最常見的。

在整個訓練中，快速伸縮複合訓練、衝刺和敏捷訓練可以採用交替訓練或連續訓練。在一些運動項目中，運動員需要有好的有氧能力，而有氧訓練亦可與快速伸縮複合訓練一起進行。其中很重要的一點必須指出：高強度無氧訓練和有氧訓練確實不相容。然而，低到中強度的有氧訓練（低頻率）仍可以進行而不會影響運動表現。如果有氧訓練的強度較高，則建議快速伸縮複合訓練在前，有氧訓練在後。可以在同一堂訓練課中進行有氧訓練和快速伸縮複合訓練，因為有氧訓練安排與兩次有氧訓練之間會影響恢復。

PART

12 速度訓練

本章導語

　　本章透過簡單實用的練習模式，系統介紹運動員實現最大速度和多方向變向速度的提升方法。

　　在現代短距離週期運動項目中，如短跑、跨欄、自行車、游泳等，運動員最大速度能力的高低是創造高水準運動成績的關鍵因素。在非週期的運動項目中，如投擲、跳躍、跳水、體操、自由式滑雪等，運動員的動作速度也成為獲勝的核心因素。而在球類和搏擊類運動項目中，多方向移動的速度素質又由靈敏的運動方式成為左右比賽成績的關鍵。所以，速度訓練在各項目訓練中占有重要地位。

第一節　速度訓練的概念與分類

一　速度訓練的概念

　　速度是指人體（或身體的某個部位）進行快速移動的能力，從生理學角度講，速度指肌肉工作時，用最短的時間完成動作的能力。它包括對各種刺激快速反應的能力，快速完成動作的能力和快速移動的能力三個部分。在運動競賽中，有些速度類運動項目如田徑中的短跑、短距離游泳等實際上就是運動員快速運動能力的較量，有些運動項目雖然不是比速度，但速度素質的好壞對運動成績有著直接的影響，投擲運動員要用最短的時間發揮全身力量，將器械拋出一定的遠度；拳擊、擊劍等運動項目，要在

運動中，伺機快速出擊，既要擊中對方，又要防躲被對方擊中，這就要求運動員具有快速敏捷的動作速度。

所以，速度是運動員的基本素質之一，在體能訓練中占有重要地位，任何一種運動項目都離不開速度訓練。

二　速度訓練的分類

速度訓練的本質就是訓練反應速度、動作速度和位移速度。

》》（一）反應速度訓練

反應速度是人體對各種信號刺激（如聲、光、觸等）的快速應答能力，如短跑運動員從發令到起動的時間不足 0.1 秒，乒乓球運動員能在 0.15 秒內根據對方的擊球動作和擊球聲音（透過視覺和聽覺），非常迅速、準確地判斷來球的落點和旋轉性能，同時做出相應的技術回擊，這就是良好的反應速度的表現。

運動員反應速度的快慢取決於刺激信號透過反射弧所需的時間，也就是反應時的長短。反應時越長，反應速度越慢。反應速度受遺傳因素的影響較大，遺傳率達到 75%以上，訓練的改變作用不大。

反應速度是由神經反射通路的傳導速度決定的，屬於一種生理過程，它首先受遺傳因素的影響，在具體的運動中，也受信號刺激強度，視、聽距離，中樞神經過程等因素的影響，所以反應速度訓練主要是針對運動員集中注意力練習，人體對信號刺激快速應答能力的練習等。

同時，反應速度訓練還因不同的運動項目類型以及完成動作的反應形式和複雜程度的不同，可分為簡單反應訓練和複雜反應訓練。

簡單反應速度訓練的特點是經由練習盡量縮短感覺（視、聽、觸）——動作反應的時間。在運動中，簡單反應速度往往受到中樞神經系統的興奮度、注意力集中度、動作的掌握程度等因素的影響。短跑、游泳、速度滑冰等項目適合簡單反應速度訓練。

複雜反應速度訓練的特點則是盡量縮短感覺（視、聽、觸）——中樞分析選擇判別——動作反應時間。在運動中大部分屬於選擇反應，對於籃球、足球、羽毛球、拳擊等需要根據對手和環境作出選擇判斷的項目適合

採用複雜反應速度訓練。

》（二）動作速度訓練

　　動作速度是指人體和人體的某一部分快速完成單個動作或成套動作的能力，以及單位時間內重複動作次數多少的能力。因此，動作速度可分為單個動作速度、成套動作速度及動作速率三種，如投擲運動員出手速度，跳躍運動員的起跳速度，體操和武術運動員完成成套動作的速度以及拳擊運動員在單位時間內的出拳速率等。在技術動作中，動作速度還可以分為瞬間速度和角速度等。

　　動作速度寓於某一個具體的動作之中，根據運動項目的技術要求，在動作速度訓練中，動作速度訓練的練習任務和內容也不同，並取決於快速完成具體動作和提升動作的熟練程度、協調性、快速力量和速度耐力水準等。因此，可將動作速度訓練分為專門性動作速度訓練和專項技術動作速度訓練。

》（三）位移速度訓練

　　位移速度指在週期性運動中，單位時間內人體快速位移的能力。通常用透過一定距離的時間，或單位時間內所透過的距離來表示，如短跑運動員的跑速、三級跳的助跑速度等。

　　在技術動作中，位移速度可分為平均速度、加速度和最高速度。位移速度受遺傳因素影響也非常明顯，有資料表明，50 公尺跑速的遺傳力為0.78。移動速度是以單位時間內人體移動的距離來評價的，這個距離的長短主要由人體移動時的步長和步頻決定，所以位移速度訓練主要針對的是人體移動過程中的步長和步頻。

　　位移速度在一定意義上也是一種人體綜合運動能力的體現，位移速度不僅和移動時的步長和步頻有關，還與運動員的綜合身體素質如力量、速度耐力、柔韌性、協調性等有密切的關係，因此，移動速度訓練一般可以安排綜合運動速度訓練，透過提升運動員綜合的身體素質可以提升位移速度，透過各種專項練習也可提升位移速度。

第二節　速度訓練方法與手段

一　直線最大速度訓練模式

≫ （一）擺臂技術動作訓練模式

1. 原地擺臂訓練模式

教學目標　發展擺臂技術。

動作要領　頭部軀幹在一條直線上，雙眼平視，下顎微收，收腹、立背、沉肩。上肢擺動以肩為軸，屈肘前後交替擺動，半握拳或伸開手掌，前擺最高不超過下顎高度，肘角度 73°～90°，後擺約90°，大臂約與地面平行，手臂後擺時關節角度有加大的趨勢。

教學重點　擺臂的方向、角度、位置、軌跡。

教學難點　放鬆協調，前擺與後擺的配合。

易犯錯誤　肌肉緊張、聳肩、晃肩，手臂左右橫擺，身體左右傾斜。

糾正方法　語音提示，分別糾正。

訓練方法　每組練習 15 秒，練習 3～6 組。訓練時可採用直立、前後開立、弓步、單膝跪、雙膝跪、坐姿等多種姿勢練習，練習時動作節奏可交替變換，也可以計時練習。

注意事項　高速擺動保持肩和軀幹的穩定性。變換節奏慢速——中速——高速，心理定向於兩臂的協調配合。

圖 12-1

2. 結合下肢擺臂訓練模式

教學目標　發展上肢與下肢擺動的協調配合。

動作要領　上肢擺動同原地擺臂技術。保持肩部、髖部及軀幹的穩定性，心理定向於一側手臂前擺與異側腿前擺的協同配合，包括方向、位置、軌跡、力量和速率等。

教學重點　上肢與下肢的擺動協調配合。

教學難點　放鬆協調，前擺與後擺的配合。

易犯錯誤　動作僵硬，不放鬆協調，上下肢配合脫節。

糾正方法　建立正確技術概念，語音提示，分別糾正，對比法，錄影回饋法等。

訓練方法　原地每組練習 10～20 秒或行進間 30 公尺，練習 3～6 組；可採用行軍步、高抬腿跑、弓步跳等方式進行練習，也可採用原地

圖 12-2

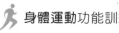

或行進間行軍步或墊步結合擺臂，原地半蹲碎步或跑結合擺臂，原地或行進間高抬腿跑結合擺臂，原地或行進間擺腿結合擺臂，前後分腿跳結合擺臂，弓箭步換腿跳結合擺臂，弓步推拉滑板結合擺臂等方法。

注意事項 高速擺動保持肩和軀幹的穩定性，上肢與下肢運動的高度協同性。

3. 結合軀幹擺臂訓練模式

教學目標 發展擺臂、下肢蹬擺與核心支柱穩定的協同配合能力。

動作要領 上肢動作同原地擺臂技術，軀幹保持穩定或發力狀態。

教學重點 擺臂技術的動作質量。

教學難點 軀幹用力的情況下擺臂的穩定性。

易犯錯誤 動作僵硬，不放鬆協調。

糾正方法 建立正確技術概念，語音提示。

訓練方法 原地每組練習 10～20 秒，練習 3～6 組；可採用仰臥起坐伴隨擺臂、軀幹 V 形擺臂、俯臥遊泳等動作進行練習。

圖 12-3

（注意事項）高速擺動保持肩和軀幹的穩定性，上肢與下肢運動的高度協同性。

》》（二）技術動作訓練模式

1. 小步跑

（教學目標）發展動作速率和鞭打著地技術。

（動作要領）頭部與軀幹前傾 5°～10°，雙眼平視，下顎微收，保持核心支柱的穩定性。大腿抬起約 30°，踝關節背屈，大腿下壓帶動小腿用前腳掌鞭打著地，雙腿交替前行。

（教學重點）高速下著地技術。

（教學難點）踝關節的靈活性與彈性支撐。

（易犯錯誤）腳背與小腿僵硬，制動性著地。

（糾正方法）建立正確技術概念，語音提示，分別糾正，分解法，對比法，錄影回饋法。

（訓練方法）原地每組練習 10～20 秒或行進間 30 公尺，練習 3～6 組。

（注意事項）踝關節的靈活性，小腿與腳掌的回扒動作，採用卡片式著地，避免制動著地。

圖 12-4

2. 高抬腿跑

（教學目標）發展動作速度和擺腿技術。

<u>動作要領</u>　軀幹前傾 5°～10°，保持核心支柱的穩定性，支撐腿的髖、膝、
　　　　　踝充分伸展並保持穩定支撐，擺動腿的大小腿摺疊上擺至水平
　　　　　位，雙腿交替進行。

<u>教學重點</u>　擺腿的技術。

<u>教學難點</u>　擺與壓的配合。

<u>易犯錯誤</u>　後坐、骨盆後縮。

<u>糾正方法</u>　建立正確技術概念，分解法，語音提示。

<u>訓練方法</u>　每組原地練習 5～20 秒或行進間 30 公尺，練習 3～6 組。

<u>注意事項</u>　保持高重心，控制軀幹的穩定性，動作輕快、放鬆、有彈性，
　　　　　與擺臂協調配合。

圖 12-5

3. 行軍步

<u>教學目標</u>　整合上肢、軀幹、下肢運動鏈，發展動作速度能力。

<u>動作要領</u>　單腳著地，同側手臂上擺，對側下肢積極下壓，著地腳蹬離地
　　　　　面的同時，對側手臂積極向前上方擺動，兩腿交替向前移動。
　　　　　保持肩部、軀幹、髖部的穩定性，支撐腿的髖膝踝充分伸展，
　　　　　頭、頸部、軀幹、支撐腿保持一條直線。

<u>教學重點</u>　下肢的蹬擺配合。

<u>教學難點</u>　上下肢協調配合。

<u>易犯錯誤</u>　核心支柱的穩定性差，上下肢配合不協調。

糾正方法 建立正確技術概念，模仿法，語音提示。

訓練方法 每組行進間跑 20 公尺，練習 3～6 組。

注意事項 練習行軍步時要保持肩部、腰部、髖部的穩定性，向下向後蹬踏時臀大肌積極收縮，各肢體之間高度協調配合。練習方式可採用支撐腿墊 1 步、墊 2 步進行，練習注重動作質量。

圖 12-6

4. 直腿下壓跑

教學目標 發展前擺下壓著地能力。

動作要領 跑動中，直腿支撐，踝關節發力充分蹬伸，擺動腿直腿擺動，雙腿鐘擺式交替向前跑動，保持肩部、軀幹、髖部的穩定性。

圖 12-7

教學重點 前擺和後擺的剪絞配合。

教學難點 前擺與後擺的幅度。

易犯錯誤 兩大腿之間角度過小，髖關節後縮。

糾正方法 建立正確技術概念，語音提示。

訓練方法 每組行進間跑 30 公尺，練習 3～6 組。

注意事項 注意下肢動作放鬆，可採用支撐雙槓雙腿懸空鐘擺練習。

5. 加速跑

教學目標 發展加速能力，提升加速跑技術。

動作要領 前腿爆發性蹬伸並向前加速，後腿蹬離地面加速前擺，雙臂充
分向相反方向擺動。加速時，前幾步在身體重心投影後著地，
腳支持時間較長，逐漸加大步長、步速，軀幹逐漸抬起，支撐
時間逐漸縮短，採用勻加速節奏。

教學重點 加速跑的節奏。

教學難點 加速跑聯貫性。

易犯錯誤 起動時下肢發不出力，加速節奏不合理，身體重心抬起過早。

糾正方法 建立正確技術概念，標誌法，語音提示。

訓練方法 加速跑 30 公尺、40 公尺、50 公尺，練習 3～6 組；可採用站立
式起跑接加速跑，半蹲式起跑接加速跑，蹲踞式起跑接加速跑
等練習方式。

注意事項 逐漸縮短腳與地面的接觸時間，著地要有彈性，充分發揮髖

圖 12-8

部、下肢的蹬伸作用，前 4 步，大小腿半摺疊，腳緊貼地面前擺，逐漸加大擺腿的高度，不要破壞加速節奏。

6. 繩梯訓練

教學目標　發展快速腳步移動能力，提升身體的靈活性、平衡性和協調性。

動作要領　利用繩梯做小步跑、高抬腿跑、交叉步跑、墊步高抬腿等各種腳步移動練習，如一步一格、一步兩格等。

教學重點　腳的移動速度。

教學難點　移動的協調性，腳法的準確性。

易犯錯誤　跑步動作不協調。

糾正方法　語音提示和信號刺激。

訓練方法　練習 8～12 組。

注意事項　動作速率快，減少腳掌與地面的接觸時間，動作放鬆、協調、有彈性，可採用計時跑。

圖 12-9

7. 仰臥上下直腿交叉擺動

教學目標　發展腿部剪絞速度。

動作要領　仰臥，髖部以下懸空，兩腿以髖為軸上下直腿交叉高速擺動。

教學重點　剪絞的速率。

教學難點　大幅度、快頻率。

易犯錯誤　動作僵硬，配合脫節。

糾正方法　語音提示、信號刺激。

訓練方法　每組練習 10 秒，練習 6～8 組。

注意事項　隨著運動員水準的提升，可在其腿部負重進行練習。

圖 12-10

8. 仰臥高抬腿

教學目標　發展動作頻率。

動作要領　練習者仰臥，軀幹正直保持穩定，兩腿交替做高抬腿動作。

教學重點　抬腿的速度。

教學難點　軀幹的穩定性。

易犯錯誤　軀幹晃動，動作自然不放鬆。

糾正方法　語音提示、信號刺激。

訓練方法　每組練習 10 秒，練習 6～8 組。

注意事項　隨著運動員水準的提升，可在其腿部負重進行練習。

圖 12-11

9. 快速擺腿訓練

教學目標 發展擺腿速度。

動作要領 頭部與軀幹在一條直線上，雙眼平視，下顎微收，收腹、立背、沉肩。一側腿伸直支撐，對側腿以髖為軸做快速上抬與下壓運動，支撐腿配合擺動做快速墊步。

教學重點 抬腿與下壓的速度。

教學難點 擺腿與支撐的協調配合。

易犯錯誤 腰髖的穩定性差，軀幹出現晃動與前後運動，動作僵硬不協調。

糾正方法 語音提示、信號刺激。

訓練方法 每組練習 10〜15 秒，練習 6〜8 組。

注意事項 擺動腿可負重或橡膠帶與空擺相結合訓練，雙腿交換訓練，規定時間與擺動次數。

圖 12-12

10. 阻力跑

教學目標 發展跑的步長能力。

動作要領 利用上坡跑、橡膠帶抗阻訓練、拉雪橇訓練、拖降落傘訓練、負重跑、沙灘跑訓練，發展跑的步長能力。

教學重點 強調腿部蹬伸的力量和速度。

教學難點 控制正確的跑動姿勢。

易犯錯誤 跑動不協調放鬆，動作有代償。

糾正方法 語音提示、信號刺激。

訓練方法 練習距離 30～60 公尺，練習 3～6 組。

注意事項 外部阻力負荷應適宜，阻力過大會增加蹬伸的時間，破壞正確
的跑動技術。

圖 12-13

11. 橡膠帶抗阻前、後擺腿訓練

教學目標 發展跑動的前、後擺動專項爆發力，提升步長能力。

動作要領 利用橡膠帶抗阻，發展跑的屈髖和伸髖力量。採取各種體姿進
行訓練，橡膠帶可固定在腰、膝、踝處。

圖 12-14

教學重點　發展跑動的前、後擺動專項爆發力。

教學難點　模擬專項動作練習。

易犯錯誤　出現動作代償。

糾正方法　語音提示、幫助法。

訓練方法　固定時間或次數，練習 3～6 組。

注意事項　根據個體情況，調整負荷。

二 多方向移動速度到原模式

》（一）程序化訓練模式

1. 轉身接起動加速訓練

教學目標　變向速度和動作靈敏，提升動作靈敏成績。

動作要領　三個標誌物呈一直線擺放，按 1、2、3 編號，間距 5 公尺，運動員首先面向標誌物 2，髖部、肩部和軀幹與標誌物平行。準備完畢或接收外界信號後，運動員向左轉身衝到標誌物 1，轉 180°，再衝到中間的標誌物 2。

教學重點　變向速度和動作靈敏，提升動作靈敏成績。

教學難點　變向加速的聯貫性。

易犯錯誤　重心過高，失去平衡。

糾正方法　講解法、示範法。

訓練方法　每組 2～4 次，練習 2～4 組。

注意事項　訓練分別從左右兩個方向進行。

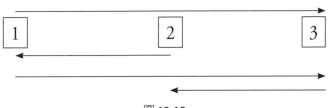

圖 12-15

2. L 形跑、90° 急轉變向

教學目標　提升動多向移動之間的快速轉換能力。

動作要領　標誌物設置 L 形，並編號，距離 10 公尺。運動員站在標誌物 1 的外側，髖部、肩部和軀幹與標誌物平行。信號下達，跑向標誌物 2。到達標誌物 2 後，運動員降低重心，做一個側向急轉變向，衝刺到標誌物 3。

教學重點　提升動多向移動之間的快速轉換能力。

教學難點　動作轉換的協調性。

易犯錯誤　失去平衡，變向慢。

糾正方法　講解法、示範法。

訓練方法　每組 2～4 次，練習 2～4 組。

注意事項　應當從兩個方向進行相等次數的重複練習。

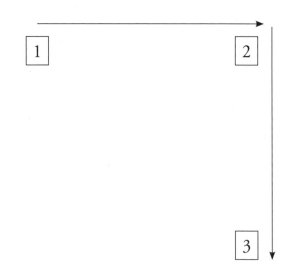

圖 12-16

3. L 形跑

教學目標　發展運動員專項運動的平衡能力和快速轉向時的加速能力。

動作要領　三個標誌物呈 L 形，距離 10 公尺。站在標誌物 1 的外側起動，從標誌物 1 衝到標誌物 2，降低重心，調整腳步。運動員旋轉

90°，加速跑到標誌物 3。使用碎步繞標誌物 3 轉 180°，然後加速回到標誌物 2。再一次轉 90°，迅速跑回到標誌物 1。

（教學重點）運動的平衡能力和快速轉向時的加速能力。

（教學難點）加速、減速、制動、變向、加速的聯貫性。

（易犯錯誤）動作不穩定，失去平衡，變向慢。

（糾正方法）講解法、示範法。

（訓練方法）每組 2～4 次，練習 2～4 組。

（注意事項）教練員可以採用反方向進行此訓練。

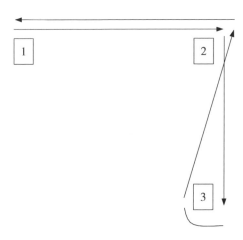

圖 12-17

4. T 形跑訓練

（教學目標）提升運動員迅速加速或減速以及迅速改變方向的能力。

（動作要領）將三個標誌物設置成一條直線，分別相隔 5 公尺。編號標誌物 2、標誌物 3 和標誌物 4。第四個標誌物（標誌物 1）垂直於標誌物 3，間隔為 10 公尺。從標誌物 1 處出發，衝刺到標誌物 3，迅速左轉快速跑到標誌物 2。運動員使用碎步繞標誌物 2 轉 180°，後衝刺到標誌物 4。接著繞標誌物 4 轉 180° 衝到標誌物 3，迅速左轉然後加速跑回起點。

（教學重點）加速或減速以及迅速改變方向的能力。

（教學難點）加速、減速、制動、變向、加速的聯貫性。

（易犯錯誤）動作不穩定，失去平衡，變向慢。

糾正方法　講解法、示範法、語言提示法。

訓練方法　每組 2 次，練習 2～4 組。

注意事項　根據專項運動需要，結合相關步法練習。

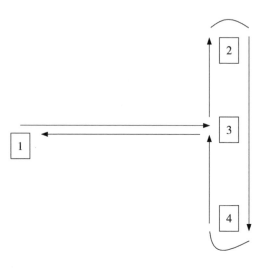

圖 12-18

5. 方形跑訓練

教學目標　提升運動員迅速加速或減速以及迅速改變方向的能力。

動作要領　用 4 個標誌物分別按 1、2、3、4 編號，設置成一個正方形，邊長 10 公尺。運動員在標誌物 1 站立式起跑，聽到信號後衝向標誌物 2。當運動員到達標誌物 2 時，並迅速轉體 90°，再跑向標誌物 3。運動員以相同的方式繞過所有的標誌物，直到再次回到標誌物 1。

教學重點　迅速加速或減速以及迅速改變方向的能力。

教學難點　加速、減速、制動、變向、加速的聯貫性。

易犯錯誤　動作不穩定，失去平衡，變向慢。

糾正方法　講解法、示範法、語言提示法。

訓練方法　每組 2 次，練習 2～4 組。

注意事項　此訓練可以順時針方向和逆時針方向進行。運動員也可以倒著跑過或側向移過這些標誌物。

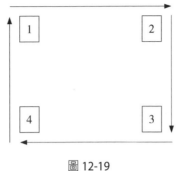

圖 12-19

6. X 形跑訓練

教學目標　提升運動員迅速加速或減速以及迅速改變方向的能力。

動作要領　從標誌物 1 出發，運動員快速衝向標誌物 2。運動員倒走繞過標誌物 2，然後斜著倒走到標誌物 4。在標誌物 4 處，運動員轉身並繞過標誌物 4，再衝向標誌物 3。在標誌物 3 處，運動員倒走繞過，接著斜著倒走到標誌物 1。

教學重點　迅速加速或減速以及迅速改變方向的能力。

教學難點　加速、減速、制動、變向、加速的聯貫性。

易犯錯誤　動作不穩定，失去平衡，協調性差。

糾正方法　講解法、示範法、語言提示、減難法。

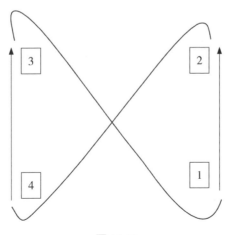

圖 12-20

訓練方法　每組 2 次，練習 2～4 組。

注意事項　運動模式可以改為先快跑後併步移動的形式。

7. 公尺字跑訓練

教學目標　發展多方向移動速度。

動作要領　6 個標誌物擺成兩列，之間相距 10 公尺，每列標誌物之間相距 5 公尺，中心點 O 點用膠布標出。運動員呈準備姿勢站在 O 點，得到信號後，運動員以交叉步觸摸標誌物 4，並快速退回 O 點；再交叉上步，觸摸標誌物 3，並快速退回 O 點，繼續交叉上步，觸摸標誌物 5，依此順序，觸摸完所有標誌物結束練習。

教學重點　多方向移動速度。

教學難點　步法的協調性。

易犯錯誤　動作不放鬆，轉換速度慢。

糾正方法　語言提示動作節奏，減難法。

訓練方法　練習 4～6 組。

注意事項　移動步法可採用交叉步、跑步、併步、後退，轉身等多種腳法動作練習；可進行隨機訓練，分別對 6 個標誌物按 1～6 編號，叫到哪個號碼，運動員快速移動到哪個標誌物後並快速返回。

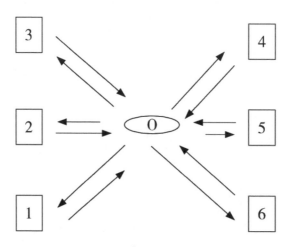

圖 12-21

8. 放射跑訓練

教學目標　發展多方向移動速度。

動作要領　用 5 個標誌物間隔 2～3 公尺擺成一行直線，與一行直線的中間
標誌物垂直方向 6～8 公尺設置標誌點，作為 O 點。運動員在
O 點呈準備姿勢站好，接收到信號後，運動員跑到任何一側的
標誌物，並觸碰標誌物後退回 O 點，再從起點到第二個標誌
物，依次進行練習。

教學重點　前進與後退的技術動作。

教學難點　加速——減速制動——加速的聯貫性。

易犯錯誤　後退重心過高，身體平衡控制差。

糾正方法　語言提示，減難法。

訓練方法　練習 4～6 組。

注意事項　可進行隨機訓練，分別對 5 個標誌物按 1～5 編號，聽到某個號
碼，運動員快速移動到該標誌物後並快速返回。運動員可以腰
部負橡膠帶抗阻練習。

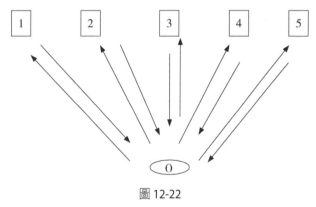

圖 12-22

9. M 形跑訓練

教學目標　發展多方向移動速度。

動作要領　從標誌物 1 出發，快速衝向標誌物 2。到達標誌物 2 後，運動
員恢復為預備姿勢，當運動員透過標誌物 2 時用外側的腳改變
方向。然後，運動員斜著走到標誌物 5，之後恢復到預備姿

勢，站穩後迅速跑向標誌物 3。到達標誌物 3 後，運動員恢復
到預備姿勢，站穩後，倒走到標誌物 4。透過標誌物 4 後，運
動員側向移動返回到標誌物 1。

教學重點 多方向移動速度與相關步法動作技術。

教學難點 加速——減速制動——加速的聯貫性。

易犯錯誤 身體平衡控制差。

糾正方法 講解法、示範法、語言提示法。

訓練方法 練習 4～6 組。

注意事項 訓練應該從左右兩個方向進行練習從而保持訓練的平衡。

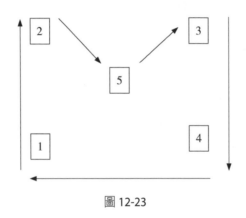

圖 12-23

》》（二）隨機訓練模式

1. 速度轉換訓練

教學目標 提升反應速度、加速和減速的能力。

動作要領 兩個標誌物，相距 20 公尺，運動員從一側標誌物跑向另一側標
誌物。1 信號以最大 40%的速度跑，2 信號以最大 70%的速度
跑；3 信號以 100%的速度快跑。以視覺或聽覺信號線索，打亂
三種信號順序進行練習。

教學重點 反應速度、加速和減速的能力。

教學難點 速度感，節奏感，轉換的自然聯貫性。

易犯錯誤 動作僵硬，節奏紊亂。

糾正方法 講解法、語言提示法、節拍器控制節奏法。

訓練方法 每組 25～30 秒，練習 4～6 組。

注意事項 教練員以語音或手勢發放命令，運動員注意力保持集中。

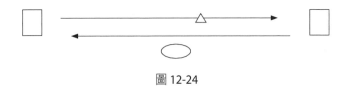

圖 12-24

2. 手勢信號示意反應能力訓練

教學目標 提升反應靈敏速度、左右快速變向、加速、減速、制動的能力。

動作要領 標誌物 1 與標誌物 2 相距 10 公尺，運動員以準備姿勢站在標誌物 1 處，教練員在標誌物 2 的後面。聽到開始的命令，運動員原地踏步，等待教練員給出改變方向的視覺信號。教練員給出向前後、左右移動的手勢信號，向左右側移動，以並步或交叉步進行；向後的信號以後退跑進行；向前的信號以衝刺跑進行。

教學重點 提升反應靈敏速度，加速、減速、制動的能力。

教學難點 運動員對信號應答的速度、準確性。

易犯錯誤 提前應答。

糾正方法 講解法、語言提示法。

訓練方法 每組 8～10 秒，練習 4～6 組。

注意事項 動員到達兩個標誌物的中間位置，教練員便可以改變信號。教練員將雙臂放於身體兩側示意運動員向後退。教練員可以直接把手臂伸到身前來示意運動員停在當前位置，踏步，等待下一個訊息線索。

圖 12-25

3. 傳接球反應能力訓練

教學目標 提升側向移動速度、手眼協調能力。

動作要領 兩個標誌物相距 6 公尺，運動員站在兩個標誌物的中線，教練員面向運動員把球拋向左邊或右邊的標誌物。運動員並步移到一邊，接住球然後把球投回給教練員。

教學重點 側向移動速度。

教學難點 手眼腳協調配合。

易犯錯誤 重心不穩定，平衡能力差。

糾正方法 語音提示，減難法。

訓練方法 每組 20 秒，練習 3～6 組。

注意事項 隨著運動員的反應時和運動模式的提升，可以增加兩個標誌物之間的距離或加快投球的速度。

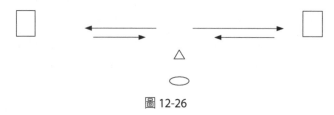

圖 12-26

4. 傳接球多向移動訓練

教學目標 發展運動員的多向移動速度能力、視覺反應能力。

動作要領 在 15×15 公尺的場地上，教練員雙手各拿一個網球，運動員面向教練員準備姿勢站立，兩人相距 3～4 公尺，教練員邊後退邊把球投到運動員周圍 3～4 公尺的地方，運動員快速移動撿回球交給教練員，同時教練員把球拋出，不間斷進行練習。

教學重點 發展運動員的多向移動速度能力、視覺反應能力。

教學難點 練習的節奏控制。

易犯錯誤 移動不聯貫、動作僵硬，變向慢。

糾正方法 語音提示、減難法。

訓練方法 每組 20 秒，練習 3～6 組。

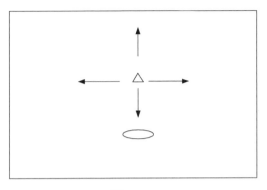

圖 12-27

注意事項 隨著運動員的反應時和移動水準的提升，加快投球的速度與距離。

5. 三角移動訓練

教學目標 發展反應速度、多方向快速移動能力。

動作要領 標誌物從 1～3 分別編號，擺成三角形，相距 5～6 公尺。運動員以準備動作站在標誌物 1 處，教練員站在旁邊，喊出運動員前面的標誌物 2 和標誌物 3 的任意號碼，運動員立刻衝刺到選中的標誌物並轉身或後退跑回標誌物 1。

教學重點 發展反應速度、多方向快速移動能力。

教學難點 反應的快速應答及移動的協調性。

易犯錯誤 提前應答，動作不放鬆。

糾正方法 語音提示、減難法。

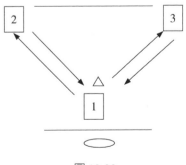

圖 12-28

訓練方法　每組 10、15、20 秒，練習 3～6 組。

注意事項　根據運動需要改變練習模式，如運動員背對標誌物或雙手撐地，伸展雙臂，以俯地挺身的姿勢開始。

6. 多向移動盒子訓練

教學目標　發展反應靈敏速度、多向移動速度。

動作要領　將 4 個標誌物擺成一正方形：邊長大約為 6～8 公尺。4 個標誌物從 1～4 分別編號。運動員以準備姿勢站在正方形的中心。教練員發出編號後，運動員開始向前跑、後退或按照要求移動到標誌物，並用離標誌物最近的手觸碰標誌物或去觸碰在訓練前規定的標誌物。隨後運動員快速跑回開始位置，等待教練員叫下一個號碼。

教學重點　反應靈敏速度、多向移動速度。

教學難點　快速應答，移動的協調性。

易犯錯誤　提前應答，動作不放鬆。

糾正方法　語音提示、減難法。

訓練方法　每組 10、15、20 秒，練習 3～6 組。

注意事項　可提供視覺或聽覺信號線索進行練習。

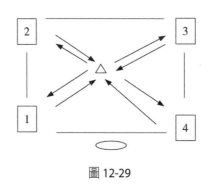

圖 12-29

7. Y 形訓練

教學目標　發展反應靈敏速度、多向移動速度。

動作要領　將 4 個標誌物擺成 Y 形。兩個標誌物組成 Y 形的頂端，底端的標誌物與中間的標誌物相距 10 公尺。底部的標誌物是 1 號，中

間的是 2 號，頂端的分別為 3 號和 4 號。教練員站在標誌物 2
的前面即 Y 形頂端 V 字形的位置。運動員在標誌物 1 做出某專
項運動的預備姿勢。教練員的信號一發出，運動員快速跑向標
誌物 2。運動員到達後，教練員給出一個方向性的訊息線索來
指示運動員應該跑向哪個標誌物。

教學重點 反應靈敏速度、多向移動速度。

教學難點 快速應答，移動的協調性。

易犯錯誤 提前應答，動作不放鬆。

糾正方法 語音提示。

訓練方法 每組 2 次，練習 3～6 組。

注意事項 方向性的訊息線索可以是聽覺或視覺訊息，比如叫出號碼。教
練員可以讓運動員後退或者側向移動到指定的標誌物來改編這
項訓練。

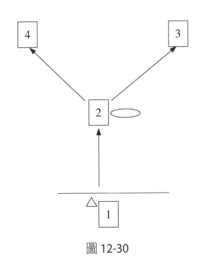

圖 12-30

8. 數字跑訓練

教學目標 發展反應靈敏速度、多向移動速度。

動作要領 將 6 個標誌物擺成 2 列，間隔大約為 10 公尺。每一列中的標誌
物各自相距大約 10 公尺。每列的第一個標誌物為 1 號，中間的
為 2 號，最後的為 3 號。運動員站在其中一列的標誌物 1 後
面。教練員喊出號碼時，運動員快速跑向對面一列的相應位

置，並站在旁邊一直踏步，直到教練員喊出下一個方向訊息。
教練員每喊一個號碼，運動員就跑向對面一列的相應位置。

教學重點　反應靈敏速度、多向移動速度。

教學難點　快速應答，移動的協調性。

易犯錯誤　提前應答，動作不放鬆。

糾正方法　語音提示。

訓練方法　每組 10～15 秒，練習 2～4 組。

注意事項　這項訓練需要進行 8～12 秒，休息之前方響應當改變 2～4 次，
至少進行一組反方向的練習。

圖 12-31

9. 反應競速訓練

教學目標　發展反應靈敏速度、多向移動速度。

動作要領　將 6 個標誌物擺放成 2 列，大約相距 5 公尺。每列的標誌物之
間各自相距 10 公尺。教練員從 1～3 分別把每列的標誌物編
號，在標誌物 1 前標一條起跑線。兩名運動員選擇各自的起跑
線，然後以準備姿勢站著距起跑線大約 5 公尺，教練員喊出一
個號碼便開始比賽。運動員跑到本列中相應的標誌物，用一隻
手觸碰它，轉身，然後快速跑回起跑線。

教學重點　反應靈敏速度、多向移動速度。

教學難點　快速應答，跑的協調性。

易犯錯誤　提前應答，動作不放鬆。

糾正方法　語音提示。

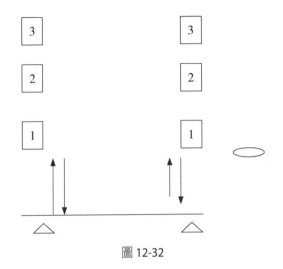

圖 12-32

訓練方法　練習 4～6 組。

注意事項　練習時運動員保持技術動作的規範性。

第三節　速度訓練相關注意事項

一　注重準備活動

充分的準備活動，可使體溫升高，中樞神經系統興奮性提升，神經系統靈活性增強，肌肉的黏滯性下降，容易將肌肉處於適當的緊張待發狀態。這樣既能避免運動性損傷，又能有效地提升反應和動作的速度。

二　保持高度集中注意力

注意力集中可使神經系統處於適宜的興奮狀態，使肌肉處於緊張待發狀態，此時肌肉反應速度比處於放鬆狀態快 60%左右。

實踐發現，運動員應把注意力重點集中在所完成反應的動作上，而不是在信號上。

三　採用多樣化的信號刺激

運動員對某種信號刺激的應答動作達到熟練程度後，應經常採用多樣

化的信號刺激，改變刺激因素的強度和信號發出時間，這樣有利於激發運動員的練習興趣，提升練習效果。

四 結合專項特點進行訓練

不同專項運動員對不同類型信號刺激做出的反應也不同，因此在訓練中要根據專項特點訓練運動員對特定信號的反應速度。

例如：乒乓球運動主要提升運動員的視覺反應；籃球、排球運動主要提升運動員的視、聽、觸覺的反應；短跑和游泳運動主要提升運動員的聽覺反應。

五 練習時間不宜過長，防止過度疲勞

快速運動需要神經系統發放高強度的神經衝動，高強度的神經衝動維持時間僅僅為幾秒鐘；快速的運動主要依賴磷酸原系統供能，磷酸原系統供能的時間一般不會超過 10 秒。

所以，速度練習時間最好不要超過 10 秒。

六 從練習者實際情況出發

訓練內容的安排應充分考慮練習者訓練水準和身體狀態的可接受程度，速度訓練期間應保證練習者身體疲勞完全恢復，練習內容循序漸進，先易後難，先慢後快。

七 合理安排青少年和女子速度訓練內容

速度素質的發展水準受人體生長發育水準的制約，7～13 歲的少年兒童處在速度素質的快速發展期，這一階段他們的神經系統功能和協調能力快速發展，這一階段的速度訓練有助於提升他們的動作頻率、單個動作速度和反應速度。13 歲以後可安排以增長力量為主的速度訓練。

針對女子身體形態的特點，女子力量和爆發力相對較小，反應時較長，決定了女子在速度訓練時，應注意發展反應能力和快速力量，以提升反應速度和動作速度。

女子的下肢偏短，可透過加快步頻彌補力量和步幅的不足。

八　預防和消除「速度障礙」

速度素質發展到一定水準，常會出現提升緩慢甚至停滯不前的現象，此被稱為「速度障礙」。因此，為了預防和克服這種現象，繼續提升速度，還應注意：

①加強基礎訓練

使運動員掌握好基本技術，全面提升水準，擴大機體能力，為提升專項能力打下紮實的基礎，這可使速度障礙來得遲些。

②訓練手段多樣化

以不同的節奏和頻率完成動作，建立中樞神經系統靈活多樣的條件反射，可以防止或減緩速度障礙。

③出現「速度障礙」就要調整訓練計劃

如果出現了「速度障礙」現象就應有計劃、有針對性地發展運動素質，改進運動技術，加大訓練的量和強度，加大刺激，利用各種手段與其作競爭。如：上下坡跑、變速跑、順風跑、牽引跑等，改變已形成習慣的動力定性，改變中樞神經系統的反射聯繫，建立新的快速運動的條件反射。

思考題

（1）速度訓練分為哪幾種訓練模式？列舉每種訓練模式的 3 種訓練方法。

（2）簡述速度訓練的注意事項。

（3）簡述速度訓練中的頻率訓練模式。

參考文獻

〔1〕Bill Foran. 高水準競技體能訓練〔M〕. 袁守龍，劉愛杰，譯. 北京：北京體育大學出版社，2006.

〔2〕張英波. 現代體能訓練方法〔M〕. 北京：北京體育大學出版社，2006.

〔3〕尹軍，張啟凌，陳洋. 乒乓球運動員身體運動功能訓練〔M〕. 北京：北京體育大學出版社，2013.

〔4〕尹軍，袁守龍. 身體運動功能訓練〔M〕. 北京：高等教育出版社，2015.

〔5〕尹軍. 身體運動功能診斷與訓練〔M〕. 北京：高等教育出版社，2015.

〔6〕楊世勇. 體能訓練〔M〕. 北京：高等教育出版社，2012.

PART

13 平衡能力訓練

本章導語

　　人體平衡是身體進行自我綜合調節的一個複雜過程，涉及感覺輸入、中樞分析組合及身體各部位肌群平衡協調收縮，其要達到的目標是保持身體平衡。平衡的維持需要高級中樞不斷接受和整合來自身體各部位的感覺傳入訊息，經大腦皮層中樞的平衡反射調整，以保持身體軀幹、肢體位置、運動的協調。

第一節　平衡訓練的概念與分類

　　青少年正處在身心發展的關鍵時期，經常會參加學校及課外組織的各種體育活動。青少年精力旺盛、活潑好動是其特點，在參加體育的過程中，經常會產生一些運動損傷，而其中的一些損傷是由於學生自身因素和原因造成的。

　　損傷不僅會影響學生參加體育活動的積極性，還會對其心理產生不良的影響，影響學生參加體育活動的積極性。學生平衡能力差，在運動中不能較好地保持身體的平衡，或在運動中不能快速地調整身體的重心，達到一種動態的平衡，都是造成學生運動損傷的原因。

　　平衡是指人體所處的一種穩定狀態，以及不論處在何種位置、運動或者受到外力作用時，能自動調整並維持姿勢的能力。即當人體重心垂線偏離穩定的支持面時，能立即由主動或者反射性的活動使重心垂線返回到穩定的支持面內，這種能力稱為平衡能力。

　　平衡能力包括靜態平衡和動態平衡，靜態平衡是指人體在無外力的作用下，保持某一姿勢，自身能控制身體平衡的能力，主要依賴於肌肉的等長收縮與關節周圍的肌肉協調收縮來完成。動態平衡是指在外力作用於人體或身體原有的平衡被破壞後，人體需要不斷地調整自己的姿勢來維持新的平衡的一種能力，主要依賴於肌肉的等張收縮來完成。

　　人體在維持自身平衡時，需要全身的各個部位相互協調配合，是身體進行自我綜合調節的一個複雜過程。影響人體平衡能力的主要因素有視覺、前庭器官的功能、本體感覺、觸覺的輸入和敏感度、中樞神經系統的功能、視覺及空間的感知能力、肌肉之間的協調能力、肌肉力量與耐力以及關節的靈活度和軟組織的柔韌度。這些因素中，其中任何一個因素的缺失，都會影響人體的平衡能力。而透過一些方法和手段，能夠有效地提升人體的平衡能力。

　　平衡能力訓練是指透過各種方法和手段訓練和加強人體維持平衡的能力，其中包括體育鍛鍊。透過訓練，激發人體姿勢反射，加強前庭器官的穩定性，從而改善平衡功能。

　　透過有針對性的體育鍛鍊，人體的平衡能力是能夠提升的，但平衡訓練要遵循一定的規律，尤其是處在發育階段的青少年，在進行平衡能力訓練時要遵循循序漸進的原則，避免訓練時跨難度訓練造成不必要的損傷。在平衡能力訓練中應該遵循以下訓練原則：

　　①從靜態平衡開始訓練，逐漸過渡到動態的平衡訓練。

　　②逐漸加大平衡訓練的難度，可以由縮小支撐面積、提升身體的重心、改變支撐面的穩定程度以及施加外力的大小等方法增加訓練的難度。

　　③從最穩定的體位開始訓練，逐步向最不穩定的體位過渡，從坐立位、雙腿跪姿、前後分腿跪姿、前後分腿蹲姿到站立位逐漸過渡。

　　④在保持身體平衡的基礎上，逐漸增加軀幹和四肢的運動。

　　⑤從睜眼狀態下的活動，逐漸過渡到閉眼狀態下的活動。

第二節　平衡訓練方法與手段

　　青少年的平衡訓練與醫學康復的平衡訓練不同，醫學康復的平衡訓練

所針對的是一些平衡能力出現障礙的病人，訓練的主要目的是使其平衡能力恢復到正常人的水準，而在本章中所針對的青少年是健康的人，他們具有人體基本的平衡能力，其訓練的主要目的是進一步提升其平衡能力的水準，避免在生活及體育鍛鍊中因為平衡能力的原因而引起的運動損傷。

本節中的平衡訓練方法與手段分為兩部分：靜態平衡能力訓練方法與手段、動態平衡能力訓練方法和手段。具體撰寫方式按照以下順序由易到難排列：

①**身體姿態**。坐立位→雙腿跪姿→前後分腿跪姿→前後分腿蹲姿→站立位逐漸過渡；

②**器械**。瑞士球→平衡墊。

各位教師在訓練的過程中，應充分結合練習對象的具體情況，靈活準確地安排訓練的方法和手段，不能千篇一律。

一 靜態平衡能力訓練方法和手段

1. 瑞士球——坐姿平衡

教學目標 練習學生在非穩定支撐條件下，坐姿保持身體平衡的能力。

動作要領 兩名同學配合，一名同學坐在瑞士球上，雙手不能扶在瑞士球上，以保持身體的平衡，另一名同學用手不斷地給瑞士球適當的推力，練習同學盡量保持身體的平衡。

教學重點 學生控制非穩定支撐界面的能力。

教學難點 配合同學施加力度的控制。

圖 13-1

易犯錯誤 學生為保持身體的平衡，會把過多的身體重心放在支撐腿上。

糾正方法 在練習開始前，讓學生整個臀部坐在瑞士球上，腳部輕放在地面上。

訓練方法 每組 30 秒，練習 3 組。

注意事項 配合的同學要在瑞士球的各個方向施加持續的力，不可在一點做過多的停留，也不宜突然施加過大的力，導致練習的學生突然失去平衡，導致損傷。

2. 平衡墊——跪姿練習

教學目標 練習學生在非穩定界面上，跪姿保持身體平衡的能力。

動作要領 學生雙腿屈膝跪在平衡墊上，腰背挺直，肩、髖、膝在一條直線上，雙臂自然展開，保持身體平衡。

教學重點 學生在非穩定支撐界面上，持續保持身體的穩定。

教學難點 使兩條腿在矢狀面上在一條直線上，持續保持身體平衡的能力。

易犯錯誤 學生為保持身體的穩定，兩腿之間的寬度過寬。

糾正方法 在練習開始前，規定學生兩條腿之間的距離，並要求學生在訓練中保持該距離。

訓練方法 每組 30～40 秒，練習 3 組。

注意事項 對於平衡能力較差的同學，剛剛開始訓練時可以適當地降低訓練的難度，可由加寬兩腿之間的寬度來達到降低難度的目的。

圖 13-2

3. 前後分腿蹲姿練習

教學目標　練習學生在前後分腿蹲姿下，保持身體平衡的能力。

動作要領　學生前後分腿蹲姿，腰背挺直，肩、髖與後支撐腿的膝關節在一條直線上，後支撐腿的膝關節與地面距離 5 公分左右，後腳腳尖支撐，前後支撐腿盡量保持在一條直線上，雙臂伸直置於胸前，保持身體平衡。

教學重點　學生在前後分腿蹲姿的狀態下，身體保持平衡的能力。

教學難點　兩腿在矢狀面接近成為一條直線時，身體持續保持平衡能力。

易犯錯誤　學生為保持身體的平衡，後腿膝關節離地面的過遠。

糾正方法　在練習前，規定好後膝關節距離地面的高度，在練習中持續提示練習學生將膝關節至於規定的高度上。

訓練方法　每組 20～30 秒，練習 3 組。

注意事項　對平衡能力較弱的同學，在訓練時可由抬高後腿膝關節距離地面的距離，或加寬兩腿之間的寬度，以達到降低難度的目的。

圖 13-3

4. 單腿支撐站立

教學目標　發展學生靜態平衡能力。

動作要領　學生單腿支撐，非支撐腿向上抬起，大腿與地面平行，雙手自然張開保持平衡。

圖 13-4

教學重點　發展學生靜態下的身體平衡能力。

教學難點　學生長時間保持身體穩定的能力。

易犯錯誤　非支撐腿抬起的高度過低，降低了練習的難度。

糾正方法　語言提示學生將腿抬到標準位置。

訓練方法　每組練習 30～50 秒，練習 3 組。

注意事項　對平衡能力較差的學生，可適當地降低訓練的難度。

5. 單腿支撐——腳掌站立

教學目標　練習學生小面積支撐條件下的平衡能力。

動作要領　學生單腳支撐，另一條腿抬起，大腿與地面平行，支撐腿腳跟抬起，前腳掌著地堅持 10 秒落地，休息 3 秒後，再次抬起腳跟，重複訓練。

教學重點　小面積支撐條件下，學生保持平衡的能力。

圖 13-5

<blockquote>教學難點</blockquote> 學生腳踝力量不足，導致抬起高度的不足。

<blockquote>易犯錯誤</blockquote> 學生為保持身體的平衡，導致非支撐腿抬起的高度不足。

<blockquote>糾正方法</blockquote> 語言提示學生將腿盡量抬到規定的位置。

<blockquote>訓練方法</blockquote> 每組 10 秒×3 次，練習 3 組。

<blockquote>注意事項</blockquote> 練習時，教師要保證學生的安全，防止踝關節的損傷。

6. 單腿支撐──閉眼站立

<blockquote>教學目標</blockquote> 發展學生本體感覺狀態下的平衡能力。

<blockquote>動作要領</blockquote> 學生單腳支撐，另一條腿抬起，大腿與地面平行，雙眼緊閉，雙手自然張開，保持平衡。

<blockquote>教學重點</blockquote> 學生閉眼時，身體的控制能力。

<blockquote>教學難點</blockquote> 閉眼時，學生保持身體平衡的時間。

<blockquote>易犯錯誤</blockquote> 學生為保持身體的平衡，降低非支撐腿抬起的高度。

<blockquote>糾正方法</blockquote> 語言提示學生盡量將非支撐腿抬到規定的標準位置。

<blockquote>訓練方法</blockquote> 每組 20～40 秒，練習 3 組。

<blockquote>注意事項</blockquote> 同學之間應互相保護，防止練習學生失去平衡導致受傷。

圖 13-6

7. 單腿支撐──不倒翁

<blockquote>教學目標</blockquote> 練習學生對抗外力時，保持身體平衡的能力。

<blockquote>動作要領</blockquote> 兩名學生配合練習，一名學生單腿支撐，另一條腿抬起，大腿與地面平行，手臂伸直，雙手合十，置於胸部前方，另一名同學無規律地推練習學生的手臂及肩部位置，練習學生對抗外

力，保持身體的平衡。

教學重點 學生在單腿支撐條件下，對抗外力時，身體保持平衡的能力。

教學難點 非練習學生施加力度的掌握。

易犯錯誤 練習的學生為保持身體平衡，非支撐腿抬起的高度過低。

糾正方法 語言提示學生將腿部抬到規定的標準位置。

訓練方法 每組 30 秒，練習 3 組。

注意事項 練習學生之間要相隔一定的距離，配合的同學不宜施加過大的力，以免造成練習學生的損傷。

圖 13-7

8. 單腿支撐——對抗外力閉眼不倒翁

教學目標 練習學生在閉眼單腿支撐對抗外力時，身體保持平衡的能力。

動作要領 兩名學生配合，一名學生閉眼單腳支撐站立，另一條腿抬起，大腿與地面平行，雙手自然張開，保持身體平衡，另一名同學適當地、不定時地給練習的同學一定的力，練習的同學盡量地保持身體平衡。

教學重點 學生在閉眼時，對抗不規律外力時，身體保持平衡的能力。

教學難點 學生在閉眼時，保持平衡能力的基礎上，對抗外力的能力。

易犯錯誤 為保持身體的平衡，非支撐腿抬起的高度過低。

糾正方法 語言提示學生，將非支撐腿抬到規定的標準位置。

訓練方法 每組 20～30 秒，練習 3 組。

注意事項 注意配合同學施加力的力度，不宜過大，以免造成練習學生突然失去平衡導致的損傷。

圖 13-8

9. 平衡墊───單腿支撐

教學目標　練習學生非穩定支撐狀態下的平衡能力。

動作要領　學生單腳支撐站在平衡墊上，另一條腿抬起，大腿與地面平行，雙手自然張開，保持平衡。

教學重點　非穩定支撐狀態下，身體保持平衡的能力。

教學難點　學生在平衡墊上保持身體的穩定。

易犯錯誤　學生為保持身體的穩定，而降低非支撐腿抬起的高度。

糾正方法　語言提示學生。

訓練方法　每組 30～50 秒，練習 3 組。

注意事項　學生支撐腿的整個腳掌都應該踩在平衡墊上。

圖 13-9

二　動態平衡能力訓練方法和手段

1. 瑞士球──坐姿彈力帶拉

教學目標　練習學生在控制非穩定支撐界面條件下，上身對抗外力時，身體保持平衡的能力。

動作要領　兩名同學配合，一名同學坐在瑞士球上，雙手握住彈力帶的一端，雙臂伸直在胸前，另一名同學握住彈力帶的另一端，不斷地給練習的同學各個方向的力，練習的同學盡量保持身體平衡。

教學重點　學生在坐姿非穩定情況下，對抗外力時，身體保持平衡的能力。

教學難點　學生在控制非穩定支撐條件下，身體持續對抗外力的能力。

易犯錯誤　為對抗外力時保持身體平衡，身體大部分的重心落在雙腳上。

糾正方法　在訓練中提示學生，盡量將身體的重心置於臀部。

訓練方法　每組 30～40 秒，練習 3 組。

注意事項　配合同學拉彈力帶的力量要適中，防止力量過大，導致練習同學不必要的損傷。

圖 13-10

2. 平衡墊──跪姿彈力帶拉

教學目標　練習學生在非穩定界面上，跪姿對抗外力時，身體保持平衡的能力。

動作要領　兩名同學相互配合，一名同學雙腿屈膝跪在平衡墊上，腰背挺直，肩、髖、膝在一條直線上，雙手握住彈力帶一端，雙臂伸直置於胸前；另一名同學手握彈力帶另一端，給練習同學施加各個方向的力，練習同學盡量保持身體平衡。

教學重點　學生在非穩定跪姿狀態下，上身對抗外力時，身體保持平衡的能力。

教學難點　當兩條腿在矢狀面成一條直線、對抗外力時，持續保持身體平衡的能力。

易犯錯誤　為保持身體平衡，兩腿之間的寬度過寬，降低了訓練的難度。

糾正方法　在訓練前，規定兩腿之間的寬度，並要求學生在練習時保持寬度不變。

訓練方法　每組 30～40 秒，練習 3 組。

注意事項　對於平衡能力較差的同學，可以適當地降低難度，可以由加寬兩腿之間的寬度或減輕拉動彈力帶的力度來達到降低難度的目的。

圖 13-11

3. 前後分腿蹲姿——彈力帶拉

教學目標　練習學生在前後分腿蹲姿下，上身對抗外力時，身體保持平衡的能力。

動作要領　兩名同學相互配合，一名同學呈前後分腿蹲姿，腰背挺直，

肩、髖與後支撐腿的膝關節在一條直線上，後支撐腿的膝關節與地面距離 5 公分左右，後腳腳尖支撐，前後支撐腿盡量保持在一條直線上，雙手握住彈力帶的一端，雙臂伸直置於胸前，另一名同學握住彈力帶的另一端，給練習同學施加適當的拉力，練習同學盡量保持身體平衡。

教學重點　學生在前後蹲姿的狀態下，身體對抗外力保持平衡的能力。

教學難點　學生前後腿在矢狀面上接近成一條直線時，身體對抗外力，持續保持平衡的能力。

易犯錯誤　學生在練習的後半部，由於身體疲勞，身體向前傾斜。

糾正方法　在訓練中要隨時觀察學生的身體姿態，語言提示或用手糾正學生錯誤的身體姿態。

訓練方法　每組 20～30 秒，練習 3 組。

注意事項　練習時要時刻觀察學生的身體姿態是否達到規定的標準，並時刻提醒學生糾正錯誤動作。

圖 13-12

4. 單腿支撐──腳尖點地

教學目標　練習學生在單腿支撐的條件下，下肢運動時，身體保持平衡的能力。

動作要領　學生單腿支撐，非支撐腿在自己身體的前、後、左、右四個方向點地，點地時要求腳尖輕點，即腳尖碰到地面後快速離開，

點地的距離根據學生的能力而定，雙臂自然張開，保持身體平衡。

教學重點　學生在單腿支撐時，非支撐腿運動，身體保持平衡。

教學難點　在學生保持身體穩定的基礎上，盡量加大非支撐腿點地的距離。

易犯錯誤　非支撐腿運動範圍過小，或在點地時將身體的重心置於非支撐腿上。

糾正方法　在練習前，將練習的要求講清楚，在訓練中不斷提示並糾正學生錯誤的動作。

訓練方法　每組練習 30～40 秒，練習 3 組。

注意事項　練習時支撐腳最好保持在起始時的位置，不要左右移動。

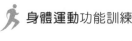

圖 13-13

5. 單腿支撐──單手觸點

教學目標　練習學生在單腳支撐條件下，上身運動時身體保持平衡的能力。

動作要領　學生單腿支撐，非支撐腿可自由放置，但不可接觸其他任何物體，包括支撐腿，在學生的身體的前、後、左、右及斜方向擺置 8 個標誌點，學生非支撐腿同側手，按照順時針方向的順序，依次觸摸標誌點，另一側手自然放置，保持身體平衡。

教學重點　單腿支撐情況下，上肢運動，身體保持平衡的能力。

教學難點　在身體保持平衡的基礎上，盡量擴大手指觸碰的距離。

易犯錯誤　在觸碰標誌點時，為保持身體的平衡，過多地將身體重心移到手部。

圖 13-14

（糾正方法）在訓練前，將練習的要求講清楚，在訓練中不斷提示並糾正學生錯誤的動作。

（訓練方法）每組練習 30～50 秒，練習 3 組。

（注意事項）標誌物擺放的距離，根據學生的能力來調整，並要求學生盡量完成規定任務。

6. 單腿支撐──拋接球

（教學目標）發展學生在上身運動時，身體的平衡能力。

（動作要領）兩名同學相對站立，其中一人抬起一條腿，大腿與地面平行，兩名同學相互拋球，可以適當地加大拋球的難度，給對方加大接球的難度。

（教學重點）練習學生在接球時身體保持平衡。

圖 13-15

教學難點　陪練學生拋球的角度及力度的控制。

易犯錯誤　在接球時，練習學生的非支撐腿沒有抬到規定的高度。

糾正方法　語言提示學生將腿抬到標準位置。

訓練方法　每組練習 30 秒，練習 3 組。

注意事項　陪練同學拋球的力度要適當，距離不宜過遠或過近。

7. 單腿支撐——雙人推手

教學目標　發展學生對抗條件下的平衡能力。

動作要領　兩名學生相對站立，單腿支撐，另一條腿抬起，大腿與地面平行，兩名同學互相推手，保持平衡。

教學重點　對抗條件下，學生平衡能力的保持。

教學難點　學生在練習時力量的控制。

易犯錯誤　在推手時，非支撐腿沒有抬到標準位置。

糾正方法　語言提示學生將腿抬到標準位置。

訓練方法　每組練習 30 秒，練習 3 組。

注意事項　練習時嚴禁學生之間惡意用力，導致學生損傷。

圖 13-16

8. 頭頂物體直線走

教學目標　練習學生在行走時，保持上身平衡穩定的能力。

動作要領　在地上畫一條直線，學生在頭上頂一物體（可以用書本），然

後雙腳踩著直線向前行走，雙手自然張開，保持平衡，不能用手扶頭上的物體，盡量保持頭上的物體不掉落。

教學重點　學生在行走過程中保持穩定的能力。

教學難點　行走時保持頭頂的物體不掉落。

易犯錯誤　行走時雙手不自覺觸碰頭上的物體。

糾正方法　讓學生先保證頭上物體的穩定性的前提下，逐漸加快行走的速度。

訓練方法　每組 10 秒，練習 3 組。

注意事項　練習時學生之間的間隔要比較大，避免相互間的影響。

圖 13-17

9. 大象轉圈

教學目標　練習學生在受干擾的情況下，保持本體感覺的能力。

動作要領　學生一隻手抓住自己的鼻子，另一隻手伸直放在身體與抓鼻子手圈出的空間中，身體向下彎曲，然後向一側轉 10 圈，轉完直起身體，快速地向規定區域行走。

教學重點　旋轉後保持身體穩定地走向規定地點。

教學難點　旋轉後能夠盡量地直線行走。

易犯錯誤　轉動時速度過慢。

糾正方法　教師進行監督。

訓練方法　每組 1 次，練習 3 組。

注意事項　注意練習同學之間的距離，以免發生碰撞。

圖 13-18

10. 平衡墊──單腿支撐彈力帶拉

教學目標 練習學生在非穩定支撐狀態下對抗外力時，身體保持平衡的能力。

動作要領 兩名同學配合，一名同學單腿支撐站立在平衡墊上，另一條腿抬起，大腿與地面平行，雙手握住彈力帶的一端，雙臂伸直在胸前，另一名同學握住彈力帶的另一端，不斷地給練習同學各個方向的拉力，練習同學盡量保持身體平衡。

教學重點 在對抗外界環境阻力的同時保持身體平衡。

教學難點 學生在非穩定支撐狀態下，持續對抗外力時，身體保持平衡的能力。

易犯錯誤 為保持身體平衡，非支撐腿抬起的高度過低。

圖 13-19

糾正方法　語言提示學生，將非支撐腿抬到規定的位置。

訓練方法　每組 30～50 秒，練習 3 組。

注意事項　配合同學要施加持續而適當的各個方向的力，不能突然施加過大的力量，以免練習的學生突然失去平衡造成損傷。

11. 平衡墊──單腳站立拍球

教學目標　練習學生站立在非穩定支撐界面上，上身不規則運動時，身體保持平衡的能力。

動作要領　學生單腿支撐站立在平衡墊上，非支撐腿可自由放置，但不可接觸其他任何物體，包括支撐腿，學生單手拍球或兩手交替拍球，盡量保持身體平衡。

教學重點　學生單腿站立在非穩定支撐界面上，上身運動時，發展身體的平衡能力。

教學難點　學生單腿支撐在非穩定界面上，身體保持平衡的基礎上，雙手持續控球。

易犯錯誤　學生為保持身體的平衡，將非支撐腿踩在支撐腿的腳面。

糾正方法　語言提示學生，要嚴格按照練習的規定要求進行練習。

訓練方法　每組 30～40 秒，練習 3 組。

注意事項　練習同學之間要相隔較大的距離，以免學生之間相互影響，降低訓練效果或造成運動損傷。

圖 13-20

第三節　平衡訓練的相關注意事項

青少年正處在身心發展的關鍵時期，在進行平衡訓練時，要注意以下幾點：

①應培養學生運動前做好準備活動，預防運動損傷的意識。平衡訓練中介入一些器械以創造非穩定環境，練習難度較大，因此訓練前應充分做好準備活動，預防運動損傷。

②運動中，要遵循循序漸進的原則，要從最基本、最簡單的平衡訓練開始，逐漸向難度較大的平衡訓練過渡。

③安排訓練內容時，要注意學生之間的區別對待，學生是處在發展中的人，但是由於遺傳因素、身體發展的速度不同，學生之間的平衡能力是有差異的，所以在進行平衡訓練時，要注意學生之間的區別對待，逐漸提升不同學生的平衡能力。

④增加學生的平衡能力，預防其在生活及體育鍛鍊中的損傷，在進行平衡訓練時，也要做好訓練時的保護工作，避免因為疏忽而造成的損傷。

平衡訓練注意事項：

①保持正確的身體姿勢對平衡訓練至關重要；

②平衡能力訓練時，根據達到目的的不同要合理地選擇與練習器械的接觸部位；

③平衡能力訓練是一種本體感受性訓練，練習時要從較簡單的基礎穩定性訓練開始，再根據動作難度逐漸提升，以確保練習的安全性和練習人員的易接受性；

④訓練前，要求練習者學會放鬆，減少緊張或恐懼心理；

⑤平衡能力訓練首先應保持頭和軀幹的穩定。

思考題

（1）簡述平衡能力訓練的概念。

（2）平衡能力訓練有什麼意義？

（3）簡述平衡能力訓練要注意的事項。

參考文獻

〔1〕劉佳．動作訓練對 4 歲幼兒平衡能力影響的實驗研究〔D〕．河北：河北師範大學，2015.

〔2〕周萍萍．核心力量訓練對提升競技健美操運動員平衡能力的實驗研究〔D〕．北京：北京體育大學，2012.

14 靈敏與協調訓練

本章導語

　　本章介紹靈敏素質和協調素質的概念、意義、種類和特點，有關靈敏素質的評價標準，以及靈敏、協調素質的訓練方法手段和訓練時的注意事項。

　　學習本章要求學生熟悉靈敏素質的基本概念、種類和特點，理解兩種素質對運動的意義；瞭解、掌握並運用靈敏素質的測評方法；掌握發展靈敏、協調素質的訓練方法，瞭解並掌握發展靈敏素質常見器械的使用方法；理解靈敏、協調素質訓練時應注意的事項。

第一節　靈敏素質和協調素質的概念與分類

一　靈敏素質的概念及分類

▶▶（一）靈敏素質的概念

　　靈敏性又稱靈敏素質，是指運動員在各種突然變換的條件下，快速、協調、準確地完成動作的能力。它是運動員的運動技能、神經反應和各種運動素質在運動過程中的綜合表現。

　　靈敏素質之所以是運動技能、神經反應和各種素質的綜合表現，是因為各專項的每一個動作都不同程度地體現了力量、速度、耐力、柔韌等素質。因此，靈敏素質是建立在力量、速度（反應速度、動作速度）、耐力、柔韌、協調性、節奏感等多種素質和技能之上，由力量特別是爆發力

量，控制身體的加速或減速；由速度，特別是爆發速度，控制身體移動、躲閃、變換方向的快慢；由柔韌保證力量、速度的發揮；由耐力保證持久的工作能力。

這些素質的綜合運用才能保證動作的熟練程度，而動作的熟練程度必須在中樞神經支配下才能自如運用。因為神經反應決定了反應速度的快慢、決定了判斷是否準確、決定了隨機應變及時作出應答動作的快慢。因此反應迅速、判斷準確、及時作出應答動作是靈敏素質的先決條件，各素質協同配合是完成應答動作的基礎。

應答動作的熟練程度直接體現了靈敏素質的高低。所以說，靈敏素質是運動技能、神經反應和各種素質的綜合表現。

＞＞（二）靈敏素質的評價標準

靈敏素質沒有客觀衡量標準，只有透過動作的熟練程度來顯示靈敏素質的高低。它不像其他素質有客觀衡量標準來測定其素質的優劣。如力量用重量的大小來衡量，單位是公斤；速度用距離和時間的比來衡量，單位是公尺／秒；耐力用時間的長短或重複次數的多少來衡量；柔韌用角度、幅度的大小來衡量；而靈敏素質只有用迅速、準確、協調完成動作的能力來衡量。例如運動員的躲閃能力，必須由躲閃動作來體現，而躲閃的快慢就表現了靈敏程度的高低。

但完成躲閃動作是以身體素質為基礎的，反應判斷的快慢決定相應躲閃動作的快慢，速度力量又決定了完成動作的快慢，因此運動員在沒有作出躲閃動作之前無法衡量其在躲閃方面的靈敏素質，諸如急跑急停、轉體、平穩等動作也都如此。因此身體素質越好完成動作越熟練，所表現的靈敏素質就越好。

離開其他素質和運動技能根本談不上有靈敏素質，而靈敏素質只有由熟練的動作才能表現出來，單純的靈敏素質是不存在的。

靈敏素質的發展水準主要從以下三個方面進行評價：

第一，是否具有快速的反應、判斷、躲閃、轉身、翻轉、維持平衡和隨機應變的能力。

第二，在完成動作時，是否能自如地操縱自己的身體，在任何不同的

條件下都能準確熟練地完成動作。

第三，是否能把力量（爆發力）、速度（反應速度）、耐力、協調性、節奏感等素質和技能透過熟練的動作綜合表現出來。

客觀實踐證明，具有高度靈敏素質的人，他可以隨心所欲地控制自己的運動器官，熟練自如地準確完成動作。

》（三）靈敏素質的意義

靈敏素質是協調發揮各種身體素質能力，提升技術動作質量和創造優異運動成績的重要條件。它在各個運動項目中的作用主要有以下兩點：

第一，能夠保證人準確、熟練、協調地完成動作，取得優異運動成績。

第二，能夠靈活、巧妙地戰勝對手，取得比賽的勝利。

》（四）靈敏素質的分類及特點

1. 靈敏素質的分類

靈敏素質從其與專項運動關係來看，可分為一般靈敏素質和專項靈敏素質。一般靈敏素質是指人在各種活動中，在突然變換的條件下，迅速、合理、準確地完成各種動作的能力。它是專項靈敏素質發展的基礎。專項靈敏素質是運動員在專項運動中，迅速、準確、協調自如地完成本專項各種技術動作的能力。它是在一般靈敏素質的基礎上，多年重複專項技術，提升專項技能的結果。

從運動過程中靈敏素質的表現與應用來看，靈敏素質可以被分為程序性靈敏和隨機性靈敏。

程序性靈敏是指機體對於比較相似的競技行為作出選擇性反應的應變能力，其應變行為基本上可以程序化地進行操作；隨機性靈敏則指對於完全無序的競技行為作出隨機反應的應變能力，由於突發競技行為的難以預見，就對人體的機動靈活的應變行為提出了更高的要求。

2. 靈敏素質的特點

不同的體育運動項目對靈敏素質有不同的要求，球類和一些其他對抗性項目要求判斷、反應、躲閃、隨機應變等方面的靈敏素質。因球類項目的動作技巧變化多樣，身體的各部位也迅速發生變化，動作結構變異大，反應敏捷，不像體操、武術、田徑等項目是按規定套路進行的，所以球類項目沒有一種動作技巧是固定不變的，要時刻根據比賽時的複雜條件而靈活地改變動作的方向、速度、身體的姿勢，這就要求球類運動員在球場上要有廣闊的視野，敏銳的球感，多變的戰術，協調的配合，才能適應球類運動的需要，因此沒有良好的靈敏素質很難成為一名優秀的球類運動員。

籃球一般要求躲閃、突然起動、急停、迅速改變身體位置、運球過人、切入、跳起空中投籃、爭奪籃板球等方面所表現的靈敏素質。

足球要求急跑急停、鏟球、過人、射門、頭及身體控制球等方面所表現的靈敏素質，特別是守門員要求較高的反應、判斷能力。

排球要求跳起扣球、倒地滾動、魚躍救球、反應判斷等方面所表現的靈敏素質。

乒乓球、羽毛球、網球的技術動作變化迅速，要求腳的快速移動，身體姿勢變化，反應判斷等方面所表現的靈敏素質。

體操、跳水等項目要求身體位置迅速改變，空中翻轉、控制身體平衡等方面所表現的靈敏素質。

滑雪、滑冰等項目要求迅速調整身體位置平衡，迅速改變運動方向等方面所表現的靈敏素質。

靈敏素質具有明顯的項目特點。由於各體育項目所表現的運動技能差異，所以對各素質及神經反應的要求也就不同，對靈敏素質的要求也不一樣，從而體現靈敏素質在不同的項目都各有自己本項的特點。例如優秀的籃球運動員在籃球場上靈巧多變，可在體操器械上卻顯得力不從心，因為他們不具備體操運動員所需要的運動技能，自然不能熟練地完成體操動作，體現不出體操方面的靈敏素質。

而體操運動員在器械上能輕鬆自如地完成動作，但在籃球場上控制空間方面的靈敏度不如籃球運動員。同樣，其他專項的運動員在本專項上是

能手，在其他項目上並不一定是能手。因此，有經驗的教練員和運動員非常重視發展本專項所需要的靈敏素質。

協調素質的概念及分類

》（一）協調素質的概念

協調性又稱協調素質，是指運動員機體不同系統、不同部位、不同器官協同配合完成技術動作的能力，協調能力是形成運動技術的重要基礎。運動協調能力是綜合的神經機能能力，其表現形式即是運動協調。人體運動協調能力由反應能力、空間定向能力、本體感知能力、節奏能力、平衡能力、動作認知能力等多種要素所構成。

》（二）協調素質的分類

在神經系統的綜合控制下，運動協調可以分為肌肉協調與動作協調。肌肉協調由肌肉的配合來表現。

一個動作，不論簡單還是複雜，都存在著主動肌、輔助肌、拮抗肌的相互配合協作以及不同動作部位各肌肉間的配合協作。動作協調是指動作的不同階段、不同環節相互配合、相互連結的狀態。

從其與專項運動關係來看，協調素質也可分一般協調素質和專項協調素質。一般協調素質是指人體在完成各種運動活動時所需要的普適性的協調能力；專項協調素質則指人體在完成專項運動時所需要的專門性的協調能力。

第二節　靈敏素質訓練方法與手段

靈敏性訓練的方法

靈敏素質是人體綜合能力的反映，受遺傳因素影響很大。因此，在發展靈敏素質的同時，應注意力量、速度、耐力、柔韌、協調等素質的發展是提升靈敏素質的基礎；在具體方法手段上靈敏素質不像其他身體素質那

樣有固定的練習，一般而言，一些體操、武術、技巧、滑冰、滑雪、各種球類運動等項目當中的技術動作都是發展靈敏素質的有效動作。

在發展靈敏素質過程中，除了注意力量、速度等其他身體素質的發展，還應注意動作技術的熟練，因此教練員應儘可能採取逐漸增加複雜程度的練習方式，也可以透過改變條件、器械、器材等方式增加技術動作的複雜性和難度。

此外，還應著重培養和提升運動員掌握動作的能力、反應能力、平衡能力、觀察能力、節奏感等。

可以說，靈敏素質的發展可以包括如下幾種：提升反應判斷的練習；發展平衡能力的練習；發展協調能力的練習；在跑、跳中做迅速改變方向的各種跑、躲閃、突然起動以及各種快速急停和迅速轉體的練習；靈敏性遊戲。

➤➤（一）提升反應判斷的練習

詳見本書第十二章中相關內容。

➤➤（二）發展平衡能力的練習

詳見本書第十三章中相關內容。

➤➤（三）發展協調能力的練習

詳見本章第三節中相關內容。

➤➤（四）在跑動或跳動過程中的急停、轉向等練習

詳見隨後的圓錐筒練習。

➤➤（五）靈敏性遊戲

發展靈敏素質的遊戲具有綜合性、趣味性、競爭性的特點，能引起練習者的極大興趣，使人全力以赴地投入活動，既能集中注意力、積極思維、巧妙對付複雜多變的活動場面，又能鍛鍊提升神經系統的靈活性和反應過程，有效地發展身體素質和運動技能。發展靈敏素質的遊戲很多，主

要包括各種應答性遊戲、追逐性遊戲和集體遊戲等。

在靈敏性遊戲的設計、選擇、運用中，要注意把思維判斷、快速反應、協調動作、節奏感等內容有機地結合起來。進行遊戲時，要嚴格執行規則，防止投機取巧，遵守紀律，注意安全。

1. 形影不離

兩人一組，並肩而站。右側的人自由變換位置和方向，站在左側的人必須及時跟進仍站到他的右側位置。

【要求】隨機應變，快速移動。

2. 照著樣子做

兩人一組，其中一人做站立或活動中的各種動作，並不斷更換花樣，另一人必須照著他的樣子做。

【要求】領做者隨意發揮，照做者模仿逼真。

3. 水、火、雷、電

練習者在直徑為 15 公尺的圓圈內快跑，教練員接連喊「水」「火」「雷」「電」，所有人必須做出與之相適應的動作。

【要求】想像力豐富，變換動作快。

4. 互相拍肩

兩人相對 1 公尺左右站立，既要設法拍到對方的肩膀，又要防止對方拍到自己的肩膀。

【要求】伺機而動，身手敏捷。

5. 單、雙數互追

練習者按單、雙數分成兩組迎面相距 1～2 公尺坐下，當教練喊「單數」時，單數追雙數，雙數轉身向後跑開 20 公尺；當教練喊「雙數」時，雙數追單數，單數轉身向後跑開。

【要求】判斷準確，起動迅速。

6. 抓「替身」

　　成對前後站立圍成圈，指定一人抓，另一人逃，逃者由站到一對人的前面來逃脫被抓，後面的人立即逃開。當抓人者拍打著被抓者時，兩人交換繼續抓「替身」。

　　【要求】反應快、躲閃靈。

7. 聽號接球

　　練習者圍圈報數後向著一個方向跑動，教練持球站在圈中心，將球向空中拋起喊號，被喊號者應聲前去接球。

　　【要求】根據時間和空間採取應急行動。

8. 圍圈打猴

　　指定幾個人當「猴」在圈中活動，餘者作為「獵人」手持 2～3 個皮球圍在圈外，擲球打圈中的「猴」（只准打腿部），被擊中的「猴子」與擲球的「獵人」互換。

　　【要求】眼觀六路，耳聽八方，擲球準確，躲閃機靈。

9. 爬山涉水

　　用各種器械和物體設置山、水、溝、洞等，練習者採取相應運動越過去，山要攀登，水要划行，溝要跳躍，洞要匍匐前進，看誰爬山涉水快。此遊戲可分成兩組計時比賽。

　　【要求】協調靈活，及時改變動作。

10. 追逐拍、救人

　　隊員分散站在場內，指定 4 名引導人為追逐者，其他隊員閃躲逃跑。當有人被追著時，需馬上原地站立，兩手側平舉。此時，同伴者可去拍肩救他，使之復活逃脫。由於在救人時可能被追拍，因此，該遊戲可以培養自我犧牲的精神。

　　【要求】判斷準確，閃躲敏捷，救人機智。

常用的靈敏性練習器械

由於靈敏素質的訓練沒有固定的套路，很多項目的練習方法和技術動作都可以作為靈敏性練習的方法，因此靈敏性練習器械很多，這裡僅介紹常見的三種靈敏性練習的器械：跳繩、繩梯和圓錐筒。

》》（一）利用跳繩進行靈敏性練習

跳繩是靈敏性練習的器械之一，可以增強身體的協調性和反應能力，尤其是花式跳繩，如：兩手交叉，搖兩次跳一次，或者搖一次跳兩次等，可以有效發展運動員的靈敏性。

在利用跳繩發展靈敏性練習的過程中，要注意練習動作的節奏性，注意上下肢的協調同步，注意速度快慢，按節拍進行練習。

1. 在跳繩過程中，需要注意的技巧

・搖繩的主要部位是手腕。

・跳起的高度不宜太高，一般在 3～5 公分之間，落地時稍有屈膝緩衝動作。

・跳起的雙腳膝關節一般都是直的，不能有明顯屈膝。

・呼吸要有節奏，全身要放鬆。

2. 跳繩的注意事項

・跳繩者應穿質地軟、重量輕的高幫鞋，避免腳踝受傷。

・繩子軟硬、粗細適中。初學者通常宜用硬繩，熟練後可改為軟繩。

・選擇軟硬適中的草坪、木質地板和泥土地的場地較好，切莫在硬性水泥地上跳繩，以免損傷關節，並易引起頭昏。

・跳繩時須放鬆肌肉和關節，腳尖和腳跟須用力協調，防止扭傷。

・胖人和中年婦女宜採用雙腳同時起落。同時，上躍也不要太高，以免關節因過於負重而受傷。

・跳繩前先讓足部、腿部、腕部、踝部作些準備活動，跳繩後則可作些放鬆活動。

3. 有關跳繩發展靈敏性的練習

（1）「掃地」跳躍：

練習者將繩握成多段，從下蹲姿勢開始，將繩子做掃地動作，兩腳不停頓地做跳躍練習。

（2）前搖兩次或三次，雙足跳一次，俗稱「雙飛」「三飛」。

（3）後搖兩次，雙足跳一次，俗稱「後雙飛」。

（4）交叉搖繩：

練習者兩手交叉搖繩，每搖一、兩次，單足或雙足跳長繩子一次。

（5）集體跳繩：

兩名練習者搖長繩子，其他練習者連續不斷地跳過繩子，每人應在繩子搖到最高點時迅速跟進，跳過繩子，並快速跑出。誰碰到繩子，與搖繩者交換。

（6）雙人跳繩：

同前，要求兩名練習者手拉手跳 3～5 次後快速跑出。

（7）走矮子步：

教師與一名學生將繩拉直，並把高度適當降低，練習者在繩子下走矮子步和滑步。

（8）跳波浪繩：

教師與一名學生雙手握一根長繩子，並把繩子上下抖動成波浪形，隊員必須敏捷地從上跳過，誰碰到繩子，與搖繩者交換。

（9）跳蛇形繩：

教師與一名學生雙手握一根長繩，並把繩子左右抖動，使繩子像一條蛇在地上爬行，學生們在中間跳來跳去，1 分鐘內觸及繩子最少者為勝。

（10）跳粗繩（或竹竿）：

教師雙手握一根粗繩或竹竿，隊員圍成一個圓圈站立，當教師握繩或竿做掃圓動作時，隊員立即跳起，觸及繩索或竹竿者為敗。

▶▶（二）利用繩梯進行的靈敏性練習

繩梯訓練法就是讓練習者利用繩梯進行各種動作練習，特別是步法移

動練習，從而提升運動員的靈敏素質和協調素質。繩梯訓練法符合靈敏素質訓練的機理，具有很強的科學性。它簡單易行，教練員可根據專項運動特點有目的地改變梯內結構，使靈敏性訓練突出專項特點；它新穎、有趣味，能激發運動員的興趣，營造一種輕鬆愉快的訓練氣氛；它可以根據需要設計多種訓練方式和方法，常練常新，常新常練。

　　繩梯訓練法的這些特點完全符合運動員靈敏素質的訓練要求，既能促進練習者掌握各種技術，同時又能培養其意志、作風，對提升其靈敏素質有著顯著的作用。繩梯靈敏練習的主要作用就是發展腳步位移速度和身體感知能力。運動員可以由變換運動的節奏、頻率和方向來改變動作難度，從而針對性地提升速度、靈敏、協調素質。

　　靈敏素質練習應在身體狀態好和神經興奮性高的情況下進行，一般安排在訓練課的前半部分或準備活動時。練習時要嚴格控制時間，並按要求改變動作的速度。繩梯訓練作為一種有效的提升運動員靈敏性的訓練方法，可按以下原則進行訓練：

・強度：中等或中等偏上，要求動作完成得既輕鬆又協調。

・時間：10～20 分鐘。

・間歇：完全恢復或基本恢復。

・次數：1～2 次為宜。

・組數：2～3 組。

1. 快速墊步前跑

　　【方法】身體正對梯子，在每框裡踩兩次，墊步前跑。

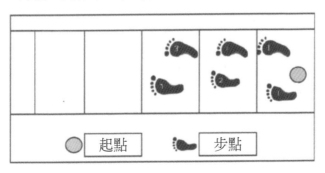

圖 14-1

【動作要領】重心前移，兩腳一前一後，在每框內墊步，呈小步跑（圖 14-1）。要求頻率快，每前進一步擺臂一次。

2. 兩腿前交叉向前跳

【方法】身體正對梯子，兩腿前後交叉前跳。

【動作要領】兩腿開立，站於梯外，重心前移，兩手放鬆。蹬地時，兩腳一前一後踩前面的框。落地時繼續蹬地，使兩腿再次分開於梯外（圖 14-2）。再往前蹬時，左右腿交換，左腿在前變為右腿在前，循環往復。

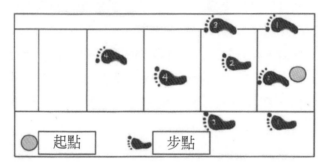

圖 14-2

3. 前轉髖跳

【方法】身體正對梯子，墊步扭髖往前跳。

【動作要領】兩腿開立，站於梯外，兩手置於體側，重心前移。蹬地時，兩腿分開，一前一後落於前面的框內。落地時，髖往前頂，迅速蹬地使得兩腿再次分開於梯外（圖 14-3）。再往前蹬時前後腿交換，循環往復。

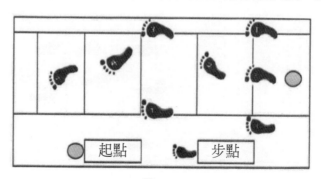

圖 14-3

4. 左右碎步往前跑

【方法】身體正對梯子，框內、框外碎步往前跑。

【動作要領】兩腿分立於梯外，右腳先向梯框裡邁步，接著左腳也往裡邁步。隨後，右腳往該框右邊邁步，緊接著左腳往前一框左框外邁步，右腳再往前一框框內邁步，循環往復（圖 14-4）。

（向後跑方法和身體姿態一樣，方向向後）

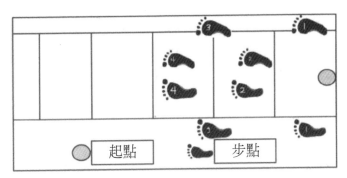

圖 14-4

5. 交叉分腿平移

【方法】身體側對梯子，兩腿交叉跑。

【動作要領】兩腳前後開立平行於梯子橫桿，一腳在框內一腳在框外。兩腳蹬地，左右腳交替踩橫桿進行平移，每個框兩腳都要踩到，頻率要快（圖 14-5）。

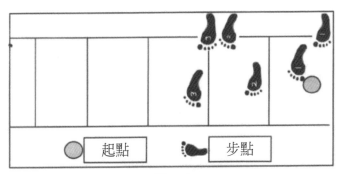

圖 14-5

6. 快速小步平移跑

【方法】身體側對梯子，兩腿小步平移跑。

【動作要領】右腳往右側方蹬地平移，左腳跟進，兩手自然擺動，身體前傾（圖 14-6）。

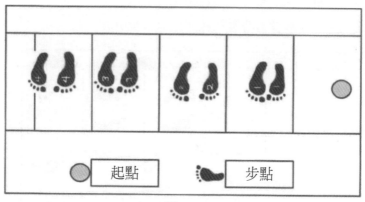

圖 14-6

7. 側向單腳換兩腳跳

【方法】身體側對梯子，側向單腳換兩腳跳。

【動作要領】兩腳站於框內，膝蓋微彎。蹬地後往右側框內跳，右腳單腳落地，緊接著兩腳同時落在下一框內。蹬地後繼續往右側框跳，循環進行（圖 14-7）。

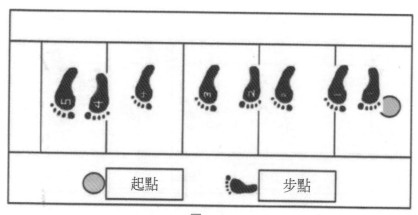

圖 14-7

8. 側交叉步

【方法】身體側對梯子，一腿往前一腿往後跨步跑。

【動作要領】兩腳平行於橫桿開立，左腳在第一框左側。轉髖，使左腳邁入第一框，右腳隨即從左腳後邁入第二框，左腳從右腳前邁入第三框，右腳在左腳前邁入第四框，左腳緊接著在右腳前邁入第五框，循環往復（圖 14-8）。

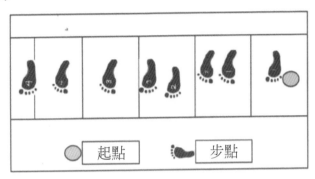

圖 14-8

9. 前交叉向前跑

【方法】身體正對梯子，交叉步往前跑。

【動作要領】身體垂直於梯面，站在梯面的左後方。開始時，左腳踏入第一框內，右腳踏向第一框框外右側，重心轉到右腳上。左腳做一個墊步，緊接著右腳踏入第二框內，左腳踏向第二框框外左側，重心換到左腳上，重複進行往前跑（圖 14-9）。要求頻率要快，在腳落地的同時要及時轉換重心，上體保持不變，用上轉髖的力。

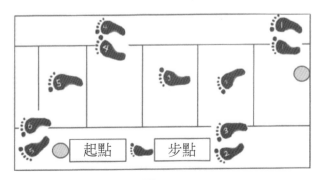

圖 14-9

10. 左右跨步往前跑

【方法】身體正對梯子，一腿跨步一腿跟上往前跑。

【動作要領】開始時，面向梯子站在左後方。以左腳為軸，右腳跨入第一框，在腳尖落地的同時左腳找右腳踏入第一框內。右腳順勢往右側跨步，站穩在第一框右側。左腳順勢提起，重心在右腳上，左腳不落地往第二框框內跨，在腳尖落地時右腳踏入第二框，左腳順勢跨向左側，右腳提起踩入第三框，依次進行（圖 14-10）。

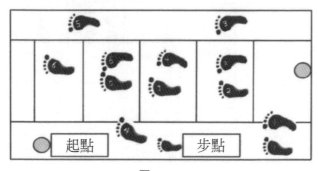

圖 14-10

》》（三）利用標誌物進行的靈敏性練習

利用各種標誌物讓練習者進行固定線路跑動或移動來進行靈敏素質的練習，這些標誌物通常是圓錐筒。這種練習在發展練習者靈敏性的同時也提升了練習者的速度素質和反應能力。因此，該類練習方法是有效提升練習者靈敏素質的方法之一。

這類練習主要側重在下肢的靈敏性訓練，因此不管標誌物組成何種形狀，標誌物之間的距離如下，步法一共分為如下 5 種，這 5 種步法的選擇可以根據具體的愛好和所從事的運動項目而定。

向前跑；後退跑；側向滑步；側向跨步；側向交叉步。

1. T 形跑（圖 14-11）

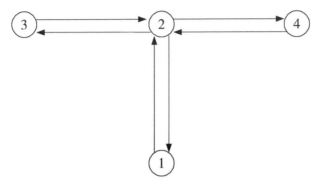

圖 14-11

2. L 形跑（圖 14-12）

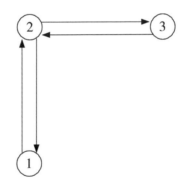

圖 14-12

3. 方形跑（圖 14-13）

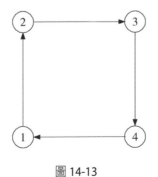

圖 14-13

4. X 形跑（圖 14-14）

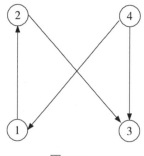

圖 14-14

5. 星形跑（圖 14-15）

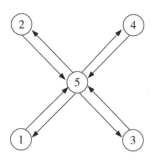

圖 14-15

6. S 形跑（圖 14-16）

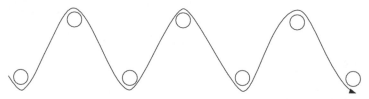

圖 14-16

7. Z 形切向（圖 14-17）

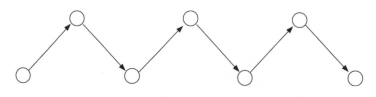

圖 14-17

8. 8 字形跑（圖 14-18）

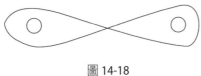

圖 14-18

9. V 形跑（圖 14-19）

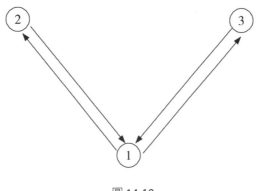

圖 14-19

10. 星形結合方形跑（圖 14-20）

跑動順序：1 到 5，5 回 1；1 到 2，2 到 5，5 回 2；2 到 4，4 到 5，5 回 4；4 到 3，3 到 5，5 回 3；3 到 1。

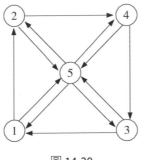

圖 14-20

第三節　協調素質訓練方法與手段

發展協調素質可分為組織綜合的協調素質訓練和分解的協調素質訓練兩個途徑進行。綜合的協調素質訓練主要是在綜合訓練和比賽中，同時也在技能訓練、戰術訓練、體能訓練中，要求運動員注意完成動作的協調性；分解的協調素質訓練則針對其各種構成能力分別採用專門的練習手段予以發展。

本書這一節將從反應能力、平衡能力、節奏能力、空間感知能力、時間感知能力、距離感知能力、專門感覺能力的訓練要點來簡述協調能力的訓練。

一　反應能力訓練

反應能力是指人的神經系統及動作的快速應答能力。運動員反應能力的強弱直接影響著運動員的協調能力的水準。反應能力的訓練通常採用反應速度的訓練方法（詳情參見本書第十二章速度訓練相關內容）。

二　平衡能力訓練

平衡能力是指人體維持平衡的本領。人體運動時總是與維持相對穩定的身體位置（身體姿勢）相聯繫，即與保持平衡相聯繫。平衡是由對抗使身體偏離適宜位置的力（如慣性力、支撐反應力等）而達到的狀態。人體保持穩定姿勢的能力是保證人體基本靜態位置的關鍵能力，也是人體有效完成某一動作的基礎。

通常將運動員的平衡能力分為靜態平衡能力和動態平衡能力。有關平衡能力的訓練詳見本書第十三章節中的相關內容。

三　節奏能力訓練

節奏能力是指運動員在練習過程中，在完成動作的時間和力度上呈現出來的快慢、強弱有序變化的能力。節奏能力的訓練常採用如下練習方法：

①用固定的頻率完成不同長度的分段距離。要求在完成每一個分段距

離時保持固定的頻率。

②用固定的頻率完成固定的練習。按比賽的節奏完成練習。該練習常用於跳躍、投擲及體操等固定動作組合運動項目的訓練之中。

③用高於比賽平均頻率完成一定距離和固定動作的練習。要求練習時首先確定比賽平均速度，練習中採用高於或低於比賽的頻率，如 1 分鐘多做或者少做 2、4、6 個動作，來提升運動員控制節奏的能力。

④競速運動訓練中，可設置 3～4 個分段距離，保持成績，增加頻率。要求第一個分段距離用比賽速度來完成，下一個分段距離與上一次練習相比，多增加一個週期動作或減少一個週期動作。

四 空間定向能力訓練

空間定向能力，是指運動員對外界物體或現象的空間位置的判斷及其對自身運動的空間位置判斷的能力。空間定向能力的主要評價指標是對技術動作的精確控制水準。

控制動作的精確性作為完成某一技術動作的關鍵因素對運動員的空間定位能力起著決定性作用。如，體操等難表現美性的運動項目要求運動員神經、肌肉系統準確地控制肌肉的工作，並表現身體和身體不同環節在空間運動過程中的精確移動；排球、拳擊等得分與命中類運動項目，也要求運動員具有很強的空間定向能力，透過瞬間判斷和操作來控制完成動作的方式與發力的時機。

五 時間感知能力訓練

時間感知能力是指運動員對完成練習在時間維度上準確判斷的能力。時間感知能力的培養常採用以下方法：

①變速完成比賽距離的練習。預先設定練習目標（如時間），可規定行進速度為最大速度的 95%、90%、85%、75%、70%。要求運動員儘可能按規定的速度完成練習。

②要求運動員在練習距離中規定的段落裡按比賽速度行進，並逐漸增加規定段落的距離。

③練習後要求運動員將實際練習速度與主觀感覺速度進行對比，以提

升運動員的時間感知能力。

六　距離感知能力訓練

距離感知能力是指運動員對距離的準確判斷與控制能力。該能力對田徑項目中需要準確助跑的跳躍和擲遠運動項目有著重要作用。

對於要求有準確助跑的運動項目來講，由於場地、氣候、運動員身體狀態等各種原因都會影響助跑的準確性，因此訓練運動員的助跑準確性時，加強運動員的距離感成為重要的內容。如，提升運動員最後 4～5 步控制步幅、準確起跳的能力成為像跳遠這樣要求有準確助跑運動項目運動員訓練的關鍵。

另外，可以由固定投擲距離的方式提升運動員的肌肉控制能力，由投準的方式提升運動員控制器械的能力，該練習對鐵餅、標槍等項目運動員距離感的提升有積極作用。

七　專門感覺能力訓練

專門感覺能力是在完成各種各樣的專門練習的過程中得到發展的。專門的感覺能力與運動項目的運動方式及運動環境密切相關。如自行車運動員的車感；游泳運動員的水感；划船、帆船運動員的船感；籃球運動員的球感等都是由從小在相應的環境裡或由從小駕馭器械的訓練獲得的。

第四節　靈敏、協調訓練的注意事項

一　靈敏訓練的相關注意事項

》（一）練習方法、手段應多樣化並經常改變

靈敏素質的發展與各種分析器和運動器官機能的改善有密切的關係。人體能否在運動中表現出準確的定向定時能力和動作準確、迅速變換的能力，都取決於各種分析器和運動器官功能的提升。而人體一旦對某一動作技能熟練到自動化程度時，再用該動作去發展靈敏素質的意義就不大了。

為此，發展靈敏素質練習的方法應是多種多樣的，並且要經常地改變。

這樣不僅可以使人掌握多種多樣的運動技能，還可以提升人體內各種分析器的功能，在運動中能夠表現出時空三維立體中的準確定向定時能力，還能表現出動作準確、變換迅速的能力。

》》（二）掌握本專項一定數量的基本動作

運動技能本質是條件反射，這種在大腦皮層中建立的條件反射暫時聯繫的數量越多，臨場時及時變換動作的暫時聯繫的接通就越迅速準確，在已掌握的運動技能的基礎上，可以快速形成新的應答性動作來應付突然發生的情況。因此應盡量多掌握一些基本的動作、基本技術及戰術等，這樣做有利於提升靈敏素質。

由於靈敏素質是人體綜合能力的表現，發展靈敏素質還必須從培養人的各種能力入手，在練習中廣泛採用發展其他身體素質的方法來發展靈敏素質，並培養掌握動作的能力、反應能力、平衡能力等。

》》（三）抓住發展靈敏素質的最佳時期

靈敏素質是在中樞神經系統的指揮下，各種能力的綜合表現。兒童少年的神經系統是人體發育最早、最快的系統，他們具有較好的反應能力，動作速度、平衡能力、節奏感等方面具有很大的發展潛力，這些都為發展靈敏素質提供了有利的條件，因此應確實在這一時期進行靈敏素質練習。

》》（四）靈敏素質練習時應注意消除練習者的緊張心理狀態

在進行靈敏素質練習時，教練員應採用各種有效的方法與手段，消除練習者緊張的心理狀態和恐懼心理。因為人心裡緊張時，肌肉等運動器官也必然緊張，會使反應遲鈍，動作的協調性下降，影響練習的效果。

》》（五）合理安排訓練時間

靈敏素質的訓練在整個訓練過程中都應該適當安排，使之系統化。但訓練時間不宜過長，練習重複次數不宜過多。因為肌體疲勞時，運動員力量水準會下降，速度將減慢，節奏感被破壞，平衡能力會降低，這些都不

利於靈敏素質的發展。

　　有經驗的教練員都是根據不同訓練過程的特點來安排靈敏素質的訓練。如隨著比賽臨近，技術訓練比重增加，協調能力的訓練應相應加強。準備期以一般靈敏素質訓練為主，比賽期以專項靈敏性訓練為主。在一次訓練課中應把靈敏素質的訓練安排在課的前半部分，讓運動員處在體力充沛、精神飽滿、運動慾望強的狀態下進行練習。

▶▶（六）靈敏素質的練習應有足夠的間歇時間

　　在進行靈敏素質的練習過程中應有足夠的間歇時間，以保證氧債的償還和肌肉中 ATP 能量物質的合成。但休息時間又不可過長，休息時間過長會使中樞神經系統的興奮性大幅度下降，在下次練習中就會減弱對運動器官的指揮能力，使動作協調性下降、速度減慢、反應遲鈍，這必然影響練習的效果。一般地講，練習時間和休息時間可控制在 1：3 的比例。

▶▶（七）應結合專項要求進行訓練

　　靈敏素質具有專項化的特點。經驗豐富的教練員都針對本專項對靈敏素質的特殊要求安排靈敏素質訓練，使訓練效果與專項要求相一致。例如籃球運動員多做發展手的專門靈敏性訓練，以提升手感和控球能力；足球運動員多做一些腳步移動和用腳控球的練習；體操、技巧等項目運動員多做一些移動身體方位的練習等。此外，還應注意控制練習者的體重。

二　協調訓練的相關注意事項

　　①運動員的協調能力受到運動員時間、空間及動力控制等多種因素的影響。改進運動員協調能力的訓練中，在關注某一能力改善的同時，應注意與全面改善綜合協調能力密切結合。

　　②少年兒童應該進行更多的運動項目練習，尤其要重視多安排體操練習，以有效提升機體肌肉的協調能力、空間感知能力以及平衡能力。

　　③協調素質的訓練應作為每天的重要訓練內容來進行安排，尤其是對一些動作相對單一的運動項目來講顯得更為重要。

　　④在週期性項目中，協調能力的專門練習手段較少，因此，隨著運動

技術水準的逐步提升，應在完成習慣性練習的同時開拓更多的訓練手段。如，不常用的開始姿勢；運用各種擴大動作幅度的練習器械和專門設備；改變訓練條件和環境等。

　　⑤由於協調素質具有明顯的項目特徵，因此，要密切圍繞專項需要進行協調性訓練。

思考題

（1）什麼是靈敏性？
（2）什麼是協調素質？
（3）靈敏素質有什麼意義？
（4）試結合自己所從事的專項分析其靈敏性的特點。
（5）簡述靈敏性或協調素質訓練常見的方法。

參考文獻

　　〔1〕楊世勇.體能訓練〔M〕.人民體育出版社，2012.

　　〔2〕Lee E. Brown，Vance A. Ferrigno（Editors）. Training for Speed，Agility，and Quickness（Second Edition）〔M〕. Human Kinetics，2005.

　　〔3〕王正偉.軟梯訓練法對提升運動員靈敏素質的作用機理探討〔J〕.體育世界（學術），2011，4：99-100.

　　〔4〕孫文新.現代體能訓練軟梯訓練方法〔M〕.北京體育大學出版社，2010.

　　〔5〕李鴻江.青少年體能鍛鍊〔M〕.高等教育出版社，2007.

PART

15 牽拉技術

本章導語

　　良好的柔韌性和靈活性有助於擴大動作幅度從而實現肌力的最大化，有助於更加合理地完成技術動作，並預防運動損傷。而牽拉訓練是訓練體系中提升機體柔韌性和靈活性的主要方法和手段。

　　本章介紹牽拉技術的概念與分類、方法與手段及牽拉注意事項。透過本章的學習使學生瞭解牽拉技術的概念與分類體系，重點掌握靜態主動牽拉和靜態被動牽拉的方法手段。

第一節　牽拉技術的概念與分類

　　良好的柔韌性和靈活性對肌肉和關節有非常積極的作用，它有助於預防機體損傷，減少肌肉傷痛，加強身體鍛鍊的效果。牽拉訓練是提升機體柔韌性和靈活性的重要方法和手段，主要針對有規律的正確拉伸肌肉、筋膜韌帶等結締組織和其他相關組織，透過增加骨骼肌起止點或不同骨骼間距離的方式，使其柔韌性得以發展並放鬆的過程。其目的是改善或重新獲得關節周圍軟組織的伸展性，降低肌張力；增加或恢復關節的活動範圍；預防或降低軀體活動或從事某項運動時出現的肌肉、肌腱損傷。它的作用是增加肌肉長度，降低肌肉張力，使延展性改善，彈性變好，使得肌肉力量快速恢復，能夠適應生活、工作、運動的需要。

　　根據牽拉技術來源、牽拉方式和持續時間，可以把牽拉分為以下幾種，這幾種牽拉沒有明顯的界線，它們之間相互包含。

》》（一）主動牽拉與被動牽拉

根據進行牽拉時是否藉助於外力，把牽拉分為主動牽拉和被動牽拉。主動牽拉是指在牽拉肌肉之前，練習者有意識地放鬆該肌肉，使肌肉收縮機制受到人為的抑制，此時進行牽拉的阻力最小。主動牽拉技術只能放鬆肌肉組織中具有收縮性的結構，而對結締組織則無影響。

這種牽拉主要用於肌肉神經支配完整、練習者能自主控制的情況。被動牽拉是利用外界力量如輔助者、器械或練習者自身肢體力量來牽拉的一種方法，根據是否使用器械又分為手法被動牽拉和小器械被動牽拉兩種。

》》（二）動態牽拉與靜態牽拉

根據牽拉時機體所處的狀態，把牽拉分為動態牽拉和靜態牽拉。

動態牽拉是指由節奏控制的、速度略快的多次重複同一動作的練習方法，一般用在運動前，多與接下來要進行的專項活動有緊密聯繫。在動態中根據自身情況合理地進行拉伸，力度和幅度的大小自身可控。

而靜態牽拉指透過緩慢的動作將肌肉、韌帶等軟組織拉長到一定程度時，保持靜止不動狀態的練習方法，多用於運動後的整理活動，使運動後疲勞的肌肉能夠充分地伸展和放鬆，為下一次運動做好鋪墊。

》》（三）本體感受神經肌肉性促進法牽拉和主動分離式牽拉

根據不同的神經感受器原理，可以把牽拉分為本體感受神經肌肉性促進法牽拉（簡稱 PNF 牽拉）和主動分離式牽拉（簡稱 AIS 牽拉）。PNF牽拉和 AIS 牽拉從練習形式上看和靜態牽拉方法相似，但生理機制有本質的區別。

PNF 牽拉的生理學理論依據是利用逆牽張反射而達到肌肉放鬆的目的，肌肉活動方式都能在被動拉伸之前，透過等長收縮和向心收縮引起自身本體感受性抑制。

以牽拉膕繩肌為例，首先進行靜態被動牽拉 10 秒（有中等程度的牽拉感），而後牽拉者繼續施加外力，被牽拉者儘可能對抗其施加的外力使膕繩肌等長收縮 6 秒（保持腿位置不變），最後被牽拉者腿部放鬆後再繼

續進行靜態被動拉伸的同時，股四頭肌主動收縮，保持 30 秒。再次重複上述過程 3～4 次，直至最大牽拉範圍。

　　AIS 牽拉的生理學機制是透過主動收縮拮抗肌使其張力變大從而使目標肌肉反射性放鬆，每次在 1.5～2 秒的持續時間內施加少於 1 磅的助力（有中等程度的牽拉感），然後回到起始位置，逐漸增加牽拉的幅度，重複 8～10 次。

第二節　牽拉方法與手段

　　在進行牽拉之前，應先瞭解自身狀態，如運動前、運動中或者運動後等，根據情況選擇適當的拉伸方法。盡量保持在舒適、放鬆的體位，被牽拉部位處於抑制反射、易於牽拉的肢體位，充分暴露牽拉部位。牽拉時，牽拉力量的方向應與肌肉緊張或攣縮的方向相反。先在關節可動範圍內，然後固定關節近端，牽拉遠端，以增加肌肉長度和關節範圍。

　　動態牽拉是準備活動的主要內容之一，在準備活動中進行動態牽拉更有利於提升肌肉的工作能力、增加運動表現力，預防損傷。

　　動態牽拉詳見本書第七章《動作準備》，本節將具體描述靜態牽拉的方法與手段。

一　靜態主動牽拉

　　靜態主動牽拉指自身肌肉在沒有外力協助的條件下，用自身力量和體重牽拉肌肉和筋膜結締組織的過程，其優點是牽拉過程中牽拉的力度可以根據自身感受調節控制。

1. 頸部牽拉——胸鎖乳突肌

教學目標　牽拉胸鎖乳突肌。

動作要領　呈坐姿，雙臂自然下垂，頭部後伸至最大限度後，向一側盡力側屈，然後轉向對側，眼睛看斜上方。

教學重點　保持軀幹的穩定，肩帶保持後縮下降的狀態。

教學難點　把握主動伸展的力度，明確拉伸的順序。

圖 15-1

易犯錯誤 起始位置的頭部有前屈狀態。

糾正方法 先做標準姿態下的後屈、側屈和轉頭分解動作。

訓練方法 當目標肌肉有中等程度的牽拉感，保持靜力性收縮 10～30 秒，
順暢呼吸不憋氣，重複 3～5 組，對側亦然。

注意事項 頸部活動角度控制，背部挺直，不能彎腰弓背。

2. 頸部牽拉——肩胛提肌

教學目標 牽拉肩胛提肌。

動作要領 呈坐姿，一側手臂自然下垂並盡量延展，另一側手臂抬起扶住
對側頭部，發力將頭部拉向對側。

教學重點 保持軀幹穩定和頸部的正常生理彎曲。

教學難點 把握好主動伸展的力度。

易犯錯誤 拉伸一側的肩胛骨上提。

糾正方法 可以將手臂坐到臀部下方，起到固定作用。

圖 15-2

訓練方法 當目標肌肉有中等程度的牽拉感，保持靜力性收縮 10～30 秒，
順暢呼吸不憋氣，重複 3～5 組，對側亦然。

注意事項 施力方向要在冠狀面內盡力側屈。

3. 肩帶牽拉──三角肌前束

教學目標 牽拉三角肌前束。

動作要領 身體自然站立，將雙側手臂自然伸直，向後伸至極限位置。

教學重點 保持肩帶後縮、下降，身體重心固定不變。

教學難點 向後發力時控制發力方向。

易犯錯誤 手臂向後帶動軀幹前傾。

糾正方法 始終保持挺胸、收下頜的狀態。

訓練方法 當目標肌肉有中等程度的牽拉感，保持靜力性收縮 10～30 秒，
順暢呼吸不憋氣，重複 3～5 組，對側亦然。

注意事項 直接向後發力，緩慢延展，切忌手臂內旋和肩關節外展。

圖 15-3

4. 肩帶牽拉——三角肌後束

（教學目標）牽拉三角肌後束。

（動作要領）身體自然站立，將一側手臂抬至水平位置，拇指向下，用對側
手臂扶住肘關節上方，拉至軀幹的方向。

（教學重點）保持軀幹穩定。

（教學難點）雙側肩部保持在同一高度。

（易犯錯誤）軀幹發生旋轉，並且肘關節發生角度變化。

（糾正方法）將兩側肩胛骨平貼於固定物上，扶住肘關節上方的位置。

（訓練方法）當目標肌肉有中等程度的牽拉感，保持靜力性收縮 10～30 秒，
順暢呼吸不憋氣，重複 3～5 組，對側亦然。

（注意事項）肘關節保持微屈，不能超伸。

圖 15-4

5. 上臂牽拉——肱二頭肌

（教學目標）牽拉肱二頭肌。

（動作要領）身體自然站立，將兩臂盡力向後延展（稍低於肩），並將前臂
內旋。

（教學重點）使肩關節、肘關節、橈尺關節充分得到延展。

（教學難點）施力方向的把握。

（易犯錯誤）三個關節發力順序發生顛倒。

（糾正方法）先從前臂內旋開始，再加強肘關節，最後肩關節用力。

（訓練方法）當目標肌肉有中等程度的牽拉感，保持靜力性收縮 10～30 秒，順暢呼吸不憋氣，重複 3～5 組。

（注意事項）避免肘關節的超伸，可單側拉伸，再換另一側。

圖 15-5

6. 上臂牽拉——肱三頭肌

（教學目標）牽拉肱三頭肌。

（動作要領）呈坐姿，將一側肘關節盡力摺疊，手掌落在肩胛骨中間，另一側手握住肘關節上方拉向頭部。

（教學重點）預先使肘關節充分摺疊，進而增加肩關節屈的角度。

（教學難點）施力方向的把握。

（易犯錯誤）肘關節屈的角度無法達到最佳。

圖 15-6

糾正方法	首先固定肩關節屈的角度，然後增加肘關節的角度。
訓練方法	當目標肌肉有中等程度的牽拉感，保持靜力性收縮 10～30 秒，順暢呼吸不憋氣，重複 3～5 組，對側亦然。
注意事項	避免軀幹發生側屈，沿著前臂的指向施力。

7. 軀幹牽拉──腹直肌

教學目標	牽拉腹直肌。
動作要領	俯臥在墊子上，前臂支撐在胸部正下方，將上體緩慢推起。
教學重點	保持地板和髖關節之間的壓力，上體緩慢抬起。
教學難點	放鬆肩部，保持肩部向下並遠離耳部。
易犯錯誤	骨盆離開墊子，造成胯關節拉伸。
糾正方法	骨盆始終保持跟墊子接觸，手臂支撐不能使肘關節超伸。
訓練方法	當目標肌肉有中等程度的牽拉感，保持靜力性收縮 10～30 秒，順暢呼吸不憋氣，重複 3～5 組。
注意事項	向上抬起時，可由手臂支撐過渡到手支撐；避免抬起角度太大，造成腰椎的壓力。

圖 15-7

8. 軀幹牽拉──胸大肌

教學目標	牽拉胸大肌。
動作要領	找一個固定物，雙腳前後站立，將一側手臂呈垂直角度扶住固定物，上臂和軀幹呈 90°。
教學重點	身體整體前傾。

教學難點 上臂和軀幹的角度。

易犯錯誤 用手掌推固定物，小臂沒有貼緊。

糾正方法 將小臂完整地貼在固定物上。

訓練方法 當目標肌肉有中等程度的牽拉感，保持靜力性收縮 10～30 秒，
順暢呼吸不憋氣，重複 3～5 組。

注意事項 保持軀幹穩定，整體向前軀幹可略微向對側旋轉。

圖 15-8

9. 軀幹牽拉——背闊肌

教學目標 牽拉背闊肌。

動作要領 雙手扶住固定物，雙腿自然分開站立，將手臂伸直，軀幹前
傾，使手臂和軀幹在一條直線上。

教學重點 身體重心向後、向下緩慢拉伸。

教學難點 背部保持直立，重心下降時膝關節不能超伸。

易犯錯誤 彎腰弓背。

糾正方法 身體站立時離固定物略遠，將身體前傾至與地面平行。

訓練方法 當目標肌肉有中等程度的牽拉感，保持靜力性收縮 10～30 秒，
順暢呼吸不憋氣，重複 3～5 組，對側亦然。

注意事項 身體重心向後、向下緩慢發力。

圖 15-9

10. 軀幹牽拉——腰方肌

(教學目標) 牽拉腰方肌。

(動作要領) 呈分腿坐姿，左臂上舉，右手放在左側骨盆，身體向右側傾。

(教學重點) 固定骨盆在中立位。

(教學難點) 軀幹保持固定。

(易犯錯誤) 身體會略微前傾。

(糾正方法) 可將對側手臂抬至耳部附近牽引身體向側方移動。

(訓練方法) 當目標肌肉有中等程度的牽拉感，保持靜力性收縮 10～30 秒，
順暢呼吸不憋氣，重複 3～5 組，對側亦然。

(注意事項) 可根據下肢柔韌性大小，改變雙腿的角度和膝關節的彎曲度。

圖 15-10

11. 臀部牽拉——臀大肌

(教學目標)　牽拉臀大肌。

(動作要領)　前腿盤坐，後腿自然伸直，腰背挺直，上體前傾。

(教學重點)　雙手撐地，骨盆保持中立位，身體正直。

(教學難點)　加強骨盆的穩定。

(易犯錯誤)　骨盆容易離開墊子。

(糾正方法)　調整前側腿橫放的角度。

(訓練方法)　當目標肌肉有中等程度的牽拉感時，保持靜力性收縮 10～30
　　　　　　秒，順暢呼吸不憋氣，重複 3～5 組，對側亦然。

(注意事項)　使臀大肌有充分拉伸的同時不能造成腰椎的壓力。

圖 15-11

12. 臀部牽拉——梨狀肌

(教學目標)　牽拉梨狀肌。

(動作要領)　仰臥於墊上，將拉伸一側腿抬起屈膝，腳踝置於異側腿膝關節
　　　　　　處，雙手抱住異側腿的大腿位置，用力拉向軀幹的方向。

(教學重點)　拉伸腿呈屈髖外旋的姿態。

(教學難點)　骨盆容易發生側傾和翻轉。

(易犯錯誤)　拉伸腿的髖關節外旋角度不夠。

(糾正方法)　將拉伸腿的腳踝放置在另一側腿的股骨滑車溝正上方。

(訓練方法)　當目標肌肉有中等程度的牽拉感時，保持靜力性收縮 10～30
　　　　　　秒，順暢呼吸不憋氣，重複 3～5 組，對側亦然。

(注意事項)　拉伸時避免肩部前伸過多，盡量拉向軀幹，軀幹儘可能接觸地
　　　　　　面。

圖 15-12

13. 下肢牽拉——內收肌群

(教學目標) 牽拉內收肌群。

(動作要領) 上身挺直，屈腿坐於墊子上，腳掌相對，雙手放於膝蓋處下壓。

(教學重點) 雙手用力下壓，將膝蓋盡量靠近墊子。

(教學難點) 下壓時手臂發力，軀幹放鬆，保持正直。

(易犯錯誤) 強調靜力性伸展，避免彈振。

(糾正方法) 緩慢發力，腿部放鬆不要產生對抗。

(訓練方法) 當目標肌肉有中等程度的牽拉感，保持靜力性收縮 10～30 秒，順暢呼吸不憋氣，重複 3～5 組。

(注意事項) 雙腿屈膝座位時，雙腳盡量靠近髖部。

圖 15-13

14. 下肢牽拉──闊筋膜張肌

教學目標　牽拉闊筋膜張肌。

動作要領　上體保持正直坐於墊上，右腿伸直，左腿屈膝，左腳放於右膝外側，軀幹轉向左側，左手支撐於地面，右手放在左膝上。

教學重點　左腳全腳掌接觸地面，右肘貼右膝給予壓力，盡量將身體轉向左側。

教學難點　坐姿情況下控制骨盆的角度。

易犯錯誤　向前彎腰。

糾正方法　上體稍後仰，腰背挺直左轉，完成髖關節內收動作。

訓練方法　當目標肌肉有中等程度的牽拉感，保持靜力性收縮 10～30 秒，順暢呼吸不憋氣，重複 3～5 組，對側亦然。

注意事項　拉伸過程中左腳全腳掌接觸地面，不要向前彎腰。

圖 15-14

15. 下肢牽拉──股四頭肌

教學目標　牽拉股四頭肌。

動作要領　站姿，將牽拉一側的大小腿充分摺疊，同側手握住腳踝的位置向後上方提拉，另一隻手可以扶住牆壁支撐。

教學重點　加強髖關節伸和膝關節屈的角度。

教學難點　穩定軀幹，上體保持正直，不能向前屈。

易犯錯誤　發力過程容易導致軀幹前屈。

糾正方法 雙側大腿併攏，並收緊腹部。

訓練方法 當目標肌肉有中等程度的牽拉感，保持靜力性收縮 10～30 秒，順暢呼吸不憋氣，重複 3～5 組，對側亦然。

注意事項 可以同側手臂拉伸同側股四頭肌，也可以是對側拉伸。

圖 15-15

16. 下肢牽拉──膕繩肌

教學目標 牽拉膕繩肌。

動作要領 以拉伸右側為例：右腳在前前後站立，左腿屈膝，右腿伸直全腳掌著地，上體前屈；左側亦如此。

教學重點 前側拉伸腿的膝關節自然伸直，不能彎曲。

教學難點 後背挺直。

圖 15-16

（易犯錯誤）重心前移，造成腰背部壓力過大。

（糾正方法）支撐腿屈膝，重心偏向後移動。

（訓練方法）當目標肌肉有中等程度的牽拉感，保持靜力性收縮 10～30 秒，
順暢呼吸不憋氣，重複 3～5 組，對側亦然。

（注意事項）拉伸時要保持運動呼吸，避免憋氣。

17. 下肢牽拉——腓腸肌

（教學目標）牽拉腓腸肌。

（動作要領）以拉伸左側為例：兩腳前後開立，雙手叉腰，左腳在前，右腳
在後，屈左膝，重心前移，右側亦如此。

（教學重點）左右腳在同一條直線上，兩腳尖向前。

（教學難點）後側腿的膝關節要盡力伸展。

（易犯錯誤）後側腿屈膝，腳尖外開，同時腳跟離開地面。

（糾正方法）首先固定後側腿腳尖向前，全腳掌著地，重心緩慢前移。

（訓練方法）當目標肌肉有中等程度的牽拉感，保持靜力性收縮 10～30 秒，
順暢呼吸不憋氣，重複 3～5 組，對側亦然。

（注意事項）弓箭步站立時，應保持身體姿態穩定，避免晃動。

圖 15-17

二　靜態被動牽拉

　　靜態被動牽拉是指由他人或器械對被拉伸者進行牽拉的過程，在整個
牽拉的過程中被牽拉的肌肉放鬆不參與發力。其優點是當被牽拉的肌肉或

結締組織限制了柔韌性或者肌肉組織進行康復時，被動牽拉效果明顯；當主動肌太虛弱不能進行反應時，這種方法效果很好；允許超出自身能動的運動幅度，提升了關節能動活動範圍的儲備；運動後進行拉伸，可緩解大負荷運動後的神經疲勞，預防運動損傷，為下一次運動做好良性準備。

　　本章節的靜態被動牽拉重點介紹兩人一組的徒手牽拉，更加有助於實現合作性學習、增進同學間的友誼。

　　徒手拉伸以教會學生正確地使用被動牽拉技術為主，所以教學目標為掌握靜態被動拉伸目標肌肉時的站位、手法以及用力的順序和大小，在下面的具體拉伸方法裡不再一一贅述。

1. 臀部牽拉──臀大肌拉伸

（動作要領） 以右側拉伸為例，被牽拉者平躺，右腿屈膝放在左腿上，牽拉者左手扶其右膝，左手握住其腳踝，向其胸前緩慢推動；左側亦然。

（教學重點） 被牽拉者的準備姿勢。

（教學難點） 牽拉者的站位、手的位置及用力的大小。

（易犯錯誤） 牽拉者用力的大小及方向不當。

（糾正方法） 教師監督及口令提示；及時與被牽拉者溝通，注意力的大小。

（訓練方法） 當目標肌肉有中等程度的牽拉感，控制 10～12 秒，期間可稍改變力度和幅度，重複 1～2 組，間歇 5～8 秒，對側亦然。

（注意事項） 拉伸幅度，因人而異，避免過度牽拉，導致運動損傷。

圖 15-18

2. 下肢牽拉──梨狀肌拉伸

動作要領 以左側拉伸為例，被牽拉者仰臥，左腿大小腿夾角成 90°，放於右側大腿上方，牽拉者右手扶其左側膝關節，左手放在踝關節外側，緩慢地向其胸前推進，右側亦然。

教學重點 動作的準備姿勢。

教學難點 用力的方向及大小。

易犯錯誤 牽拉者用力的方向及大小不當。

糾正方法 監督及口令提示。

訓練方法 當目標肌肉有中等程度的牽拉感，控制 10～12 秒，期間可稍改變力度和幅度，重複 1～2 組，間歇 5～8 秒，對側亦然。

注意事項 多與被牽拉者溝通，詢問其牽拉感，調整力度和幅度。

圖 15-19

3. 下肢牽拉──股四頭肌拉伸

動作要領 拉伸者趴在墊子上，牽拉者站其背後，以拉伸右側為例，右手抓住右側腳踝，使其小腿向上摺疊腳後跟碰到臀部，左側亦然。

教學重點 動作的準備姿勢。

教學難點 拉伸時手臂用力的大小。

易犯錯誤 拉伸時手抓的位置應該是腳踝，錯誤的是手抓腳趾。

糾正方法 監督及口令提示。

圖 15-20

訓練方法 當目標肌肉有中等程度的牽拉感，控制 10～12 秒，期間可稍改
變力度和幅度，重複 1～2 組，間歇 5～8 秒，對側亦然。

注意事項 提示被牽拉者調整呼吸，避免憋氣；及時溝通，適當用力。

4. 下肢牽──膕繩肌

動作要領 以左側為例，被牽拉者平躺，左腿直腿抬起，牽拉者右手固定
其左腿，左手托住其左側腳踝向其正前方緩慢用力；右側亦如
此。

教學重點 被牽拉者的準備姿勢，牽拉者對其右腿固定。

教學難點 牽拉者向對側推送及用力的大小。

易犯錯誤 牽拉者推送的方向和力的大小不當。

圖 15-21

糾正方法 監督及口令提示；及時溝通，注意觀察被牽拉者的表情及反應。

訓練方法 當目標肌肉有中等程度的牽拉感，控制 10～12 秒，期間可稍改變力度和幅度，重複 1～2 組，間歇 5～8 秒，對側亦然。

注意事項 注意觀察被牽拉者的反應，及時和被牽拉者溝通，避免過度牽拉。

5.肢牽拉──內收肌群拉伸

動作要領 被牽拉者取座位，上體正直，兩腿儘可能大地分開，牽拉者兩手按住其後背胸椎部位，使被牽拉者上體儘可能地貼近地面，被牽拉者的手臂可抓住腳尖，也可向前無限延伸。

教學重點 被牽拉者的準備姿勢，上體應直立。

教學難點 同時調整呼吸，不要憋氣。

易犯錯誤 在拉伸過程中憋氣，影響拉伸效果。

糾正方法 教師提示其調整呼吸。

訓練方法 當目標肌肉有中等程度的牽拉感，控制 10～12 秒，期間可稍改變力度和幅度，重複 1～2 組，間歇 5～8 秒。

注意事項 被牽拉者注意呼吸的節奏；牽拉者注意用力的大小和動作的幅度。

圖 15-22

第三節　牽拉訓練的相關注意事項

在牽拉過程中，首先應該排除以下可能：

①關節內或關節周圍組織有炎症，如結核、感染，特別是在急性期；

②新近發生的骨折；

③新近發生的肌肉、韌帶損傷，組織內有血腫或有其他創傷體徵存在；

④神經損傷或神經吻合術後 1 個月內；

⑤關節活動或肌肉被拉長時有劇痛；

⑥嚴重的骨質疏鬆等情況。

在安全的身體狀況下，進行合理的拉伸。

同時，在拉伸過程中還應該注意以下問題：

（1）避免過度牽拉。

過度牽拉是指牽拉力量過大，使關節活動超過了正常的活動範圍。牽拉後的肌肉酸脹，屬於正常反應，但如果肌肉酸脹並持續 24 小時，甚至出現關節疼痛，說明牽拉力量過大。

（2）避免過度牽拉已長時間制動或不活動的結締組織。

因長時間制動後，結締組織失去了正常的張力，特別是大強度、短時間的牽拉比小強度、長時間的牽拉更容易引起損傷。

（3）避免牽拉水腫組織。

水腫組織比正常組織更容易受到損傷，同時牽拉後水腫擴散，會增加疼痛和腫脹。

（4）避免過度牽拉肌力較弱的肌肉。

對肌力較弱的肌肉，應與肌力訓練結合起來，使受訓者在伸展性和力量之間保持平衡。

（5）牽拉訓練應與準備活動、整理活動相結合。

熱身後牽拉比熱身前牽拉更加科學合理。先進行一定的動力性練習可增加肌肉的血液循環，肌肉黏滯性降低，促使肌肉溫度升高後再進行牽拉，一定程度上可以降低運動損傷發生的風險性。運動後的 5～10 分鐘內非常有必要進行牽拉，可以使縮短的肌纖維恢復到正常的靜息長度，增加肌腹和肌腱的彈性，緩解肌肉痠痛。

思考題

（1）簡述牽拉技術的概念。

（2）簡述牽拉訓練的注意事項。

（3）分別簡述採用靜態主動和靜態被動的方式牽拉胸大肌、股四頭肌、膕繩肌、腓腸肌的方法及要領。

參考文獻

〔1〕尹軍. 身體運動功能診斷與訓練〔M〕. 北京：高等教育出版社，2015.

〔2〕王安利. 運動損傷預防的功能訓練〔M〕. 北京：北京體育大學出版社，2013.

〔3〕國家體育總局訓練局國家隊體能訓練中心. 身體功能訓練動作手冊〔M〕. 北京：人民體育出版社，2015.

PART

16 再生與恢復技術

本章導語

　　再生與恢復訓練也是一種訓練課，在課程中不僅包括肌肉的拉伸放鬆，同時可以進行一些輕微的脊柱力量的康復營養性訓練以及按摩手法、訓練後的營養補充、水療。

　　本章系統地介紹了再生與恢復的概念、技術分類和操作方法。透過本章學習，學習者可以對再生與恢復技術有系統的瞭解和基本技術掌握。

第一節　再生與恢復技術的概念與分類

一　再生與恢復技術的概念

　　傳統運動訓練過程中，再生與恢復被認為是訓練的一部分，現在我們認識到，事實上它決定著訓練。如果沒有適宜的恢復——再生，肌肉骨骼系統將不能為下一次訓練課或隨後的比賽做出準備，從而影響運動員正常的訓練和比賽，所以恢復——再生是訓練課中必不可少的一個環節。

　　恢復是透過適當的身體活動和適宜的補給，幫助運動員在生理和心理上解決大量訓練和比賽所導致的身體和心理上的疲勞，有效加快機體的恢復。

　　再生是透過有目的、有計劃的訓練，幫助運動員從沉重疲勞的訓練中恢復過來，相當於對機體的維修和保養。

🔲 再生與恢復技術的分類

　　再生與恢復技術包含靜態拉伸和按摩兩種，本章重點介紹按摩技術。靜態拉伸技術的相關內容請見第十五章。

≫ 按　摩

　　按摩是用手法或器械作用於人體體表的特定部位以調節機體生理、病理狀況，達到理療目的的方法。運動後按摩所採用的手法、用力的大小、時間的長短等，均應根據對象的體質、性別、運動項目的特點，特別是要求根據運動後反應出來的情況來決定。

　　按摩是一種非常好的放鬆方式，可以保護軟組織的結構，提升血液和淋巴系統的循環，按摩還可以放鬆緊張的結締組織，使全身都得到一種總體的放鬆。

　　按摩有兩種方式：

　　一是自我按摩

　　工具有按摩棒、泡沫軸、TP 球、醫療用球、雙手、水療院的強力噴頭。自我按摩的方法非常好。

　　二是專業按摩師的按摩

　　他們會利用一些器械幫助按摩對象進行深層的按摩、肌肉筋膜的放鬆、關節的按摩、痛點的按摩、針灸，以及肌肉表面的整體按摩。

1.泡沫軸

　　泡沫軸（圖 16-1）自我按摩是利用練習者自身重量及泡沫軸相互作用產生的壓力施加於練習者的肌肉及筋膜等軟組織上，使練習者過於緊張的肌肉及筋膜產生放鬆的訓練方式。它不僅能延伸肌肉和肌腱，鬆解軟組織黏連和疤痕組織，同時能增加血液的流動和軟組織循環。

圖 16-1

2. 按摩棒

　　按摩棒（圖 16-2）是用於肌筋膜放鬆、深層組織按摩的一種器械。脊狀線的設計，有助於表層和深層組織的活動。

　　按摩棒把手，有助於扳機點的放鬆。運用按摩棒採用主動或被動按摩均有助於改善特定區域的血液流量與循環，同時也有助於透過抑制疼痛傳導通路，均提升肌肉溫度，增強肌肉延展性。

圖 16-2

3. 按摩球

　　按摩球（圖 16-3）一般採用 PVC 材料製作而成，也可用網球或高爾夫球代替。

　　按摩球練習能減少肌肉緊張，提升骨盆、大腿、小腿以及特定關節的柔韌性。正確使用按摩球可以有效地進行自我按摩練習或者肌肉放鬆，提升運動按摩的效果。

圖 16-3

再生與恢復的基本方法與手段

　　在運動訓練與競技比賽的末期，隨著身體內代謝物質的堆積，肌肉中能量物質不斷地消耗與流失，肌肉組織、韌帶、關節等部位處於酸脹、僵硬、疼痛等不良狀態。這將大大地影響到運動員在比賽或訓練後的生活與工作質量，甚至影響到第二天的訓練。

　　本節介紹靜態拉伸、器械筋膜淋巴回流、按摩等針對深層、淺層肌肉所使用的放鬆手段，按照身體從下往上的順序進行，幫助訓練或比賽之後的機體恢復，提升機體代謝與再生能力。

➊ 常用放鬆手段及應用

》》（一）下肢肌肉放鬆

1. 足底自我按摩

場地器材 平整地面、網球或棒球一個。

練習目標 足底自我按摩、放鬆。

動作要領 自然坐姿屈膝雙手握住需放鬆腳，用大拇指反覆用力擠壓按摩足底方肌。注意用力和鬆弛相結合按壓，也可以站姿或坐姿，將網球置於腳底足底方肌扳機點處滾動踩壓網球（圖 16-4）。

練習方法 每組練習 30 秒，練習 2～3 組。

圖 16-4　足底自我按摩

2. 小腿後群肌肉放鬆

（1）小腿後群肌肉自我按摩

場地器材　按摩床或平整地板。

練習目標　小腿後群肌肉按摩、放鬆。

動作要領　方法一：在按摩床或地板上自然坐姿屈膝，自己用雙手大拇指反覆擠壓按揉相應痠痛處的肌肉。注意拇指用力和放鬆相結合按壓揉，一張一弛交替進行。用力大小以能承受痠疼為適宜。
方法二：當踮腳尖時，可以在腓腸肌下緣的下方觸到比目魚肌的收縮。可坐在按摩床或地板上，兩手向後支撐保持平衡，把一條腿放於另一條腿的膝蓋上來回運動往復進行自我按摩。然後換另一條腿繼續進行擠壓環繞按摩。

練習方法　每組練習 2～3 分鐘，練習 2～3 組。

（2）小腿後群肌肉的器械放鬆

場地器材　平整地板、練習墊、泡沫軸。

練習目標　小腿後群肌肉放鬆。

動作要領　雙手與左腿支撐地面練習墊上，右腿小腿放在泡沫軸上，並將身體重量放在右腿上，由左腿的前後推動使右小腿在泡沫軸上前後移動。此方法用於放鬆小腿腓腸肌、比目魚肌的筋膜，並促進小腿處血液回流（圖 16-5）。

練習方法　每組練習 15～30 秒鐘，練習 2～3 組。

圖 16-5　小腿後群肌放鬆

3. 小腿前部放鬆

（1）小腿前群肌肉的自我按摩

場地器材 平整地面、練習墊、練習凳。

練習目標 小腿前群肌肉放鬆。

動作要領 方法一：脛骨前肌位於脛骨的外側，當勾起腳尖時可以看到它的收縮。扳機點一般位於脛骨中上的三分之一的位置，按摩時可以用雙手的手指或網球來按摩擠壓脛骨前肌的扳機點，還可以握空拳輕輕地叩擊。

方法二：坐在練習凳上，雙手抱膝，以右腳支撐在地面上為例，用左腳腳後跟從上往下來回往復滑動來按摩脛骨前肌。然後左右腿進行互換。

方法三：坐在地板或練習墊上，以雙手抱左腳為例，右腿放在地板或練習墊上，用左腳腳後跟在右腿的脛骨前肌上由下向上滑動按摩。然後左右腿進行互換。

練習方法 每組練習 30～60 秒鐘，練習 2～3 組。

（2）小腿前群肌肉的器械放鬆

場地器材 平整地板、練習墊、泡沫軸。

練習目標 小腿前群肌肉放鬆。

動作要領 身體俯臥姿勢，雙肘支撐在地板或練習墊上，骨盆微微旋轉，

圖 16-6

上側腿彎曲位於下側小腿上方（增大壓力），泡沫軸位於下方小腿前外側使泡沫軸在膝關節與踝關節之間緩緩滾動，滾動過程中保持正常呼吸，不要憋氣，整個運動過程中保持核心部位收緊（圖16-6）。

（練習方法）每組練習30～60秒鐘，練習2～3組。

4. 大腿及臀部肌肉放鬆

（1）大腿股四頭肌放鬆

（場地器材）平整地板、泡沫軸或網球。

（練習目標）股四頭肌筋膜放鬆。

（動作要領）身體成俯臥姿勢，雙肘支撐在地板上，將泡沫軸或網球置於左腿股四頭肌下端，右腳置於左腳上，並將體重壓在左腿上，由肘部力量支撐身體使股四頭肌在泡沫軸或網球上由下向上來回移動，促進大腿前群肌肉的靜脈血液回流，並刺激腹股溝淋巴液的回流（圖16-7）。

（練習方法）每組練習30～60秒鐘，練習2～3組。

圖 16-7

（2）內收肌群放鬆

（場地器材）平整地板、按摩棒、練習墊。

（練習目標）內收肌群按摩放鬆。

（動作要領）坐姿，外展左側膝關節平放在練習墊上，雙手持按摩棒，對肌肉的僵硬部位以及肌肉內有肌肉結節的部位進行用力擀碾，此方法可以緩解僵硬部位肌肉，對形成結節部位的肌肉有效地緩

圖 16-8

解，同時也對於腹股溝處的淋巴液回流具有一定效果（圖 16-8）。

練習方法　每組練習 30～60 秒鐘，練習 2～3 組。

（3）大腿後群肌放鬆

場地器材　平整地板、泡沫軸、練習墊。

練習目標　大腿後群肌按摩放鬆。

動作要領　雙手支撐地面，坐於泡沫軸上，並將體重集中置於泡沫軸上，透過前後滾動泡沫軸，將力量作用在股二頭肌上。此方法可促進大腿後群肌筋膜放鬆，並促進血液回流（圖 16-9）。

練習方法　每組練習 30～60 秒鐘，練習 2～3 組。

圖 16-9

（4）大腿外側肌肉放鬆

場地器材　平整地板、泡沫軸或網球、練習墊。

練習目標　髂脛束、臀中肌以及闊肌膜張肌的筋膜放鬆，並促進血液回流。

圖 16-10

動作要領 身體成側臥姿，右肘支撐在地面或練習墊上，左手屈膝繞在左
腿前側，右腿、軀幹成一條直線，挺髖夾臀，並將身體重量置
於右腿外側。由左肘與右腿的上下配合使泡沫軸或網球在右腿
外側上下滾動（圖 16-10）。

練習方法 每組練習 30～60 秒鐘，練習 2～3 組。

（5）臀大肌放鬆

場地器材 平整地板、泡沫軸或網球。

練習目標 臀大肌筋膜放鬆，促進血液回流。

動作要領 右腿與左手支撐地面，左腿小腿放在右膝蓋上，將左側臀部放
在泡沫軸或網球上，身體左傾將重心放在左臀部，由左手右腿
上下拉動使臀大肌在泡沫軸或網球上滾動（圖 16-11）。

練習方法 每組練習 30～60 秒鐘，練習 2～3 組。

圖 16-11

▶▶（二）軀幹肌肉放鬆

1. 背闊肌、斜方肌、豎脊肌的放鬆

場地器材 平整地板、練習墊、泡沫軸或按摩球。

練習目標 背闊肌、斜方肌、豎脊肌的筋膜放鬆，促進背部的靜脈血液回流。

動作要領 直體平躺在地板或練習墊上，雙腿屈膝，雙手抱胸，將泡沫軸或按摩球橫向放在腰背部，由腳的蹬地讓泡沫軸或按摩球上下在背部滾動（圖 16-12）。

練習方法 每組練習 30～60 秒，練習 2～3 組。

圖 16-12

2. 肋間靜脈及淋巴回流

場地器材 平整地板、練習墊、泡沫軸。

圖 16-13

(練習目標) 促進腹外斜、前鋸肌的筋膜放鬆，促進身體左側的靜脈回流，腋下淋巴液回流。

(動作要領) 身體側臥姿，左側躺在橫向放著的泡沫軸上，右側腿向前屈腿，左側腿支撐地面並伸直，左手伸向頭頂，整個身體成一條直線，重心放在泡沫軸上，由右腳的蹬地，使左側身體在泡沫軸上上下拉動（圖 16-13）。

(練習方法) 每組練習 30～60 秒，練習 2～3 組。

3. 髂腰肌放鬆

(場地器材) 平整地板、練習墊、按摩球。

(練習目標) 髂腰肌按摩、放鬆。

(動作要領) 身體俯臥在練習墊上，將按摩球置於肚臍側面 2 公分處，逐漸抬高上體。上體抬得越高，髂腰肌伸展越充分，壓力越大。重複數次後將按摩球稍微移開一點，如此將髂腰肌的每個區域都按摩到，找到最緊張的區域（圖 16-14）。

(練習方法) 每組練習 10～15 秒，練習 2～3 組。

圖 16-13

4. 頸部放鬆

(場地器材) 按摩棒。

(練習目標) 頸部按摩，放鬆。

(動作要領) 需要使用按摩棒以及幫輔人員，準備放鬆者坐姿，頭向左下方低頭，幫輔人員手持按摩棒順著肌肉的走向上下撐壓頸部肌肉，這對頸部肌肉以及斜方肌的僵硬以及肌肉結節的緩解非常

圖 16-15

有效（圖 16-15）。

練習方法　每組練習 45～90 秒，練習 2～3 組。

》》（三）上肢肌肉放鬆

1. 三角肌泡沫軸筋膜放鬆

場地器材　平整地板、練習墊、泡沫軸。

練習目標　三角肌筋膜放鬆。

動作要領　身體側臥，將泡沫軸放在肩部下方的位置，右手穿過背部至身
體左側，左手屈肘支撐在泡沫軸上，右腿伸直，左腿屈腿支撐
於地面。右腿用力，膝關節伸展，帶動身體向上移動，使泡沫
軸滾動至大臂中間的位置（圖 16-16）。

圖 16-16

(練習方法) 每組練習 30～60 秒，練習 2～3 組。

2. 肱二頭肌泡沫軸筋膜放鬆

(場地器材) 平整地板、練習墊、泡沫軸。

(練習目標) 肱二頭肌筋膜放鬆。

(動作要領) 方法一：身體側臥，將泡沫軸放在左手腋下稍前的位置，左手屈肘，右手屈肘 90° 撐於胸部前方，左腿單腿屈膝 90°，右腿伸直，左手用力滾動泡沫軸至靠近肘關節的位置。

方法二：身體側臥，泡沫軸放在身體外側略低於肩的位置，左手伸直，右手屈肘 90° 撐於胸部前方，保持穩定，左腿屈膝 90° 支撐於地面上，左腿伸直，腿部用力使臀部離地，帶動身體向上移動，使泡沫軸移動至靠近肘關節的位置。

注意保持軀幹穩定和身體施壓的力度和幅度（圖 16-17）。

(練習方法) 每組練習 15～30 秒，練習 2～3 組。

圖 13-2

3. 肱橈肌以及伸肌的放鬆

(場地器材) 平整地板、練習墊、泡沫軸。

(練習目標) 肱橈肌及前臂肌群筋膜放鬆。

(動作要領) 使用泡沫軸，右手臂放在泡沫軸上，保持手掌向上，由上體力量加於前臂上，並上下滾動泡沫軸（圖 16-18）。

(練習方法) 每組練習 15～30 秒，練習 2～3 組。

圖 16-18

第三節　再生與恢復的注意事項

　　恢復再生訓練也是一種訓練課，在課程中不僅包括肌肉的拉伸放鬆，同時可以進行一些輕微的脊柱力量的康復營養性訓練以及按摩、訓練後的營養補充、水療。適宜恢復，是最主要的，其餘四個都圍繞其而組成。

　　一是適宜的營養；二是軟組織的健康，如肌肉、肌腱等；三是心理恢復；四是休息。

　　在此過程中要注意以下相關事項：

　　（1）運用輔助器械時的注意事項

　　在運用泡沫軸、按摩棒等輔助器械進行再生與恢復訓練時，要注意順序：由下而上，從大到小，先淺後深。即：先由足部和下肢開始，由下而上依次到腰背部、上肢。大肌肉群為先，然後再對小肌肉群進行處理。先放鬆淺層肌肉，之後是深層肌肉。

　　（2）積極恢復的時間

　　一般是在訓練後進行這種恢復性的再生，但同時在訓練之中也會穿插。比如力量訓練中，有的運動員覺得肩部肌肉較緊，那就會透過按壓和梳理後再進行訓練，即訓練保養再訓練。還有透過少量輕微的訓練的安排，透過舒緩關節應激的訓練。

　　積極性的恢復是一種小強度的運動的練習，通常用在訓練過程中，訓練完成後或作為訓練課的一個獨立部分，大量研究已經證明積極性恢復方

式對運動員的訓練有重要作用。運動員只有在小強度放鬆訓練期內實現真正的放鬆恢復，才能更好地完成後面大強度的訓練任務。如訓練後的慢跑、游泳、戶外騎行、「空中漫步機」練習、「反重力跑步機」練習等，都是積極性恢復的方法。

再生恢復訓練是一個系統的工程，不僅在一次的訓練課時要重視，在平時的日常生活還要注意休息和飲食，養成良好生活習慣。只有訓練和生活兩方面雙管齊下，再生與恢復效果才能得到保障。

一　睡　眠

睡眠是最好的休息方式，不僅能幫助運動訓練後的身體恢復，也影響到接下來運動或訓練的表現狀況。

沒有充足的睡眠，身體的反應會遲鈍。睡眠不足也將帶來葡萄糖攝取及腎上腺皮質醇分泌不利的影響。若出現睡眠品質不足或紊亂的情況，這可能是過度訓練的強烈信號。

（一）睡眠週期

睡眠經過四個階段（一個週期）：三個眼球慢速運動階段及一個眼球快速運動階段，這四個階段大概是 90～120 分鐘。而之後會一直在重複慢速運動階段 2、慢速運動階段 3 及眼球快速運動階段。隨著週期不斷地循環，眼球慢速運動階段 3 的睡眠時間會愈來愈短，而眼球快速運動階段的時間會愈來愈長。

其中第三個階段眼球慢速運動階段 3 深度睡眠時，內分泌系統會分泌荷爾蒙，包含成長荷爾蒙（growth hormone，GH），對於身體訓練後的適應（成長）扮演相當重要的角色。身體需要足夠的時間，讓身體可以完整地進行這些循環，以得到良好的恢復。如果晚上很累，那麼眼球快速運動階段的時間會增加，而眼球慢速運動階段 3 的時間會減少。合理安排各類睡眠時間有助於身體疲勞的恢復。

（二）睡眠時間

一般來說，上床 20 分鐘之後就會入睡。對普通人來說，睡眠大概 8

小時就夠了。運動員在大量的訓練之後，需要有額外的時間來讓身體進行休息。比如對於跑步者來說，增加額外的睡眠時間有助於恢復狀況：

一星期跑 60 英里（96 公里），每天應該增加 60 分鐘的睡眠時間；一星期訓練 10 小時，每天應該增加一小時的睡眠時間；一星期訓練 15 小時，每天應該增加一個半小時的睡眠時間；一星期訓練 20 小時，每天應該增加兩個小時的睡眠時間。

》（三）睡午覺

睡午覺可以幫助身體的恢復，下午 1～3 點鐘可以進行一個短的休息，午休 20 分鐘左右。最好找到適合自己的午睡長度，這個午睡長度不會影響到晚上的睡眠狀況。

》（四）睡前安排

睡前不做劇烈的運動。如果晚上訓練結束得很晚，不要馬上睡覺，因為這段時間整個身體還處於高度興奮之中。睡前不要喝咖啡，禁止飲酒。每天睡前可以做一些放鬆性的拉伸練習，這些練習可以幫助你入睡。睡前半個小時泡個熱水澡，做一些恢復性的瑜伽動作，或呼吸練習和冥想。

二 營養補充

合理的營養提供運動適宜的能源物質，有助於劇烈運動後的恢復，可減輕運動性疲勞的程度或延緩其發生。引起人體運動能力下降的常見如脫水、體溫調節障礙引起的體溫升高、酸性代謝產物的蓄積、電解質平衡失調所致的代謝紊亂、能源儲備物的損耗等均可在合理營養的措施下（如適宜的飲食營養和補液等）延緩疲勞的發生或減輕其程度。

每天的膳食營養搭配要均衡（碳水化合物、蛋白質和脂肪）。可以根據自己的體格、運動項目、運動量將不同營養按比例搭配，也可以諮詢專業的營養師。我們都有一天只吃同一種食物的習慣，這種習慣一般能輕鬆堅持一週。

針對運動員的需要去進行合理的補充，比如體重太輕，就要適宜地補充肌酸，來增加肌肉含量，根據需求來設置。而訓練後的補充就是根據運

動員的消耗和自身的需要來制訂，專人負責對運動後的飲料進行調製，像蛋白質、碳水化合物、魚肝油、維生素等營養物質都需均衡搭配。

營養補充時間。在早餐和中餐之間有一個小的營養補充，中餐和晚餐之間還有一個小的營養補充，晚餐之後還有一些補充，所以一天就約有六次用餐。

注意補水和電解質的平衡。飲水原則，即少量多次。運動前可以喝水，但最好就一兩口；而運動後因運動過程中大量失水，則更應該補水，但一次的量應控制在 300 毫升以下；運動過程中的補水才是我們應該關注的重點。運動中進行補水時，需要注意根據運動強度大小的不同，分 10～20 分鐘一次不等進行補水，每次補水量一般為 100～200 毫升，切忌每次補水的量過大，補水頻度不宜過高。運動中最好採用含糖和無機鹽的運動飲料來補充水分和電解質。

營養補劑。營養補劑可以補充飲食中缺乏的營養，生活中除了補充食物中的營養之外，食用一些營養補劑也可以促進機體的恢復，適當服用複合維生素和礦物質、抗氧化劑、必須脂肪酸、蛋白質補劑等都可以幫助機體的恢復。

三　冷熱水療法

冷熱療法，與其他恢復方法一樣，對身體恢復也有促進作用，但是因人而異。冷療具有消炎止血止痛的功能，對運動員恢復訓練中產生的一般性損傷具有重要作用，冰浴可以抑制運動衝擊所導致的炎症，同時還有鎮痛的效果，透過低溫抑制身體炎症引發的疼痛感，還能促進肌肉中代謝物的排出。

熱療也經常被用到運動員身體恢復當中，短時間置於溫暖環境中會使人感覺舒適、放鬆，如 20 分鐘以內的桑拿蒸氣房。漩渦浴也可由循環的水流放鬆肌肉和神經。

冷熱交替浴也是一種常見的恢復方法，運動員在冷水池待 2 分鐘再到熱水池待 1 分鐘，交替進行幾次，最後以冷浴結束。身體在冷熱交替浴時會有明顯的反應，可以幫助刺激神經細胞和血液循環，從而有效促進身體恢復。

四　心理放鬆減壓

許多時候需要採取一些措施對運動員進行放鬆減壓，運動心理學就是幫助運動員專門解決類似問題的。心理學主張採取主動的自我放鬆方式，比如躺在一個黑暗的房子裡，放鬆全身肌肉，使自己處於放鬆狀態。

可視化的方式使自己感覺到自己的成功之處，比如肌肉更發達了，動作完成得更標準。有一種設備就是在耳朵上進行測試，透過設備將心率、體溫等數據傳入電腦，在軟體的幫助下，如果能很好地控制自身，那麼顯示屏上的色彩會越來越靚麗，這種測試方法在射擊項目中最多被採用。

音樂、燈光、香薰等方法也有助於放鬆。

適宜的呼吸技巧、冥想和沉思都是有利的放鬆方式。

運動員自身對時間的掌控，比如訓練後與家人的和睦相處也是很好的放鬆方式。

如果可能的話，休假是非常好的建議。

五　生活方式

創建運動員的支撐系統，家人、朋友的支持；

避免吸菸、違禁藥物、不良的營養、無規律的作息、消極的心態、不良的人際關係。

單獨的某一點並不會起到很大的傷害作用，但是當越來越多的不良習慣積累在一起，那就會形成非常大的傷害。應激是積累出來的。

思考題

（1）運動員如何進行身體自身各主要運動肌肉的自我按摩實踐？

（2）運動員自我探索是否還有其他更好的自我按摩運動肌肉扳機點的簡單實用的方法？

（3）再生與恢復的主要手段有哪些？

（4）再生與恢復的注意事項有哪些？

參考文獻

〔1〕David G. Simons，Janet G. Travell，Lois S. Simons. 肌筋膜疼痛與機能障礙：激痛點手冊〔M〕. 宮大紳，張育彰，譯. 台北：合記圖書出版社，2004.

〔2〕戴維斯. 無痛一身輕—戴維斯身體放鬆與痛疼自療法〔M〕. 黃欣，譯. 北京：群言出版社，2007.

〔3〕狄克遜. 肌筋膜按摩方法〔M〕. 李德淳，趙曄，李云，等，譯. 天津：天津科技翻譯出版公司，2008.

〔4〕陳方燦. 運動拉伸實用手冊〔M〕. 北京：北京體育大學出版社，2008.

〔5〕安德森. 拉伸〔M〕. 邊然，譯. 北京：北京科學技術出版社，2010.

〔6〕凱洛‧馬漢. 肌筋膜鬆弛術〔M〕. 蕭宏裕，譯. 台北：易利圖書有限公司，2011.

〔7〕Philipp Richter. 肌肉鏈與板機點—手法鎮痛的新理念及其應用〔C〕. 趙學軍，譯. 山東：山東科學技術出版社，2012.

〔8〕克里斯蒂‧凱爾. 功能解剖肌與骨骼的解剖、功能及觸診〔C〕. 汪華僑，譯. 天津：天津科技翻譯出版社出版有限公司，2013.

〔9〕Melinda. 運動營養與健康和運動能力〔M〕. 曹建民，等，譯. 北京：北京體育大學出版社，2011.

〔10〕Sage Rountree. 運動員恢復指南〔M〕. 畢學翠，譯. 北京：北京體育大學出版社，2015，8.

PART

17　矯正訓練

本章導語

　　良好的動作模式和平衡的身體結構排列為運動員的運動訓練提供基本保障，是高水準運動訓練和損傷預防的前提條件。透過姿勢與動作模式的評估，找出身體結構排列與動作模式的不合理問題，可以幫助揭示身體潛在的肌肉平衡、關節活動度、穩定性行與肢體協調與神經肌肉控制等問題，進而發現運動損傷風險與運動表現的限制性因素。然後針對以上發現問題進行有針對性的矯正練習，以解決人體肌肉平衡與神經肌肉控制問題、姿勢與動作模式缺陷與不足，從而達到有效的預防運動損傷，提升人體運動能力，為高水準運動訓練提供支持與保障。

　　對於傷後恢復期運動員，矯正練習解決身體代償問題，更是預防損傷復發和提升運動表現地高效手段。這些矯正訓練包括肌肉筋膜放鬆技術、牽拉放鬆技術、肌肉激活練習和神經肌肉控制的整合動作模式訓練等，在解決具體問題的時候應遵循一定的原則，按照一定的流程完成以上技術，從而達到最佳的矯正效果。

第一節　矯正訓練的基本原則

　　矯正練習的基本原理，就是在評估找出問題的基礎上，分析問題出現的常見原因，然後有針對性地選擇合適的方法進行處理，以達到最後整體動作模式的合理化，從而幫助運動員達成最佳運動效率，並預防損傷的發生或降低損傷的發生率。具體執行矯正訓練的時候除了需要遵循運動訓練

學的一般性原則以外，重點要注意以下兩個原則。

一　經常性原則

　　由於多數動作模式的改變原因複雜多樣，且有一定的時間積累，因此短時間改變動作模式並不容易。

　　常規的力量訓練需要間隔足夠的休息時間，以保證肌肉疲勞和營養的恢復才能達到最佳肌肉力量和維度增加的效果。而動作模式異常伴隨的主要問題如肌肉筋膜緊張、肌肉無力和神經肌肉控制等問題主要和神經控制有關，因此訓練方案和常規的力量訓練不一樣。

　　神經肌肉控制訓練的效果和訓練頻率密切相關，一天多練是可能的，也是必要的。經常性進行矯正練習，包括一天多次進行肌肉筋膜的鬆解、孤立的肌肉激活練習和整合的神經肌肉控制訓練，可以幫助運動員達到更快、更佳的效果。

二　循序化（流程化）原則

　　動作模式改變的原因很多，有針對性的處理方法也很多。但是優先處理一些問題更能獲得最佳效果。例如，由於肌肉交互抑制原理，緊張的肌肉會抑制其拮抗肌肉，所以先放鬆肌肉筋膜可以幫助更好地恢復部分肌肉活性，也就優先放鬆肌肉筋膜，然後激活肌肉效果會更好。解決了基本的肌肉筋膜緊張和肌肉失活問題後，進行整合的動作模式訓練也會更加安全和更加有效。以此，在進行動作模式矯正訓練的時候遵循基本的技術循序和流程規範，將會幫助和保障我們獲得更好的效果。

　　抑制技術是用在矯正訓練流程第一階段的關鍵技術，雖然可以使用的方法很多，最常用的技術就是自我肌筋膜放鬆（self-myofascial releasing，SMR），以降低神經筋膜組織過度激活並且使組織準備好接受其他矯正訓練技術。

　　然後進入到矯正訓練系統的第二階段，即拉伸這些過度激活或緊張的神經肌筋膜組織。拉伸主要目的是對機能性縮短的肌肉的拉伸，增加關節和一些組織部位的結締組織的活動度。用於拉伸技術的方法有很多，而使用最多的主要是即靜態拉伸和神經肌肉拉伸。每種方法的目的都是相同的

（增加有效關節活動度，增加組織伸展性，加強神經肌肉效率），每種拉伸方法都可以與其他技術獨立或綜合使用以達到矯正目的。

第三個階段就是激活運動。激活是指刺激（或教育）運動的肌筋膜組織，主要技術就是孤立的肌肉訓練，被用於專練特定肌肉來增加動作能力，也就是激活強化「潛在失活」和「失活」的肌肉。

矯正運動系統的第四個階段，使用整合訓練技術達到最大鍛鍊功效。整合訓練技術用於重塑人體運動系統，幫助其回到功能協同的運動模式。多關節動作、多肌肉協同的使用，有助於重新建立對神經肌肉的控制，加強協調動用肌肉的運動。

第二節　矯正練習實踐

矯正練習實踐系統介紹了上肢、軀幹、下肢的姿勢評估、動作評估與分析，並且根據評估結果，給出了常見動作異常矯正練習的具體流程和規範，包括針對性的鬆解、牽拉、孤立肌肉激活練習和糾正異常動作的整體動作練習方法。

這有助於幫助教練員掌握矯正練習的實踐操作流程和方法。

一　上肢矯正練習

上肢肩帶特殊的解剖結構，透過動態和靜態穩定結構保持穩定，同時使肩關節能夠在最大靈活性下完成各種動作。肩部周圍的關節囊和韌帶結構在肩部靜態穩定性中起到重要作用，但是動態穩定性還需要由肩帶周圍的肌肉與神經肌肉控制獲得。

穩定性透過靜態和動態的穩定結構保持，這些穩定結構共同作用以獲得高速度而精確的動作，而肩關節的靈活性也是肩部高速度而精確的動作的保證，主要與肩部軟組織包括肌肉的柔順性有關。

在進行肩部矯正練習之前需要對肩部姿勢與動作進行評估，找到問題所在，然後給出正對性的糾正練習方案。常用的肩部評估方案包括靜態姿勢與臂上舉下蹲、上肢推拉等動作評估（表 17-1）。

表 17-1　肩部評估與矯正練習

肩部評估流程範例和觀察	
靜態姿勢	上交叉綜合症
臂上舉下蹲	臂前落
	聳肩
上肢推、拉動作	肩上抬
	頭前伸
	翼狀肩胛（推動作）

≫（一）靜態姿勢評估

　　上交叉綜合徵是肩部功能障礙常見的姿態表現，表現為肩部圓滑和頭前伸，會改變肩帶的關節動力鏈，增加肩部壓力和潛在損傷。主要存在胸部肌肉緊張和上背部肌肉薄弱等問題。而上交叉綜合症往往是肩部動作異常的原因之一，主要由前胸部肌肉放鬆和上背部肌肉力量練習來進行矯正（圖 17-1）。

圖 17-1　上交叉綜合症

≫（二）動作評估

　　上肢的動作評估主要是由涉及上肢的幾個動作對肩部動作姿態進行觀察，以發現肩部是否存在動作代償，進而瞭解肩部的肌肉平衡與神經肌肉控制問題。為運動過程中存在的肩部動作效率下降及其原因提供訊息，為肩部的矯正練習提供直接的依據。

1. 舉臂下蹲

用來評估全身多關節的動態靈活性與穩定力量、身體平衡和神經肌肉整體控制（圖 17-2 ）。其中可以看到手臂與軀幹夾角，顯示為手臂前落代償動作，提示肩部肌肉與動作異常。其中可能觀察到明顯塌腰動作，也可能與肩部動作異常有關。

【**動作要求**】雙腳站立與肩同寬，腳尖向前，足和踝應該保持中立位；隨後舉雙臂過頭，肘完全伸展；指導下蹲到大約大腿與地面水平並回到開始的姿勢；重複 5 次運動，觀察每個姿勢（前方、側方、後方）。

【**觀察點**】從前方觀察，應該保持足尖朝向正前方，膝關節和足（第二、三腳趾）在一條直線上，雙臂與頭頸部夾角對稱，雙手高度一致；從側面觀察上肢與軀幹是否在一條直線上，是否出現塌腰和明顯的頭前伸；從後面觀察，腰——骨盆——髖複合關節不應該左右轉移。

圖 17-2　舉臂下蹲（手臂前落和塌腰代償）

2. 俯地挺身動作

俯地挺身評估與推的活動有關，並評估腰——骨盆——髖複合關節的功能及肩胛骨和頸椎的穩定性。

【**動作要求**】指導測試者俯臥位，雙手略與肩寬並且膝完全伸直。根據個人的能力，女性也可用膝關節支撐的俯地挺身。指導測試者用力推地，胸部向前直到肩胛骨處於前伸位。測試者應該用 2—0—2 的速度緩慢重複動作 10 次左右或至疲勞不能繼續完成動作（2 秒撐起，0 秒堅持，2 秒下落）（圖 17-3 ）。

圖 17-3　俯地挺身

【**觀察點**】從一側觀察肩關節是否出現聳肩和肩胛骨上翹，頸椎是否與身體在一條直線上。

3. 雙臂負重推拉動作

負重推拉動作，用來評估肩部、頸椎與核心區的穩定性。

【**動作要求**】指導測試者站立位，根據個人的能力雙手持重物，連續完成推拉動作。動作過程要求肩胛骨有前後移動，配合手臂的屈伸，緩慢重複動作 5 次左右（圖 17-4）。

圖 17-4　推拉動作的肩部評估

【**觀察點**】從一側觀察肩關節是否出現聳肩和肩胛骨上翹，手臂與頸椎是否與身體在一條直線上。

≫ （三）肩部動作異常的矯正訓練

根據肩部姿勢與動作評估結果，下面將提供 3 種常見肩部問題的矯正

練習範例：臂上舉中臂前落；上肢傳統動作評估如推、拉壓迫動作中肩上抬；俯地挺身評估中翼狀肩胛。

1. 手臂前落

手臂前落的原因包括背部和肩部問題，包括前胸、背闊肌和肩部前旋肌群的緊張，肩部後旋肌群、菱形肌、斜方肌中、下束的無力，以及肩部神經肌肉控制問題。下面針對這些原因逐一進行針對性的處理（表 17-2），最終矯正手臂前落問題。

表 17-2　推、拉動作評估中常見肩部代償和潛在原因

觀察要點	代償姿勢	可能的過度激活的肌肉	可能的活性不足的肌肉
肩部	肩上抬	斜方肌上束 肩胛提肌	斜方肌中、下束
	手臂前落	胸肌，肩部前旋肌群 背闊肌	肩部後旋肌群、菱形肌 斜方肌中、下束
	翼狀肩胛	胸小肌	前鋸肌／菱形肌 斜方肌中、下束

（1）第一步：鬆解

就是用泡沫軸鬆解背闊肌和上背部，如圖使用泡沫軸鬆解背闊肌和其他肩部限制肩部上舉的肌肉，並利用泡沫軸鬆解胸椎以增加胸椎伸展活動度（圖 17-5）。

開始幾次會有明顯疼痛，反覆使用 3～5 天後疼痛減輕，隨之肩關節的活動範圍也會逐漸恢復。

圖 17-5　肩與上背部鬆解

（2）第二步：拉伸

如圖 17-6 進行背闊肌和胸肌的拉伸，以幫助恢復肌肉長度和工作效率。

圖 17-6　背闊與胸部肌肉的拉伸

（3）第三步：激活

單獨的強化練習或姿勢性靜力練習包括斜方肌中下束、菱形肌和肩袖肌群（球和木桿組合，或啞鈴），如圖 17-7 強化練習、圖 17-8 姿勢性靜力練習。

圖 17-7　單獨的肩背部肌肉強化練習

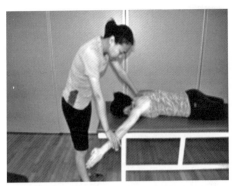

圖 17-8　肩部肌肉的姿勢性靜力性練習

（4）第四步：整合

整合下肢、軀幹與上肢協調發力的練習。深蹲站起，可以從交替手臂到單手，到單手體轉，然後單腳進行同樣變化，也可以根據需要自行設計下肢、軀幹與上肢協調發力的推舉動作，在全身動作中練習上肢提拉功能。

2. 聳肩

聳肩的原因包括背部和肩部問題，主要包括前胸與上斜方肌的緊張，斜方肌中、下束的無力，以及肩部神經肌肉控制問題。針對這些原因逐一進行針對性的處理，最終矯正聳肩問題（表 17-3）。

表 17-3　臂前落矯正練習流程

階段	模式	肌肉	調節變量
鬆懈	SMR	背闊肌 背肌	在緊張部位保持 30 秒
拉伸	靜態拉伸	背闊肌 胸大肌	保持 30 秒
激活	姿勢性靜力訓練和／或單獨的拉伸	肩袖肌群 斜方肌中、下束	4 次強度增加 25%、50%、75%、100%或 10～15 次，保持等長收縮 2 秒和離心收縮 4 秒
整合	整合動態模式	深蹲站起	控制下做 10～15 次

（1）第一步：鬆解

用泡沫軸鬆解上背部肌肉、斜方肌上束和肩胛提肌（圖 17-9）。

圖 17-9　上背部、斜方肌上束和肩胛提肌的鬆解

（2）第二步：拉伸

靜態拉伸胸肌、斜方肌上束和肩胛提肌（圖 17-10）。

圖 17-10　胸部、斜方肌上束和肩胛提肌的牽拉

（3）第三步：激活

如圖 17-11，斜方肌中、下束的單獨力量訓練（球上眼鏡蛇式），或

姿勢性靜力訓練（圖 17-12）。

圖 17-11　斜方肌中、下束的單獨力量訓練

圖 17-12　斜方肌中、下束的姿勢性靜力訓練

（4）第四步：整合

　　整合下肢、軀幹與上肢協調發力的練習。單足羅馬尼亞硬拉和 PNF
對角線模式練習（圖 17-13）。也可以根據需要自行設計下肢、軀幹與上
肢協調發力的推舉動作，在全身動作中練習上肢提拉功能。

圖 17-13　單足羅馬尼亞硬拉和 PNF 對角線模式練習

表 17-4　聳肩的矯正訓練流程

階段	模式	肌肉	調節變量
鬆懈	SMR	斜方肌上束 肩胛提肌 背肌	在緊張部位保持 30 秒
拉伸	靜態拉伸	斜方肌上束 肩胛提肌 胸肌	保持 30 秒
激活	姿勢性靜力訓練 和／或單獨的拉伸	斜方肌中、下束	重複 4 次，強度增加 25%、50%、75%、100%或重複 10～15 次，保持等長收縮 2 秒和離心收縮 4 秒
整合	整合動態模式	單足羅馬尼亞硬拉和 PNF 模式	控制下重複做 10～15 次

3. 翼狀肩胛

手臂前落的原因包括背部和肩部問題，主要包括前胸、背闊肌的緊張，菱形肌、斜方肌中、下束和前鋸肌的無力，以及肩部神經肌肉控制問題。針對這些原因逐一進行針對性的處理（表 17-5），最終矯正翼狀肩胛問題。

（1）第一步：鬆解
用泡沫軸鬆解背闊肌和背部。
（2）第二步：拉伸
靜態拉伸背闊肌和胸肌。
（3）第三步：激活
前鋸肌（加強版俯地挺身，圖 17-14）和斜方肌中下束和菱形肌的單獨力量練習（圖 17-15），或姿勢性靜力練習（圖 17-16）。
（4）第四步：整合
整合下肢、軀幹與上肢力量的練習，站位單手臂繩索前推練習（圖

17-17）。也可以根據需要自行設計下肢、軀幹與上肢協調發力的推舉動作，在全身動作中練習上肢推舉功能。

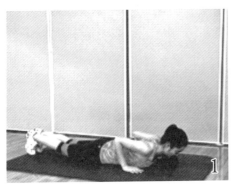

圖 17-14　加強版俯地挺身（強化前鋸肌）

圖 17-15　斜方肌中下束的組合練習

圖 17-16　斜方肌中下束與前鋸肌的姿勢性靜力練習

圖 17-17　站位單手臂繩索前推練習

表 17-5　翼狀肩胛的矯正練習流程

階段	模式	肌肉	調節變量
鬆解	SMR	背闊肌、背肌	在緊張部位保持 30 秒
拉伸	靜態拉伸	背闊肌、胸大肌、前鋸肌	保持 30 秒
激活	姿勢性靜力訓練和／或單獨的拉伸	斜方肌中、下束	4 次強度增加 25%、50%、75%、100%或 10～15 次保持等長收縮 2 秒和離心收縮 4 秒
整合	整合動態模式	站立位單足繩索臥推	控制下重複做 10~15 次

二　軀幹部的矯正練習

軀幹部也有人把它叫作腰——骨盆——臀複合結構（Lower Back-Pelvic-Hip Combination LPHC）是身體中對其上下結構具有巨大影響的部位。LPHC 擁有 30 多塊附著在腰椎或骨盆的肌肉，且 LPHC 直接與身體的上、下端連接，因此，LPHC 上端或下端結構的功能性紊亂會導致 LPHC 的功能性紊亂，反之亦然。許多常見的與 LPHC 關聯的損傷包括下背疼，骶髂關節功能紊亂，臀部肌肉群、股四頭肌、腹股溝拉傷，而與之相關的損傷包括 LPHC 以上的頸胸肩部損傷和以下的膝踝損傷。因此，軀幹部的矯正練習對於全身的損傷預防和動作效率都非常重要。

在進行軀幹部矯正練習之前需要對 LPHC 姿勢與動作進行評估，找到問題所在，然後給出正對性的糾正練習方案。常用的 LPHC 評估方案主要包括靜態姿勢與雙臂上舉下蹲。

▶▶（一）靜態姿勢評估

在尋找、判斷潛在的 LPHC 運動紊亂的一個重要的靜態姿勢問題就是下交叉綜合症，這是骨盆傾斜的典型（*腰椎過度伸展*）。在動態姿勢中，骨盆和腰椎的這個姿勢會對與骨盆相關的肌肉和結締組織造成過大的壓力。下交叉綜合症的主要肌肉問題包括下腹部與臀部肌肉無力，下腰部與屈髖肌群的緊張（圖 17-18）。

主要透過對相應緊張肌肉的放鬆和薄弱肌肉的強化激活，以及神經肌肉控制練習來矯正，同時改正相關的日常生活姿勢習慣也非常重要。

圖 17-15　下交叉綜合症

》》（二）動作評估

在做舉臂下蹲動作評估時有幾個 LPHC 代償需要去查找，這些代償包括過度前傾，下背過度前弓，下背反弓，重心不對稱。

表 17-6 概述了每種代償動作中潛在的過度活動或活動不足的肌肉，以及潛在的損傷風險。

舉臂下蹲動作評估意義與要求參見肩部動作評估部分，此處重點觀察包括：

從側面觀察上肢與軀幹是否在一條直線上，是否出現塌腰或弓腰；從後面觀察軀幹特別是臀部是否出現左右偏移（圖 17-19）。

圖 17-19　舉臂下蹲觀察軀幹部動作代償（軀幹前傾、塌腰、弓腰和重心偏移）

表 17-6　雙臂上舉下蹲動作 LPHC 的代償動作總結

代償動作	可能過度活動肌肉	可能活動不足肌肉	潛在損傷風險
軀幹前傾	比目魚肌 腓腸肌 屈髖肌群	脛骨前肌 臀大肌 豎脊肌 深層核心穩定肌群	膕繩肌群、股四頭肌和腹股溝拉傷下背痛
塌腰	屈髖肌群 豎脊肌 臀大肌	臀大肌 腿筋 深層核心穩定肌群	
弓腰	膕繩肌群 大收肌 腹直肌 腹外斜肌	臀大肌 豎脊肌 深層核心穩定肌群 屈髖肌群 背闊肌	
重心偏移	內收肌群 髂脛束（傾斜側） 比目魚肌／腓腸肌 梨狀肌 股二頭肌 臀中肌（傾斜對側）	臀中肌（傾斜側） 脛骨前肌 內收肌群（傾斜對側）	腿筋群、股四頭肌和腹股溝拉傷下背痛骶髂關節痛

▶▶（三）軀幹部的矯正練習

根據軀幹部姿勢與動作評估結果，下面將提供軀幹部位常見代償動作的矯正練習流程。所提供的圖片示範用來說明對於相應的代償所做的訓練，並用以處理軀幹部的損傷問題，這些問題都從舉臂下蹲動作的評估中可檢測出（軀幹前傾、塌腰、弓腰、重心偏移等），整合練習採用哪些動作取決於評估的結果和運動員的運動能力。

下面將舉例介紹其中常見的軀幹前傾和重心偏移的矯正練習流程和方

法，其他塌腰與弓腰等代償動作的矯正練習，可以根據上表（表 17-6）中的原因分析，按照相同的步驟來設計動作和流程。

1. 軀幹前傾

軀幹前傾的原因參見表 17-6，針對這些原因逐一進行針對性的處理（表 17-7），最終矯正軀幹前傾動作代償問題。

（1）第一步：鬆解

透過滾泡沫軸要緩解的關鍵區域包括：比目魚肌、腓腸肌和屈髖肌群（股直肌）（圖 17-20）。

圖 17-20　比目魚肌、腓腸肌和屈髖肌群的自我鬆解

表 17-7　軀幹前傾的矯正練習流程

階段	療法	肌肉	負荷
緩解	SMR	腓腸肌／比目魚肌 屈髖肌群	在壓痛點持續 30 秒
拉伸	靜態拉伸或 NMS	腓腸肌／比目魚肌 屈髖肌群 腹部肌群	靜態拉伸或 30 秒 NMS7-10 面等長收縮或保持 30 秒
激活	等張收縮或 分解力量訓練	脛骨前肌 臀大肌 豎脊肌 核心穩定肌群	等張收縮：4 組漸增強度： 25%，50%，75%，100% 分解訓練：10～15 組 2 秒的 等速靜止核心穩定肌群和 4 秒的離心收縮
整體訓練	整體動態運動	背靠球啞鈴上舉	控制能力內做 10～15 組

註：如果一開始受訓者不能完成所例舉的整合練習，就應該選擇一個相對簡易的練習。

（2）第二步：拉伸

　　透過主動或被動的靜態牽拉進一步放鬆腓腸肌／比目魚肌，屈髖肌群和腹部肌群（圖 17-21）。

圖 17-21　腓腸肌／比目魚肌、屈髖肌群和腹部肌群的主動靜態牽拉

（3）第三步：激活

　　透過孤立的動態和靜力性力量練習，以及姿勢性靜力練習來分別激活關鍵肌肉包括脛骨前肌、臀大肌、豎脊肌，以及深層核心穩定肌群圖（圖 17-22～圖 17-24）。

圖 17-22　脛骨前肌群和臀大肌的力量練習

圖 17-23　豎脊肌和核心區穩定肌群的靜力性練習

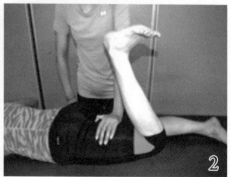

圖 17-24　脛骨前肌群和臀大肌的姿勢性靜力練習

（4）第四步：整合練習

　　對過度前傾這個代償所實施的整體訓練可以是「背後靠球蹲起上舉啞鈴」，這個動作可以幫助矯正髖關節的運動，同時保持對腰——骨盆的控制。加入上舉啞鈴的動作可以對核心部位添加一個額外的挑戰（圖 17-25）。

圖 17-25　軀幹前傾的整合練習

2. 重心偏移

軀幹前傾的原因參見表 17-6，針對這些原因逐一進行針對性的處理（表 17-8），最終矯正軀幹前傾動作代償問題。

表 17-8　重心偏移的矯正練習流程

階段	療法	肌肉	負荷
鬆解	SMR	同側：內收肌群，TFL／髂脛束 對側：梨狀肌，股二頭肌，腓腸肌／比目魚肌	痛點持續 30 秒
拉伸	靜態牽拉或NMS	同側：內收肌群和 TFL 對側：梨狀肌，腓腸肌／比目魚肌，股二頭肌	靜態牽拉：持續 30 秒 NMS：7〜10 秒的等長收縮，30 秒的牽拉
激活	分解訓練法 分解訓練法	對側：內收肌 對側：內收肌	等動訓練：4 組遞增負荷：25%，50%，75%，100% 分解訓練：10〜15 組 2 秒等長收縮和 4 秒離心收縮
整合練習	綜合動態動作訓練	背靠球蹲起上舉啞鈴	可控強度 10〜15 組

註：如果一開始受訓者不能完成上述整合練習，就應該選擇一個相對簡易的練習，如去掉重量或瑞士球。

（1）第一步：鬆解

透過滾泡沫軸緩解的關鍵區域是：偏向側的內收肌和髂脛束，遠離側的梨狀肌和股二頭肌（圖 17-26、圖 17-27）。在這個代償姿勢中，比目魚肌和腓腸肌同樣有很關鍵的作用，當練習者下蹲時，如果一側的踝關節在矢狀面上的背屈不足，這會使身體偏離受限制的一側，向能夠正常活動的一側移動。比如，如果左側踝關節受限制，這會使人向右側去偏移以達到合適的關節活動範圍。

圖 17-26　同側內收肌與髂脛束的自我鬆解

圖 17-27　對側小腿三頭肌、股二頭肌與梨狀肌的自我鬆解

（2）第二步：拉伸

透過靜態拉伸和神經肌肉拉伸的關鍵部位包括：同側內收肌和對側腓腸肌／比目魚肌、髂脛束、股二頭肌、梨狀肌（圖 17-28～圖 17-30）。

圖 17-28　同側內收肌／髂脛束／對側腓腸肌／比目魚肌的靜力拉伸

圖 17-29　對側股二頭肌與梨狀肌的靜力拉伸

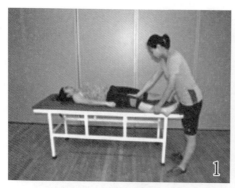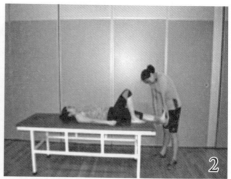

圖 17-30　同側內收肌和對側腓腸肌／比目魚肌的神經肌肉拉伸（PNF）

（3）第三步：激活

透過分解力量訓練和等動訓練激活的關鍵部位包括：同側臀中肌、對側內收肌群（圖 17-31、圖 17-32）。

圖 17-31　孤立肌肉力量練習

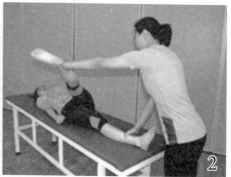

圖 17-32　姿勢性靜力練習

（4）第四步：整合練習

針對重心不對稱這種代償所採取的綜合訓練法同樣是背靠球蹲起上舉啞鈴，並且使用和矯正過度前傾所採用的相同的過程。當然動作過程重點觀察身體重心的偏移情況，並要求盡力保持重心的中正位置。如果不能保持，可以使用輕微的外力來試圖加重偏移程度，迫使運動員主動控制重心，從而達到更好的重心調整作用。

【總結】軀幹部（LPHC）是個綜合的功能性單元，使整條運動鏈能夠在發力、緩衝外力、動態穩定時協同地工作以抵抗外界不規則的力。在一項有效的研究結果中，每個結構的組成都分散重力，吸收外力，傳遞地面反作用力。這個綜合的、相互依靠的系統需要合理的訓練以在運動中能夠有效地發揮功能。

由於許多肌肉與 LPHC 相連，所以這個部位的功能性紊亂可以潛在地導致其上、下端的結構功能紊亂，其上下端結構的功能性紊亂也會導致 LPHC 的功能性紊亂。由於這個原因，LPHC 是個十分重要的需要被評估的部位，也很有可能是許多運動受限制的人所需要治療的部位。

≫（四）下肢的矯正練習

神經肌肉骨骼控制不平衡經常存在於成年女性運動員中，包括韌帶占優勢（減少下肢額妝面的穩定），股四頭肌占優勢（減少後鏈肌肉相關聯的強度和塑造），腿占優勢（神經肌肉骨骼系統控制或者肌肉重塑造的肢體與肢體的不對稱）。為了改正韌帶占優勢的不足、健康狀態和適應的表現應該指導個人在單個平面（矢狀面）聯合關節的屈和伸上使用膝關節，而不是外翻和內翻的動作。同時應該訓練動作，在矢狀面上膝關節的錯誤動作得到識別和糾正。

教會在矢狀面上的膝關節動態移動的控制可能要使由改變神經肌肉骨骼系統的間進行聯繫來實現。未來改正像韌帶占優勢的不足，要使個人意識到正確的形式和技術以及沒有想像到的和潛在的危險的位置。另外，要提供充足的矯正性練習的回饋趨勢現象，達到的神經肌肉骨骼的改變。如果出現不充足或者不適當的回饋，那麼個人可能加強的是不適當的神經肌肉骨骼訓練的技術。

　　表 17-9 提供了一個運動過程的案例，用來對於膝關節不足的矯正性練習。表中練習可以在連續統一的每一個內容做，這對膝關節損傷的問題有幫助（膝向外和向內移動）。應依照評估的發現和個人身體能力來使用練習。

表 17-9　膝關節動作代償的矯正練習流程

階段	形式	肌肉／練習	急性變量
鬆解		腓腸肌／比目魚肌，內收肌，髂脛束，股二頭肌短頭，梨狀肌	保持這個區域 30 秒
拉伸	靜態牽拉，神經肌肉牽拉	腓腸肌／比目魚肌，內收肌，髂脛束，股二頭肌短頭，梨狀肌	30 秒保持或者 7～10 秒等長收縮，保持 30 秒
激活	等長收縮或者離心力量	脛骨前肌／脛骨後肌，臀中肌，臀大肌，內收肌，膕繩肌內側（過頂下蹲時膝關節移動到外面）	增加強度 25%，50%，75%，100 四組，或者 2 秒靜態保持 10~15 個，然後 4 秒的離心訓練
整合練習	整體的動態運動	跳的過程 功能運動 球的下蹲 上步 弓步 單腿下蹲	在控制下的 10~15 個

（1）第一步：鬆解

目標肌肉的自我肌筋膜的放鬆。

（2）第二步：拉伸

包括靜態拉伸和神經肌肉拉伸。

（3）第三步：激活

針對無力的目標肌肉進行姿勢性靜力練習。

（4）第四步：整合練習

整體過程包括從水平跳開始，然後到團身跳，接著兩隻腳的長距離跳，單腿跳，然後是切削跳。如果個人不能做這些，使用功能運動也可以。

在開始動態運動練習之前，個人應該學會適合自己的運動員姿勢。運動員功能性穩定位置應該是膝關節適當地屈曲，肩向後，眼睛看前方，雙腳接近肩寬，身體重量平衡在雙腳之水平線。膝關節在角的水平面上方，下頜在膝關節水平面上方。這基本上是個人準備位置及在大多數訓練練習的開始和結束位置（圖 17-33）。

圖 7-33　運動員準備姿勢

水平跳是一個整體的動態移動的例子，可以用來改正韌帶占優勢的不足。這種低到適中負荷的跳躍運動允許健康和身體專業人員開始分析運動員在膝關節外翻或者內翻的度數。在水平跳期間，個人不應該有更深的膝關節屈曲角度，大多數的水準移動由踝關節的屈曲角度提供（圖 17-34）。相對地直著膝關節使輕微的內側膝關節的移動變得容易辨別。當內

圖 17-34　水平跳

側膝關節移動觀察時，健康和身體專業人員在低到中等負荷練習中給予運動員口頭的回饋暗示。

這些回饋可以使運動員識別膝關節合適的移動從而使運動員表現得更好。當在落地時，膝關節角度接近充分伸展時，內側膝關節移動的神經肌肉骨骼控制至關重要，這通常會導致生物力學的損傷。

另一個用來改正韌帶占優勢的練習是團身跳（在這章的之前提過）。儘管通常被用來評估，團身跳也可以被用來練習，它是水平跳強度範圍內相反的結束，對於個人要求有很高的水準。在團身跳練習期間，健康和身體專業人員可以迅速地辨別在跳和落地時額狀面膝關節放至位置的不正確，因為個人通常在前幾次重複過程中注意力集中在跳的技術上。在早些時候提到的，團身跳可以被用於評估改善下肢的生物力學。

當運動員在矢狀面上運動時，長距離跳和保持練習有助於健康和身體專業人員評估個人的膝關節運動。在透過所有平面的運動測試中成功的膝關節動態控制對於彌補不足至關重要，這可以轉換成競爭的運動比賽或者每天的活動。在競爭中，運動員可能表現出「活動的外翻」，這是一個髖內收、膝關節外展的動作，這是肌肉對立的結果而不是綜合反映出來的力量。

長距離跳是一個中等強度的整體動態運動，這對於健康和身體專業人員來說是提供另一個機會去評估水平跳的外翻，提供更多的技術訊息，有助於運動員在每一次跳躍發揮技術時能去進行有意識的識別。此外，個人應該在落地後保持 5 秒，這樣運動員可獲得和保持動態膝關節長時間的控制（圖 17-35）。

圖 17-35　長距離跳和保持

　　180° 跳是一個整體動態運動的練習，當身體在水平面旋轉時，融入動態運動訓練中來教會動態身體和下肢的控制。由 180° 跳的旋轉力量的增加很快會被相反方向直接吸收和反射。

　　這個運動對於教會個人去識別和控制危險的旋轉力量非常重要，這將會減少損傷風險和提升運動表現（圖 17-36）。

圖 17-36　180° 跳

　　除此以外，還可以逐漸增加練習難度，設計其他的跳躍穩定練習，包括單腿跳（圖 17-37）和切削動作練習（圖 17-38）。

圖 17-37　單腿跳和保持

圖 17-38　切削動作

　　並不是所有的運動員都有身體能力去表現上面所提到的跳的測試，這一點很重要。在這種情況下，一項基本功能運動過程包含多平面的整體身體運動，能夠被用作下肢矯正的整合練習（圖 17-39）。這些過程可以以球的下蹲開始，然後上步，弓步，單腳下蹲（從更穩定、更少的動態到更不穩定、更多的動態）。對於每一個練習，提示運動員保持膝關節和腳趾在一條水平線上，不允許膝關節移動到水平線的裡面或者外面，用來確保關節和神經肌肉控制，這很重要。

　　綜上所述，下肢損傷在大學或者高中運動員中占所有傷病的大多數。在下肢傷中，膝關節在身體中是最容易受損傷的其中一個。膝關節作為關節鏈的一部分，和臨近關節以及下肢關節相連。

　　整體的評估過程從髖到踝關節的相關聯的基本的評估，包括靜態姿勢和動作評估，必要時還可以進行關節活動度檢查以及徒手肌力測試。在從這些評估中獲得最基本的數據，從而設計針對性的矯正練習方案和流程。對於膝關節風險的矯正性練習可以幫助改善提升動作表現，也能夠減少膝關節和下肢的損傷風險。

圖 17-39　下肢矯正的整合練習

（1）結合本書內容請選擇一名受試者並對其進行評估，然後根據評估結果為其設計糾正訓練計劃。

（2）你認為在糾正訓練中應該注意哪些事項？

參考文獻

〔1〕王安利．運動損傷預防的功能鍛鍊〔M〕.北京：北京體育大學出版社，2014.

〔2〕Micheal A.Clark，Scott C.Lucett. NASM's Essentials of Corrective Exercise training〔M〕. Wolter Kluwer Published，2011.

運動精進叢書

歡迎至本公司購買書籍

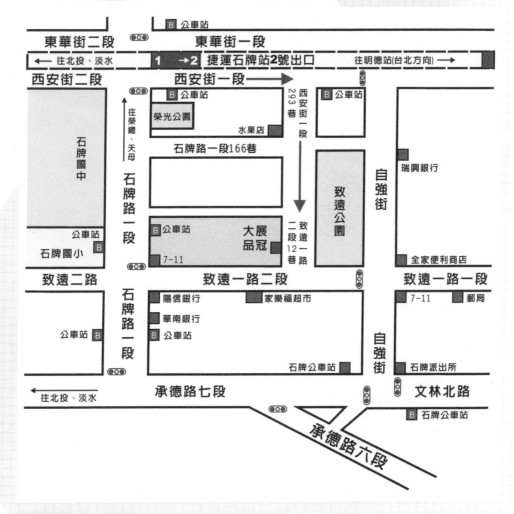

建議路線

1. 搭乘捷運‧公車

　　淡水線石牌站下車，由石牌捷運站2號出口出站(出站後靠右邊)，沿著捷運高架往台北方向走(往明德站方向)，其街名為西安街，約走100公尺(勿超過紅綠燈)，由西安街一段293巷進來(巷口有一公車站牌，站名為自強街口)，本公司位於致遠公園對面。搭公車者請於石牌站(石牌派出所)下車，走進自強街，遇致遠路口左轉，右手邊第一條巷子即為本社位置。

2. 自行開車或騎車

　　由承德路接石牌路，看到陽信銀行右轉，此條即為致遠一路二段，在遇到自強街(紅綠燈)前的巷子(致遠公園)左轉，即可看到本公司招牌。

國家圖書館出版品預行編目資料

身體運動功能訓練 / 尹軍、袁守龍主編. ——初版，
——臺北市，大展出版社有限公司，2021 [民 110.11]
面；　公分—（體育教材：20）
ISBN　978-986-346-342-9（平裝）
1.運動訓練 2.體能訓練
528.923　　　　　　　　　　　　　　110015015

身體運動功能訓練

主　　編 / 尹軍、袁守龍
責任編輯 / 新 茗 硯
發 行 人 / 蔡 森 明
出 版 者 / 大展出版社有限公司
社　　址 / 臺北市北投區（石牌）致遠一路 2 段 12 巷 1 號
電　　話 / （02）28236031，28236033，28233123
傳　　真 / （02）28272069
郵政劃撥 / 01669551
網　　址 / www.dah-jaan.com.tw
E - m a i l / service@dah-jaan.com.tw
登 記 證 / 局版臺業字第 2171 號
承 印 者 / 傳興印刷有限公司
裝　　訂 / 佳昇興業有限公司
排 版 者 / 菩薩蠻數位文化有限公司
授 權 者 / 人民體育出版社
初版 1 刷 / 2021 年（民 110）11 月

定價 / 580 元

大展好書　好書大展
品嘗好書　冠群可期

大展好書　好書大展
品嘗好書　冠群可期